물음표로 보는 세계사

물음표로 보는 세계사

초판 1쇄 인쇄 2013년 5월 20일
초판 3쇄 발행 2014년 6월 30일

지은이 | 황수정

펴낸이 | 김경수
기획, 책임 총괄 | 박향미
교정 | 최현숙, 배은경
마케팅 | 조진옥

제작 | 팩컴 AAP(주)
펴낸곳 | 팩컴북스
출판등록 | 2008년 5월 19일 제 381-2005-000074호
주소 | 463-867 경기도 성남시 분당구 정자동 159-4 젤존타워 2차 8층
전화 | 031-726-3666
팩스 | 031-711-3653
이메일 | pacombooks@hanmail.net
값 | 15,500원

ISBN 978-89-97032-18-1 03900

물음표로 보는 세계사

팩컴북스

머리말

　하루에도 수많은 사건들이 뉴스와 신문을 장식한다. 그런데 이 수많은 사건을 대하는 우리의 반응은 대부분 비슷하다. 믿을 수 없을 만큼 잔인한 사건에도, 아주 상식적인 사건에도 종종 "정말?", "진짜?"라고 되묻는다.

　사건을 대하는 사람들의 반응은 그 시대를 대변하는 하나의 지표가 될 수 있다. 무슨 사건이든지 진실 여부를 따지는 것은 우리의 현실에서 진실과 허구, 루머와 사실의 경계가 모호하기 때문이다. 그래서 사람들은 그 사건이 무엇인지 파악하기보다는 그것이 진짜인지 아닌지가 궁금한 것이다.

　그러나 역사에 대한 반응은 "그래?", "그렇구나."가 반응의 전부다. 우리는 왜 지나간 일에 "정말?", "왜?"라고 묻지 않는 것일까?

　우선 우리가 가장 쉽게 접하고 당연히 진실이라 믿었던 교과서의 역사부터 살펴보자. 교과서에 실린 이야기들은 모두 진실이었을까? 초창기 문명은 왜 강을 따라 생겨났을까? 인류는 왜 농업을 시작했을까? 강대국들이 어느 날 갑자기 역사에서 사라져버린 이유는 도대체 무엇일까?

　역사책은 말한다. 비교적 자원이 풍부한 강을 따라 사람들이 모이다보니 자연스럽게 문명이 발생했고, 정착하면서 농업이 시작됐다. 강대국들의 멸망 이유는 거의 다 부패한 권력과 사치, 무리한 정벌 사업 때문이다. 그렇다면 이제 다시 물어보자. 정말 그랬을까?

역사책은 지구의 역사 중에서도 인간이 등장한 순간부터 중요한 사건의 요점만 정리해놓은 족보다. 그렇게 요점만 정리하다보면 그 중간 중간의 사건들은 생략되기 마련이고, 그러다보면 거짓은 아니더라도 원래 있었던 일들이 조금씩 왜곡되는 건 어쩔 수 없는 일이다.

게다가 역사는 이미 끝나버린 고정불변한 사실에 '마침표'를 찍는 학문이 아니다. 역사는 항상 변할 수 있는 무한한 가능성을 포함한 학문이다. 시대가 변하고 관점이 바뀌면 문명에 대한 정의가 바뀔 수도 있고, 새로운 사실이 발견되면 국가의 흥망성쇠에 대한 이야기도 달라질 수 있다.

그렇게 보면 역사엔 이야깃거리를 만들 수 있는 드라마틱한 소재가 꽤 있다. 일단 피해자와 피의자만 바꿔 봐도 줄거리는 완전히 달라진다. 정복자는 침략자가 되고, 피정복자는 그야말로 피해자가 된다. 영화 〈300〉을 스파르타의 입장에서가 아니라, 페르시아의 입장에서 보면 이야기는 또 달라진다. 이슬람 입장에서 바라본 십자군 원정은 침략전쟁이 될 것이다.

어디 그뿐인가. 행간에 숨겨진 역사엔 우리가 주목하지 않았지만 재밌는 사건들이 많다. 그중엔 당연히 우리가 알고 있는 역사적 고정관념을 뒤흔들 만한 사건들도 있다. 그런데 이런 즐거운 상상과 찾는 즐거움이 빠진 역사 공부는 그야말로 요점만 정리된 노트를 달달 읽는 꼴이니 당연히 재미없을 수밖에 없다. 마치 기호만 즐비하게 나열돼 있는 수학공식을 의미도 모르고 외우다보면 무슨 말인지 한 마디도 이해할 수 없는 것처럼 그러한 사실들이 빠진 역사는 항상 의문투성이일 것이다.

그래서 질문을 던지기 시작했다. 이 책은 함께 질문을 던지며 역사의 스토리를 찾는 스토리 헌터들의 게임이다. 그들은 도대체 왜 그런 일들을 했을까? 그 사건들은 왜 그렇게 끝나고 말았을까? 반대편 입장에서 보면 이 사건은 어떻게 달라질까?

단순한 호기심과 재미로 질문을 던지다보면 꽤 많은 진실과 마주하게 될 것이다. 그리고 우리들이 얼마나 편협한 시각으로 과거를 바라보았는지, 얼마나 많은 진실을 잊고 살았는지 깨닫게 될 것이다. 그러면 어느 순간 지금 우리에게 닥친 일들 앞에도 같은 질문을 던지게 될 것이다.

"도대체 왜 이런 일이 일어난 것일까?"

신문을 장식한 일들을 눈으로 읽으며 끝내는 것이 아니라, 그 사건이 의미하고 있는, 숨기고 있는 진실을 궁금해할 것이다. 그 진실을 궁금해하다보면 최소한 우리는 같은 실수를 두 번 반복하지는 않을 것이다. 또 다른 실수를 한다 해도 한 번 더 생각하고 조금 더 좋은 쪽으로 행동하려 노력할 것이다. 그래서 역사는 과거를 말하지만 현재 우리가 직면한 현실을 바라보게 만든다.

이 책을 집필하며 프랑스 역사상 가장 사치스러운 여왕, '마리 앙투아네트'에게 물음표를 던지며 다른 사람에게 내가 품었던 고정관념이 무엇인지 생각해보고, 도저히 어울릴 것 같지 않지만 툭하면 등장했던 '디지털과 유목민'의 관계를 캐면서 새로운 문명에 대한 시야를 얻을 수 있었던 건 참으로 즐거운 경험이었다. 그래서 작은 바람이 있다면 여러분도 이 책을 읽으며 함께 질문하고 물음표를 쫓아 스토리를 이어갔으면 하는 것이다. 만약 다른 이야기가 전개된다면 그것 또한 즐거운 일이 될 것이다. 우리 모두는 충분히 훌륭한 역사의 저자가 될 수 있다. 역사에 '물음표'만 던지면 말이다.

마지막으로 부족한 원고가 세상에 나올 수 있도록 소중한 기회를 제공해주신 팩컴코리아(주) 김경수 대표님, 기획과 편집을 맡아 수고한 박향미 편집장님, 그리고 팩컴코리아(주)의 가족들에게 깊은 감사의 마음을 전한다.

2013년 4월
황수정

Contents;

01

인류 역사상
가장 위대한 인물이 깡패?

집안이 나쁘다고 탓하지 마라. 나는 아홉 살 때 아버지를 잃고 마을에서 쫓겨났다. 가난하다고 말하지 마라. 나는 들쥐를 잡아먹으며 연명했고, 목숨을 건 전쟁이 내 직업이고 내 일이었다. 작은 나라에서 태어났다고 말하지 마라. 나는 그림자 말고는 친구도 없고, 꼬리 말고는 채찍도 없는 데서 자랐다.

(중략)

너무 막막하다고, 그래서 포기해야겠다고 말하지 마라. 나는 목에 칼을 쓰고도 탈출했고, 뺨에 화살을 맞고 죽었다 살아나기도 했다. 적은 밖에 있는 것이 아니라 내 안에 있었다. 나는 내게 거추장스러운 것은 깡그리 쓸어버렸다.

나를 극복하자 나는 칭기즈칸이 되었다.

김종래, 《밀레니엄맨 칭기즈칸》

칭기즈칸에 대해 잘 모르는 이들도 한 번쯤 들어봤을 그의 교훈은 한 마디로 감동적이다. 물론 저자가 역사적인 사실과 여러 가지 정황을 종합해 만든 글귀라 하더라도 매우 감동적이라, 할 수만 있다면 칭기즈칸의 교훈들을 마음속 깊숙이 새겨 넣고 싶을 정도다.

칭기즈칸은 몽골 부족을 통일하고 중국 본토와 중앙아시아, 동유럽 일대를 정복하여 대제국을 건설했다.

너무 당당하게 "~해라.", "~하지 마라." 고 하는 말들을 마주하고 있자니 오래전 빌 게이츠가 한 고등학교 학생들에게 강연했다는 10가지 교훈들이 생각난다. "햄버거 가게에서 일하는 것을 수치스럽게 생각하지 마라. 너희 할아버지는 그 일을 기회라고 생각했다. 공부밖에 할 줄 모르는 바보한테 잘 보여라. 사회에 나온 다음에는 그 바보 밑에서 일하게 될지 모른다." 한눈에 자신의 성공을 스스로 인정하는 자만이 가능한 당당함과 자신감이 문장 전체에 배어 있음을 느낄 수 있다. 칭기즈칸의 교훈도 마찬가지다. 이토록 단도직입적이고 날이 선 칼날처럼 날카로운 지적을 할 수 있다면 그는 이유 불문하고 대단한 인물이 아닐까?

〈뉴욕타임즈〉지 선정,
밀레니엄맨 칭기즈칸

칭기즈칸은 정말 대단한 인물이다. 이 사실에 대해 조금의 부인도 할 수 없을 만큼 대단한 인물이다. 〈뉴욕타임즈〉지가 97년 '세계를 움직인

가장 역사적 인물' 첫 번째 인물로 칭기즈칸을 꼽았고 〈워싱턴포스트〉
지 역시 밀레니엄을 맞이하여 지난 1천 년을 마감하며 가장 주목할 만
한 인물로 칭기즈칸을 선정했다.

'정말 칭기즈칸이 그렇게 대단한 인물이었나?' 라는 의문이 드는 사
람이 있을 것이다. 그런 분들을 위해 〈뉴욕타임즈〉지와 〈워싱턴포스트
〉지의 매체 파워를 후광이라 생각하고 왠지 모를 거대 매체에 대한 반
감까지 고려해 뭔가 광고 효과나 노림수가 있을 거라는 가당치 않은 상
상까지 덧대어 그들이 칭기즈칸을 지난 1천 년 인류의 역사에서 가장
중요한 인물로 선정한 이유가 무엇인지 잠시 살펴보자.

"1천 년을 대표할 인물에는 루터에서 마틴 루터 킹까지 역사를 장식한
많은 후보들이 있다. 당신이라면 르네상스를 숭배한 레오나르도 다빈치
를 뽑을 것인가, 프랑스를 통일하고 민족주의의 방아쇠를 당긴 잔 다르
크를 뽑을 것인가. 아니면 지난 1천 년간 가장 놀라운 선언서를 발표한
토머스 제퍼슨을 뽑을 것인가. 우리는 카리스마 넘치는 지도자이자 가
장 위대한 제국을 일궈낸 빅토리아도 뉴턴과 다윈, 그리고 멘델도 고려
했다. 그러나 과학은 지난 1천 년 동안의 지적 발전 중 한 부분에 지나
지 않는다. (중략) 우리는 1천 년 전 지구를 지배하는 두 문명이 이슬람과
중국 문명이었다는 사실을 기억해야 한다. 기독교 문명의 유럽은 고인
물과 같았다. 봉건 장원, 주교령, 귀족 영지 따위가 모여 있는 곳일 뿐
이었다. 1천 년 전에는 유럽 기독교가 이 지구를 식민지화시킬 수 있다
고 아무도 생각하지 못했다. 이 모든 것을 뒤흔든 게 완전히 새로운 제
국의 출현이었다. 그것은 몽골제국, 즉 칭기즈칸의 제국이었다."

1995년 12월 31일, 〈워싱턴포스트〉
김종래, 《밀레니엄맨 칭기즈칸》

〈워싱턴포스트〉지는 지난 1천 년의 역사에서 가장 중요한 인물로 칭기즈칸을 뽑으며 뛰어난 사상가도 위대한 해방가도 아닌 깡패를 선정했다고 밝혔다. 그리

알렉산더 대왕. 그는 그리스 문화와 오리엔트 문화를 결합시킨 헬레니즘 문화를 이룩했다.

고 역사는 때때로 깡패에 의해 만들어진다는 설명을 덧붙이기도 했다. 칭기즈칸은 이래저래 역사상 가장 중요한 깡패가 되었다.

'깡패'임에도 불구하고 칭기즈칸이 가장 중요한 인물로 선정된 이유는 그와 그의 후손들이 거대한 제국을 건설하여 동서양의 문명을 연결시키고 광대한 자유무역지대를 만들었으며 7세기에 이미 글로벌 통신망을 개척했기 때문이다. 한 마디로 칭기즈칸은 동서양에 걸쳐 대제국을 건설했던 알렉산더^{Alexander Halesis}를 뛰어넘어 제국을 통해 세계를 글로벌화시킨 장본인이라는 것이다.

하지만 대제국의 건설이라면 알렉산더 대왕과 나폴레옹도 있지 않은가! 그러나 칭기즈칸이 건설한 대제국은 규모가 달랐다. 아시와와 유럽에 걸쳐 유교, 불교, 이슬람교, 기독교를 포함하고 있었으며, 그가 정복했던 땅은 알렉산더와 나폴레옹, 히틀러가 점령했던 땅을 모두 합한 것보다 큰데, 그의 후손에 이르러서는 4배나 커졌다. 이 사실만으로도 그를 '세계의 정복자' 혹은 '지배자'로 부르는 데 이의를 제기하는 사

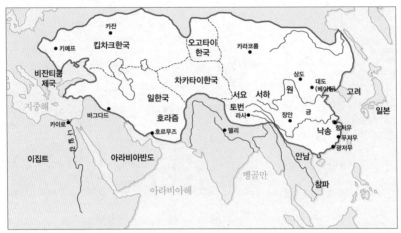

1279년 몽골제국의 영토는 북쪽으로는 러시아 남부, 남쪽으로는 중국 전체와 동유럽 대부분까지 확장되었다.

람은 없을 듯하다.

그가 '정복자' 라는 건 누구나 인정하지만 밀레니엄 영웅이 되기엔 뭔가 부족한 것이 있다고 느낄 것이다. 그것은 칭기즈칸은 영웅이기 이전에 무시무시한 '침략자' 였기 때문이다. 그는 역사에 언급된 바와 같이 무자비한 살인마 혹은 피도 눈물도 없는 정복자였다. 먼저 저항하는 무리에게는 가족과 친척까지 죽인다고 경고하고, 어김없이 이를 실천했다. 저항한 국가와 도시에 대해서는 점령한 이후엔 불을 지르고 그곳에 사는 이들을 무자비하게 학살했다. 심지어 적의 가족을 방패로 삼기도 했다.

그러나 그는 항복한 많은 도시와 국가에게는 한없이 관대했다. 그들이 살고 있는 도시의 안전을 보장하는 것은 물론 종교도 그대로 믿게 했다. 정복지의 백성들은 칭기즈칸과 몽골제국에 조공을 바치고 충성을 지키면 안전을 보장받았다. 정복지에 대한 관대함과 존중, 몽골의 유목 문화와 전통을 강요하지 않은 그의 처세는 대제국을 건설하는 데 큰 힘이 되었다.

그는 제왕으로서 관대함도 남달랐지만 인간으로서, 남자로서도 관대했다. 한 번은 그의 아내 보르테가 메르키트라는 적에게 잡혀 있다 돌아온 사건이 있었다. 그리고 얼마 후 보르테는 적

칭기즈칸 아내 보르테. 칭기즈칸과의 결혼 후 메르키트란 적에게 납치당했다가 임신한 후 칭기즈칸에게 돌아왔다.

의 아이를 낳았다. 보통의 남자라면 아내의 잘못이 아니라는 것을 알면서도 적의 첩이었던 여인을 쉽게 받아들이지 못했을 것이다. 심지어 다른 남자의 아이를 낳은 아내와 그 아이를 품을 생각은 좀처럼 하지 못할 것이다.

그러나 칭기즈칸은 달랐다. 보르테를 정황후로 대하는 것에 소홀함이 없었을 뿐 아니라 보르테가 낳은 아이에게 '조치'라는 이름까지 손수 지어주었다. 칭기즈칸이 지어준 이름, 조치는 손님이라는 뜻이다. 칭기즈칸은 보르테가 낳은 적의 아이는 적이 아니라 자신에게 찾아온 귀한 손님이라고 생각했다. 칭기즈칸은 큰아들 조치에게 남다른 사랑을 주었다고 한다. 조치가 병들어 먼 타향에서 죽었다는 소식을 들은 칭기즈칸은 매우 슬퍼하며 그의 처소에서 한동안 나오지도 않았다고

하니 그가 얼마나 조치를 아꼈는지 짐작하고도 남는다.

세계사의 **빅뱅!**
칭기즈칸 제국

자, 이만하면 칭기즈칸이 매력적이며 꽤 괜찮은 인물이라는 데 어느 정도 동의했으리라 생각된다. 하지만 밀레니엄맨이라 하기엔 아직 부족한 느낌이 든다. 밀레니엄맨 선정 기준에 관대함이 가장 중요한 항목은 아닐 수 있으니 말이다. 칭기즈칸이 1천 년을 마감하며 인류 역사에 가장 중요한 인물로 지목된 것은 아마도 그가 이전에도, 이후에도 보기 힘들 정도로 창조적이라는 데 이유가 있을 것이다.

칭기즈칸의 군대는 놀랄 만큼 신속했고 전쟁에서 늘 승리했다. 물론 그의 인생에 뼈아픈 패전들이 몇 차례 있기는 했지만 그 때문에 비틀거리지 않았다. 결국엔 패배의 아픔을 딛고 승리를 거머쥐었다. 칭기즈칸은 오늘날처럼 신속 정확한 통신 체제가 없던 시절, 거의 완벽에 가까운 통신망을 구축했다. 유럽이 몽골에 대한 지식이 전무했던 시기에 칭기즈칸은 이미 싸워야 할 적들에 대한 모든 정보를 손안에 넣었다. 그는 자신의 땅을 지나치는 상인들과 친분을 유지하며 정보를 얻어냈으며 오늘날 인터넷과도 같은 역참제를 운영해 놀랄 만큼 빠르게 정보를 주고받았다.

칭기즈칸의 통신병은 간이역에서 말을 갈아타며 하루에 5백 킬로미터를 넘게 달렸다. 이 속도는 동시대 다른 국가의 정보 전달력의 10배가 넘는 속도였다. 우리는 정보가 자본이고 생존이라고 생각하지만 사실 정보는 인류 역사를 통틀어 모든 것을 결정하는 요소였다. 칭기즈칸은 이미 7세기에 글로벌 정보망을 구축했고 그것을 효율적으로 사용할 줄 아는 선구자였다. 뿐만 아니라 휴대용 식량과 기마 부대에게 있어 꼭 필요한 안장까지 구비해 속도를 업그레이드했다. 칭기즈칸은 속도와 정보력으로 역사상 가장 큰 제국을 건설했다.

칭기즈칸과 왕자들. 칭기즈칸의 첫째 아들은 킵차크한국을, 둘째 아들은 차카타이한국을, 셋째 아들은 오고타이한국을 세웠고, 넷째 아들은 몽골 본토의 후계자가 되었다.

동양과 서양은 물론 국경과 국경, 민족과 민족의 벽을 허물어 하나의 세상을 만든 그는 의도했든 의도하지 않았든, 대륙 간에 물질과 문화를 교류시켰다. 칭기즈칸으로 인해 동양과 서양이 만날 수 있었고, 안전한 교역 통로를 통해 다양한 문화의 접촉이 이루어질 수 있었다. 그로 말미암아 인류의 역사는 빅뱅의 순간을 맞이한 것처럼 팽창했다. 그는 대륙의 원주민을 학대하고 그들의 문화를 말살하여 자신의 소유라고 주장하지 않았으며, 세계를 아우르고 민족 문화의 다양성을 존중하고 보호했다. 자, 이만하면 그가 지난 1천 년 동안 인류 역사상 가장 중요하고 위대한 인물이라는 데 동의할 수 있지 않을까?

왜 21세기 인류를 '디지털 유목민' 이라 부르는가?

한동안 첨단 노트북과 기계들을 선전하며 마지막에 '디지털 유목민' 이라고 했던 광고가 있었다. 그리고 자연스럽게 지금의 세대를, 또 앞으로 디지털 시대를 살아가는 이들을 디지털 유목민이라고 불렀다.

이른바 디지털 시대에 돌입하면서 기존 아날로그에서는 볼 수 없었던 변화가 나타났다. 그야말로 아날로그를 정착민이라고 한다면 디지털은 유목민의 근성을 닮았다고 하면 조금 이해하기 쉽겠다. 디지털 시대엔 정보가 한곳에 정착해 있지 않으며 신속하게 퍼져나간다. 그렇다면 디지털과 유목민을 가장 잘 설명할 수 있는 예를 살펴보자.

벌레가 사과를 갉아먹은 듯한 로고가 인상적인 애플사의 아이폰과 아이패드를 단적으로 보자. 아이폰과 아이패드는 분명 하나의 기계에 불과하지만 그 하드웨어 속의 소프트웨어는 굉장히 유연하다. 모든 프로그램이 수직적인 지배를 받지 않고 수평적인 선상에 놓이며 언제든지 변할 준비를 갖추고 있다. 소프트웨어와 소프트웨어가 서로 영향을 주고 다른 커뮤니케이션을 만들어내면서 사용자의 용도와 취향에 따라 진화한다.

정착민에게 '변화' 는 항상 생존과 연관된 문제였다. 어떤 변화가 불어닥치느냐에 따라 살아남는 문제가 결정됐다. 그래서 정착민은 변화에 민감하게 대처할 수밖에 없고, 변화를 싫어할 수밖에 없다. 하지만 유목민에게 '변화' 는 생활의 일부다. 언제 어떻게 변할지 모르는 상황에 맞춰 이동하고 적응하는 것이 그들의 숙명이었다.

문제는 디지털 자체가 그 속에 '이동과 변화'라는 속성을 내포하고 있다는 것이다. 이 시대를 살아가기 위해선 정착민도 필연적으로 이동과 변화에 민감해야 한다.

한동안 아이폰과 아이패드 신화를 창조한 스티브 잡스의 혈통에 유목민이 있었다는 소문이 돌았다. 진위야 알 수 없지만 아마도 그런 이야기는 스티브 잡스의 작품들이 유목민의 정서에 맞닿았기 때문일 것이다. 무엇인가를 한곳에서 지배하려 하지 않고 그 자체가 움직이며 변할 수 있는 가능성을 열어놓은 세계…….

칭기즈칸 때문에 역사가 한순간 빅뱅의 경험을 했다면 인류는 스티브 잡스를 통해 신세계를 만났다고 할 수 있다. 그러나 우리가 끝까지 정착민의 속성을 고집하려 한다면 디지털의 진화는 일어나지 않을 것이다. 그것은 우리 안에서 벽을 허물고 진정한 소통과 자유를 갈망하는 의지에서 발생하지 않을까?

애플사의 창업자 스티브 잡스와 마이크로소프트사의 창업자 빌 게이츠.

02

영화 〈300〉 속
악당 페르시아?

"스파르타의 전사들이여! 아침을 든든히 먹어둬라! 오늘 저녁은 지옥에서 먹게
될 것이다!"
"물러서지 않으며 항복하지 않는다. 그것이 스파르타의 법이다. 스파르타 법에
따라 끝까지 싸우다 죽을 것이다. 새로운 시대가 시작됐다. 자유의 시대가!"

영화 〈300〉 중에서

영화 〈300〉을 아주 간단히 요약해 말하자면 일당백 싸움을 다룬 영화이고, 좀 더 설명을 덧붙이자면 B.C. 480년 크세르크세스 왕의 1백만 대군을 맞이하여 스파르타의 레오니다스Leonidas 왕이 3백 명의 군사로 테르모필레 협곡에서 전쟁을 벌이는 내용이다. 영화의 메인 홈페이지엔 좀 더 멋진 말로 설명되어 있다.

"역사상 가장 위대한 전사들이 온다! 3백 명의 전사들이 1백만 대군과 맞섰다! 1백만 대군과 맞서는 무모한 싸움. 그러나 스파르타의 위대한 용사들은 나라를 위해, 가족을 위해, 그리고 자기 자신의 명예를 위해 불가능한 이 전투에 자신들의 모든 것을 건다! 전설이 된 전투, 그들의 용맹함이 마침내 빛을 발한다! 모두들 각오하라!!"

영화는 시종일관 스파르타 전사들의 용맹스러움에 대한 끈을 놓치지 않으려고 한다. 그런데 문제는 영화가 스파르타에 우호적일수록 보고 나면 개운치 않은 느낌이 든다는 것이다. 왜 영화는 철저히 스파르타의 입장에서만 전개되는가?

영화 속 페르시아의 크세르크세스 왕은 평화로운 그리스의 스파르타를 침범해 불바다를 만들고 자존심과 용기로 뭉친 스파르타의 백성을 무참히 살해하거나 노예로 삼는 전쟁광이다. 반면 스파르타의 왕은 의심할 바 없이 자유와 자존심을 지키기 위해 싸우는 영웅이다. 따라서 스파르타인들의 싸움은 명

크세르크세스 왕.

페르시아제국 영토. 아케메네스 왕조 시대의 영토로 당시 페르시아제국은 이란을 중심으로 서아시아, 중앙아시아, 코카서스 등 넓은 지역을 통치하던 최강국이었다.

예로운 것이다. 그렇다면 이 영웅들을 상대로 싸우는 크세르크세스는 악당일까?

사실 크세르크세스는 스파르타를 침공해 불바다를 만들거나 스파르타인을 전부 노예로 삼아야겠다는 생각조차 없었다. 아예 처음부터 그쪽엔 관심도 없었을지도 모른다. 이는 영화에서 크세르크세스가 처음부터 시종일관 하는 말에도 잘 나와 있다. "나는 관대하다!" 듣는 이들은 코웃음을 쳤을 것이다. 고작 3백 명의 적군을 상대로 1백만 대군을 이끌고 전쟁을 벌이면서 관대하다고? 아마도 모두들 그의 말을 레오니다스 왕만큼 믿지 않았을 것이다.

그러나 정말 크세르크세스는 스파르타에 대해 관대했다. 그가 요구한 것은 고작해야 땅과 물이었다. 그것도 정중히 사신을 통해 서찰을 보내지 않았던가! 사실 그동안 페르시아의 정복 과정은 크세르크세스의 말처럼 매우 관대했다. 페르시아는 복종지에 대한 회유책으로 자유로운 삶은 물론 풍습과 종교, 재산, 그리고 제도까지 보호해주었다. 왕의 권력에 도전하지 않는 한, 정복지의 자치를 인정해주었다. 때문에 페르시아는 다민족, 다종교가 어우러진 대제국을 건설할 수 있었다.

레오니다스는 페르시아군의 남하를 저지하기 위해 테르모필레를 사수하다 전사한 스파르타의 왕으로 알려져 있다.

대제국을 유지하는데 정복지에 대한 자율을 인정하는 것은 매우 중요하다. 우리가 익히 알고 있듯이 몽골이 대제국을 건설하고 그의 후예들이 오스만제국을 유지할 수 있었던 건 정복지에 관용을 베풀었기 때문이다. 강한 억압은 반발을 사기 마련이어서 오래가지 못한다.

그러나 영화 〈300〉에서 페르시아제국은 시작부터 사실과 다르게 묘사되었다. 크세르크세스의 사신이 스파르타에 도착해 정복지를 점령한 상징으로 해골을 꺼내 보이는 대목은 위협적이다 못해 적대감까지 불러일으킨다. 이 장면 하나로도 크세르크세스는 이미 정복 사업이 취미인 전쟁광으로 비춰질 만하다.

레오니다스는 시종일관 스파르타의 자존심과 자유를 외치며 페르시

그리스의 역사학자 헤로도토스.

아와의 전쟁을 고집했다. 그러나 가만 생각해보면 스파르타에도 자유가 없기는 매한가지였다. 물론 오늘날 국회처럼 원로원을 통해 정책이 결정되는 제도가 있었지만, 스파르타는 그리스에서는 보기 드물게 왕이 존재하는 국가였다. 이들은 아테네의 민주정치를 우둔한 짓이라 비웃으며 멸망 전까지 왕정을 유지했고 다수의 노예를 지배하기 위해 군국주의를 전면에 내세웠다.

그렇다고 스파르타의 자유에 대한 해석을 거론하며 딴지를 걸기엔 크세르크세스도 딱히 적임자라 하기 어렵다. 그가 시종일관 본인은 관대하다고 주장했으나 그가 보여준 여러 행보는 본인이 절대 관대하지 않음을 이야기해주고 있기 때문이다. 크세르크세스는 그동안 관대하기 그지없던 다른 페르시아 왕들과 사뭇 달랐다. 그는 강력한 왕권을 중요하게 생각했던 인물로 작은 불만, 작은 폭동도 결코 용서하지 않는 인물이었다.

"나는 관대하다"
vs "나는 쪼잔하다"

헤로도토스Herodotos는 크세르크세스의 이집트 반란 진압 과정을 묘사하

면서 그가 이집트를
역사상 최악의 노예
상태로 만들었다고
표현했다. 그에게
정복지에 대한 너그
러운 관용은 재앙을
불러오는 불씨였다.
크세르크세스가 영
화 〈300〉에서 누누
이 말한 관대함은
정복지에 선왕들의
취지를 조금 살려
너그러움을 표시하

영화 〈300〉 속 레오디나스(위)와 크세르크세스(아래).

겠다는 의미였을 것이다.

어찌되었든 영화와 달리 크세르크세스의 목표는 스파르타가 아니었
다. 스파르타는 지나가는 길목에 불과했다. 그러니 만약 스파르타가 크
세르크세스에게 항복했다면 그는 순순히 지나갔을지 모르는 일이다.
그러나 스파르타는 강하게 반발했고, 자존심 강한 크세르크세스는 스
파르타를 처참히 밟고 지나가는 방법을 선택했다. 크세르크세스에게
좌절이란 단어는 아예 존재하지도 않았고 대상이 무엇이건 간에 불복
종이란 생각할 수도 없는 일이었다. 그의 이런 교만한 성격을 알 수 있
는 재밌는 예가 있다.

그는 유럽 정복을 위해 헬레스폰트 해협을 건널 때, 해협의 가장 좁은 부분을 배로 연결해 다리를 놓는 작업을 지시했다. 그런데 작업을 시작한 지 얼마 되지 않아 폭풍이 몰아쳐 이 계획이 물거품이 되고 말았다. 분노한 크세르크세스는 다리를 지은 기술자들을 모두 참수형에 처하고 헬레스폰트 해협에 벌을 주기로 결심했다. 헬레스폰트 해협에 내려진 벌은 해협에 채찍 300대를 때리고 족쇄를 떨어뜨리는 것이었다. 크세르크세스는 확실히 자존심이 강한 안하무인형 인간이었다. 하지만 그렇다 해도 영화 〈300〉 속의 페르시아와 크세르크세스는 지나치게 왜곡되었다.

영화에는 뾰족한 치아가 돋보이는 대머리 거인 아니면 얼굴에 이상한 가면을 쓴 기괴한 페르시아 군대가 등장한다. 이들이 정말 사람인가? 크세르크세스도 마찬가지다. 하지만 역사 속 크세르크세스는 이와 사뭇 다르다. 당시 찬란하게 꽃피웠던 페르시아의 문화가 영화 속에서는 변태적인 것으로 묘사되었다.

이런 이유 때문에 〈300〉이 개봉했을 당시, 이란의 일간지인 〈아얀데노〉는 '할리우드가 이란에 전쟁을 선포했다' 는 제목의 기사를 보도하기도 했다. 이란은 옛 페르시아 영광의 역사에 대해 자부심을 가지고 있는 나라로 영화 〈300〉의 내용이 매우 불편했을 것이다.

역사는 누가 어떻게 쓰느냐에 따라 주인공이 될 수도 있고 주변인이 될 수도 있다. 하지만 주인공을 미화하기 위해 역사를 왜곡하고 주변인들을 평가절하해서는 안 된다. 때문에 역사를 받아들일 때는 항상 "왜?" 라고 묻는 우리의 현명한 자세가 필요하기도 하다.

03

죽여야 사는
혈육 간의 전쟁?

엘리자베스의 삶에는 세계에서 자기의 위치를 확보하려는 한 국민의 에너지가 구현되어 나타나 있다. 반면, 메리 스튜어트의 파국에는 화려하고 영웅적으로 죽어가는 기사도가 있을 뿐이다. 그렇지만 그들은 이 싸움에서 각자 자신의 의미를 완성했다. 현실주의자인 엘리자베스는 역사에서 승리했고, 낭만주의자인 메리 스튜어트는 문학과 전설에서 승리했다.

슈테판 츠바이크, 《메리 스튜어트》

패배를 승리로 전환시키는 타고난 위기관리 능력, 오늘날 인류 문명에서 가장 큰 성과로 평가되는 민주주의 정치 제도와 자본주의 경제를 태동시키는 데 발판을 마련한 인물, 지리적으로나 정치적 · 문화적으로도 전혀 중심에 있지 않았던 일개 변방 국가를 해가 지지 않는 나라로 만들었던 장본인, 섬이라는 한계를 뛰어넘어 대륙을 호령하던 국왕, 엘리자베스 1세.

그리고 태어나자마자 스코틀랜드의 여왕이 되고 불륜 때문에 남편을 살해한 비정한 여인, 마지막엔 강제로 폐위당하고 20여 년 동안 감금되었다가 역사상 처음으로 단두대에서 처형당한 여왕, 메리 스튜어트.

이들은 서로 상대방을 죽여야 자신이 사는 운명으로 태어났다.

메리 스튜어트는 태어난 지 9개월 만에 여왕이 된 반면, 엘리자베스

스코틀랜드의 여왕이자 프랑스의 왕비였던 메리 스튜어트.

영국 절대주의의 전성기를 이룬 여왕 엘리자베스 1세.

는 왕가의 후손임에도 불구하고 공주 대접을 받지 못했다. 엘리자베스의 아버지 헨리 8세는 왕비의 시중을 들던 여관女官 앤과 사랑에 빠져 바티칸을 상대로 왕비 캐서린과의 이혼 소송을 냈다. 이혼을 엄격하게 규제했던 바티칸이 꿈쩍하지 않자 헨리 8세는 잉글랜드에서 교회를 몰아내고 스스로 수장이 되어 영국 국교회를 설립했다. 이 일로 헨리 8세는 물론 영국 국교회를 믿는 모든 영국인들이 로마 가톨릭으로부터 파문당했다. 로마 가톨릭은 여기에 그치지 않고 헨리 8세와 앤의 결혼은 무효이며, 그 사이에서 태어난 엘리자베스는 사생아라고 주장했다.

당연히 엘리자베스는 존재 자체가 뜨거운 감자였다. 아무리 가톨릭에서 사생아라고 주장해도 그녀는 왕위를 물려받을 수 있는 자격이 있었으며, 헨리 8세에 이어 즉

엘리자베스 1세의 어머니인 앤 불린. 교황이 헨리 8세와 첫 번째 왕비 캐서린과의 이혼을 인정하지 않음으로써 영국 종교개혁의 발단이 되었다.

에드워드 6세. 헨리 8세의 뒤를 이어 10세에 즉위하였으나, 16세에 세상을 떠났다. 마크 트웨인의 《왕자와 거지》 실제 모델로 알려져 있다.

메리 1세. 헨리 8세의 첫 번째 왕비인 캐서린의 딸이다. 열렬한 구교도로서 많은 신교도를 처형하여 후세에 '피의 메리(Blood Mary)'라고 불리기도 했다.

위한 엘리자베스의 배다른 동생 에드워드 6세와 언니인 메리 1세^{메리 튜더}에겐 무시할 수 없는 정적이었다. 풍전등화 같았던 엘리자베스의 운명은 헨리 8세가 사망하면서 더욱 악화됐다.

에드워드 6세에 이어서 즉위한 메리 1세가 엘리자베스를 죽일 기회만 호시탐탐 노렸기 때문이다. 게다가 메리 1세는 헨리 8세와 자신의 어머니 캐서린의 결혼을 합법적으로 인정받는 절차를 밟아 엘리자베스를 사생아로 만들었다.

메리 1세는 여기서 멈추지 않았다. 잉글랜드가 가톨릭과 돌아서게 된 결정적 원인이면서 구교와 신교의 피나는 전쟁을 만들었던 장본인이 엘리자베스의 어머니인 앤이며, 엘리자베스도 그녀의 어머니 못지 않게 위험한 인물이라고 주장했다.

결국, 엘리자베스는 메리 1세에 의해 런던탑에 유폐되는 처지까지 몰려야 했다. 그러나 엘리자베스에겐 다행스럽게도 메리 1세는 그리 오래 살지 못했다. 5년이란 짧은 임기 동안 메리 1세는 엘리자베스와 신교도들을 무자비하게 탄압했지만, 엘리자베스는 그 고난들을 참고 이겨냈다.

그렇다면 이제 누가 보아도 완벽한 승자라 할 수 있는 엘리자베스를 위협할 인물은 더 이상 없었을까? 숙명의 2라운드에 등장한 이는 다름 아닌 그녀의 사촌이자 스코틀랜드 여왕인 메리 스튜어트였다.

흥미진진한 2라운드!
여왕 vs 여왕

메리 스튜어트는 정략 결혼으로 프랑스 왕비의 지위까지 올랐으나 결혼한 지 2년 만에 남편이 죽는 바람에 과부가 되었다. 스코틀랜드로 돌아온 메리 스튜어트는 그녀의 사촌이자 신하였던 단리 백작과 두 번째 결혼을 했으나, 그도 얼마 살지 못하고 죽고 말았다. 단리 백작의 죽음에 메리 스튜어트의 내연남이 연류되었다는 소문이 나돌았지만 메리는 과감하게 남편의 살해 용의자와 세 번째 결혼을 감행했다. 이 일로 인해 귀족들의 반란이 일어났고 메리는 잉글랜드로 도망치는 신세가 되었다. 잉글랜드로 도망간 메리는 반란 중 감금됐을 당시 엘리자베스가 보내준 따뜻한 서신을 잊지 않았다. 당연히 메리는 엘리자베스가 자신을 보호해줄 것으로 생각했다. 하지만 메리 스튜어트가 엘리자베스의 영토에 발을 내딛는 순간부터 불화가 시작됐다.

날로 세력을 확장해가는 프로테스탄트들에 대해 불만을 가졌던 많은 가톨릭교도들이 메리를 잉글랜드 왕에 앉히기 위해 반란을 도모했던 것이다. 메리는 그 존재만으로도 엘리자베스에게 큰 위협이 됐다. 결국 잉글랜드 의회는 메리 스튜어트의 감금으로 사태가 해결되지 않을 것으로 판단, 그녀를 처형해야 한다고 주장했다. 현명한 엘리자베스는 이 일을 자신이 직접 해결하지 않았다. 엘리자베스가 직접 손에 피를 묻히지 않고도 사건을 해결할 수 있는 길은 얼마든지 있었다.

살아남는 것조차 힘들어 보였던 메리 스튜어트는 감금 생활 13년 만에 반전을 도모했다. 그녀는 아들을 스코틀랜드 왕으로 추대해 왕권을 나누어가지면 프랑스가 영국에 갇혀 있는 자신을 도울 것이라고 생각했던 것이다. 그러나 메리 스튜어트의 반전 시도는 실패로 끝났다. 그리고 연이어 스페인 왕 펠리페 2세와 함께 엘리자베스를 제거하고 그 자리를 노렸던 시도도 실패하고 말았다. 결국 메리는 엘리자베스의 암살과 숱한 반란의 주모자로 사형선고를 받게 되었다. 하지만 메리 스튜어트는 스코틀랜드 왕 제임스 1세의 친모였고 감금 상

제임스 1세. 1567년 메리 1세의 뒤를 이어 스코틀랜드의 왕에 올랐고, 1603년 잉글랜드의 왕위에 올라, 스코틀랜드 · 잉글랜드 · 아일랜드를 통치했다. 그는 재위 기간 동안 잉글랜드와 스코틀랜드의 통합을 위해 혼신의 힘을 기울였다.

태라 하더라도 한때 프랑스 왕비였으며, 스코틀랜드의 여왕이었다. 메리 스튜어트를 처형하는 일은 말처럼 쉽지 않았다.

엘리자베스는 스코틀랜드의 왕인 제임스 1세에게 메리의 처형을 받아들이면 후계자로 인정해 잉글랜드의 왕으로 삼겠다는 거래를 제안했다. 불행하게도 이 거래는 훌륭하게 성사되었고 메리는 단두대에서 비참한 최후를 맞이하고 말았다.

엘리자베스는 이복 언니 메리 1세의 위협에서 살아남았고, 생각지도 않았던 사촌 언니 메리 스튜어트의 암살 음모에도 살아남았다. 그리고 영원한 숙적으로 남을 뻔했던 스코틀랜드와 잉글랜드의 관계도 매듭지었다.

자매와 사촌이 서로 상대방을 죽여야 자신이 살아남을 수 있었던 이 전쟁의 최종 승자는 당연 엘리자베스 1세였다. 엘리자베스는 단순히 행운이 뒤따라서 살아남을 수 있었던 것은 아니었다. 그녀가 무시무시한 혈육 간의 전쟁에서 살아남을 수 있었던 것은 자신에게 드리워진 어두운 운명의 그림자를 인내심과 기다림의 자세로 버티고, 절대 위기 상황을 기회로 바꾸는 결단력이 있었기 때문이었다.

'메리 스튜어트'를 향한 '엘리자베스'의 질투?

엘리자베스 1세는 영국 절대주의의 전성기를 이루었다.

엘리자베스 1세가 누구인가! '짐은 곧 국가'라는 말이 무색할 정도로 자신은 이미 영국과 결혼했다며 절대 왕권의 의지를 굳힌 여장부가 아닌가! 그녀가 비범한 여인이라는 것은 세상이 다 아는 일이다.

그러면서도 그녀에게서 여자의 일면을 보고자 하는 노력도 꽤 많았다. 한 여자로 누군가의 사랑을 받고 싶고 누구보다 예뻐지고 싶은 것은 자연스러운 본능이다. 그럼 '질투'라는 화제로 엘리자베스와 메리 스튜어트를 재조명하면 어떤 이야기가 나올까?

엘리자베스 1세는 스코틀랜드의 멜빌이 사신으로 잉글랜드에 왔을 때 메리 스튜어트와 자신 중 누가 더 매력적이냐는 질문으로 괴롭히는가 하면, 누구의 키가 더 큰가에 대한 질문으로 논쟁을 펼치기도 했다고 한다. 알려진 바에 의하면 메리 스튜어트는 상당한 교양과 미모를 겸비한 여왕이라고 한다. 태어나면서부터 차별을 받아야 했던 엘리자베스의 성장 과정을 미루어 보건대 엘리자베스는 정적인 메리 스튜어트에 대해 상당한 열등감을 가지고 있던 것으로 보인다.

처녀성을 지키며 한 번도 흔들림 없는 모습으로 영국을 지배했던 엘리자베스 1세. 그녀도 누군가를 내심 부러워하는 인간적인 면이 있다는 것이 반갑기도 하지만 여자의 질투가 새삼 무섭다는 생각이 든다.

04

비너스의
이유 있는 노출 스토리?

세계적으로 유명한 누드 조각상 '밀로의 비너스'를 본떠 만들어진 눈 조각상이 외설적이라는 비난을 받아 옷(?)을 입는 황당한 일이 벌어졌다. 미국 뉴저지 주 라웨이에 거주하는 엘리사 곤잘레스(44) 씨는 자신의 집 앞뜰에서 눈을 이용해 고대 그리스의 토르소 '밀로의 비너스'를 본뜬 조각상을 만들었는데 처음에는 이웃의 열광적인 반응을 얻었다. 그는 "조각상은 매우 아름다웠고 이웃 주민들이 많은 관심을 보였다"며 그중 몇몇은 사진을 찍어가기도 했다고 전했다. 그러나 이에 대해 외설적이라고 느낀 주민도 있었다. 그는 "지역 경찰이 찾아와 주민 한 명이 누드상에 대해 불만을 제기해 옷을 입히든지 철거하든지 해야만 했다"며 부득불 조각상에 옷을 입혀야만 했다고 털어놓았다.

2010년 3월 6일 〈해럴드 생생뉴스〉

서양 미술 작품 중에는 풍만한 여인이 실오라기 하나 걸치지 않고 등장하는 경우가 꽤 있다. 사람마다 다르겠지만 필자의 경우엔 도대체 이 여인에게서 아름다움을 느껴야 하는 건지 고대 토르소를 보듯 풍만함 자체를 느껴야 하는 건지 심히 고민스러운 경우가 많았다. 그러다 모델을 알고 나면 정말 주인공이 비너스가 맞는 건지 헷갈리는 순간들도 있었다. 물론 미의 기준이 시대마다 다르고, 그러다 보니 비너스의 외모가 들쑥날쑥할 수도 있고 개성이 넘친다 생각할 수도 있겠다. 그런데 '왜 하필 비너스가 모델일까?' 하는 부분에선 호기심과 의심이 생기곤 했다.

그리스 로마 신화에 모델로 적합한 여인이 어디 비너스뿐인가 말이다. 지적이며 순결의 상징인 아르테미스도 있고, 강인한 이미지의 아테네도 있고, 최고의 여신이라 불리는 헤라도 있는데……. 그러고 보니 이 여신들 중 어쩌다 비너스가 미의 여신이 되었는지도 모를 일이다.

이래저래 미의 여신 타이틀을 거머쥔 계기나, 오랜 세월 각종 누드 작품 섭외 1순위가 된 경위가 사뭇 의심스러운 비너스! 도대체 그녀에게는 어떤 이야기가 숨겨져 있는 것일까?

우선, 그녀의 이름에 숨겨진 이야기부터 흥미롭다. 그리스신화에선 거품에서 태어났다고 하여 '아프로디테' 라고 하는데, 그 거품의 생성 과정이 사뭇 극적이다. 그리스신화에 등장하는 땅의 여신 가이아는 하늘의 신 우라노스와 산맥의 신 오레, 바다의 신 폰토스를 낳았다. 가이아는 그녀의 아들 우라노스와 정을 통해 ^{그리스신화에선 혈족끼리의 결혼이 자연스럽다} 크로노스를 포함한 12명의 티탄과 거인 키클로페스 3형제, 손이 1백 개

달린 헤카톤케이르 3형제를 낳았다. 그런데 우라노스는 거인 키클로페스 3형제와 손이 1백 개 달린 거인 헤카톤케이르 3형제의 모습이 흉측하다고 지옥에 가둬버리고 말았다. 이에 앙심을 품은 가이아는 크로노스를 우라노스에 대한 복수에 끌어들였다. 어머니의 뜻에 따라 크로노스는 우라노스의 남근을 잘라 바다에 던져버렸는데 그곳에서 거품이 생겨났다. 그리고 그 거품 속에서 아름다운 여인이 나타났고 이 모태 거품녀가 바로 아프로디테다.

잘려나간 남근에서 태어난 비너스의 탄생 신화는 갈비뼈에서 태어난 이브의 탄생보다 훨씬 더 극적이고 자극적이다. 여성의 자궁을 의미하

크로노스가 우라노스의 남근을 잘라 바다에 던졌는데 여기에서 거품이 생겨났고, 그 거품 속에서 비너스가 탄생했다는 그리스신화의 내용을 그린 것이다.
보티첼리, 〈비너스의 탄생〉-피렌체 우피치미술관 소장.

기도 하는 바다와 바다에 던져진 남근의 결합은 시작부터 흥미진진한 에로티시즘의 절정을 보여준다.

때문에 많은 화가들이 거품에서 다 큰 처녀로 탄생한 비너스를 소재로 작품을 남겼는데, 그중 보티첼리^{Sandro Botticelli}의 〈비너스의 탄생〉은 걸작으로 손꼽힌다.

이탈리아 르네상스시대의 화가 산드로 보티첼리의 최대 역작이라 할 수 있는 〈비너스의 탄생〉은 1485~1486년경 보티첼리가 메디치가의 로렌초 디 피에르프란체스코의 결혼을 기념하기 위해 그린 그림으로, 그림 중앙에 푸른 바다 거품에서 태어나 진주 조개를 타고 바다 위에 서 있는 비너스가 있고, 왼편에는 서풍의 신 제피로스와 그의 연인 클로리스가, 오른편에는 계절의 여신 호라이가 외투를 들고 비너스를 맞이하고 있다.

이 그림 속 비너스의 실제 모델은 당시 피렌체에서 최고 미인이었던 시모네타라고 한다. 실제 시모네타가 이처럼 작은 얼굴에 기형적이라고 밖에 설명할 수 없는 긴 팔과 다리를 지녔는지는 알 수 없다. 왜냐하면 시모네타는 22세 꽃다운 나이에 폐결핵으로 사망한 비운의 주인공이기 때문이다.

그 때문인지는 알 수 없으나 보티첼리의 비너스는 그리스 최고의 작품이라고 일컬어지는 밀로의 비너스에 비해 매우 창백하고 가녀리다. 청순가련형 여인이 보호본능을 자극한다고 하지만 원래 그리스인들이 생각한 비너스는 결핵에 걸린 창백하고 야윈 비너스는 아니었던 것 같다. 그리스시대에 조각된 밀로의 〈비너스〉를 보라. 도대체 이 여인네의 어디가 연약해 보인단 말인가!

밀로의 비너스는 건강하다 못해 당장 투포환을 던져 홈런을 기록할 기세다. 오죽하면 근대 조각의 대명사로 불리는 로댕은 비너스의 건장한 웅장함을 두고 이렇게 말했겠는가. "아름다운 토르소가 얼마나 휘황찬란한지! 견고한 두 다리로 힘 있게 서서, 두 유방과 바다처럼 빛나며 너그러운 복부에 곰실거리는 여운으로 호흡하는 토르소여. (중략) 너는 신이며, 인간의 어머니."

강홍구, 《그림 속으로 난 길》

기원전 2세기에서 1세기 초에 제작되었을 것이라고 추측되는 밀로의 〈비너스〉는 헬레니즘시대의 조각 가운데 단연 으뜸으로 손꼽히는 보물이다. 개미허리도 아니고, 볼륨감 있는 몸매도 아닌 밀로의 〈비너스〉에선 여성미보다는 건강한 남성미가 먼저 느껴진다. 2미터 신장에 1미터가 넘는 가슴둘레, 97센티미터에 달하는 허리 사이즈를 자랑하는 밀로의 〈비너스〉는 웬만한 태풍에도 끄떡없어 보인다. 그럼에도 불구하고 밀로의 〈비너스〉가 지금까지 최고의

밀로의 〈비너스〉.

비너스상으로 손꼽힐 수 있었던 이유는 바로 당당하고 웅장한 여신의 이미지 때문이다.

1:1.16의 완벽한 가슴과 엉덩이의 비율, 정교하고 부드러운 표정, 살짝 뒤튼 상체 때문에 어느 각도에서 보아도 아름다운 S라인으로 보이는 밀로의 〈비너스〉는 당대 최고의 기술이 접목된 미의 결정판이다. 그런데 세월이 흐르면서 이 건강미 넘치는 비너스에 변화의 바람이 불어닥쳤다.

특이하게 중세적 시각으로 비너스를 바라본 르네상스시대의 화가 루

영국 왕립예술아카데미에서 인도 세밀화의 영향을 받은 독특한 이 작품을 포스터에 담아 홍보할 계획이었으나 외설적이라는 이유로 런던 지하철에서 전시를 거부당했다. 루카스 크라나흐, 〈비너스〉.

카스 크라나흐Lucas Cranach의 작품을 보자. 풍만한 비너스는 사라지고 다이어트 광고에나 등장할 법한 낯선 여인네가 서 있다.

밀로의 〈비너스〉는 웬만한 비바람에도 끄떡없어 보이지만 루카스 크라나흐의 〈비너스〉는 너무 야위어서 잘못 잡아챘다가는 금방 어디 한군데라도 부러질 듯 보인다.

루카스 크라나흐의 〈비너스〉는 중세 고딕 건축물처럼 길쭉하고 말라 있다. 네덜란드와

독일 화가들은 중세의 고딕 건축물 같은 비너스상을 선호했다. 야위고 가느다란 몸매에 작은 가슴, 특이하게 배만 볼록 튀어나온 비너스는 성적인 욕망이 모두 삭제된 소녀와 성녀의 이미지다.

루카스 크라나흐의 〈비너스〉는 아무리 열심히 찾아봐도 성적으로 외설적인 부분이 보이지 않는다. 그런데 루카스 크라나흐의 〈비너스〉는 지하철 이용객에게 불쾌함을 줄 수 있다는 이유로 포스터 사용이 금지됐다. 지하철 이용객이 느낄 불쾌함은 야윈 비너스에 대한 반감일까? 아니면 관능미와 에로티즘을 전혀 느낄 수 없는 비너스에 대한 반감일까? 만약 루카스 크라나흐의 〈비너스〉가 마른 비너스가 아니라 풍만한 비너스였다면 런던 지하철에 포스터가 붙어 있었을까?

아마 작심삼일로 다이어트에 연일 실패하는 대부분의 사람들에겐 루카스 크라나흐의 마른 비너스보다 루벤스의 풍만한 비너스가 더 매력적일지도 모르겠다.

세계 최초!
여신女神 선발대회

루벤스의 걸작 〈파리스의 심판〉에 등장하는 세 여신은 오른쪽 남성들에 비해 훨씬 육감적이고 관능적이다. 자, 세 여신 중에서 이 주제의 주인공인 비너스는 과연 누구일까? 그림을 자세히 보면 힌트를 얻을 수 있다.

첫 번째 맨 왼쪽에 팔을 머리 위에 올리고 있는 여신은 바로 전쟁의 여신 아테나다. 그녀의 왼편에 방패와 투구, 갑옷 부엉이가 그려져 있

트로이의 영웅 파리스가 아테나, 헤라, 아프로디테를 놓고 심판을 내렸다는 에피소
드를 소재로 한 작품으로, 루벤스 외에도 루카스 크라나흐, 로댕, 부셰 등의 작품에
도 이 소재가 등장한다. 루벤스, 〈파리스의 심판〉 – 런던 내셔널 갤러리 소장.

다. 그리고 오른쪽에 공작과 함께 있는 여신이 헤라다. 마지막으로 우
리에게 육감적인 등만 보이고 있는 여신이 바로 미와 사랑의 여신 비너
스, 아프로디테다. 그녀의 뒤에서 놀고 있는 조그만 에로스를 보면 쉽
게 찾을 수 있다. 비너스와 찰떡궁합으로 함께 등장하는 에로스는 비너
스를 소재로 한 작품에 단골 게스트다.

만약 에로스가 없다면 비너스를 어떻게 알아볼 수 있을까? 그렇다면
그녀의 손을 잘 살펴보자. 우아한 여신이 한 손에 황금사과를 들고 있
으면 그녀가 바로 비너스다.

루벤스의 작품 〈파리스의 심판〉은 트로이 전쟁의 시작이자 비너스가
미의 여신이 된 결정적인 사건을 소재로 하고 있다. 〈파리스의 심판〉은

그리스신화에 등장하는 모든 여신 중에 가장 아름다운 여신을 가리는 미인 대회다. 그런데 이 미인 대회의 심사위원은 제우스도 아니고 에로스도 아닌, 인간 파리스였다. 도대체 어떻게 된 일인가?

사건의 발단은 바다의 여신 테티스의 결혼식에 불화의 여신 에리스가 초대받지 못한 데서 일어났다. 이름처럼 가는 곳마다 불화를 몰고 다니는 에리스는 자신만 쏙 빼놓고 치러지는 이 결혼식이 매우 못마땅했다. 그래서 에리스는 자신이 제일 잘할 수 있는 일을 계획했다. 바로 '가장 아름다운 여신에게'라고 쓰인 황금사과를 결혼식장 한가운데에 던진 것이다. 에리스가 던진 사과 때문에 여신들의 신경전이 벌어졌고, 결혼식은 이제 관심 밖의 일이 되어버렸다.

그리스 신들은 매우 인간적이어서 여신 또한 최고의 미인에게 쏟아지는 찬사를 한 몸에 받고 싶어 했다. 치열한 신경전 끝에 세 명의 여신이 가장 아름다운 여신 후보에 올랐다. 자신 이외에 아름다운 여신을 눈뜨고 볼 수 없는 질투의 여신 헤라와 아테나, 그리고 이미 여러 남신의 마음을 훔친 전적이 있는 비너스, 즉 아프로디테였다. 세 여신의 자존심을 건 다툼은 휴전의 기미도 보이지 않았고, 누가 나서서 중재하기도 상당히 껄끄러운 상황으로 치달았다. 결국 신들은 이 여신들의 아름다움을 가려줄 심사위원으로 트로이의 왕자 파리스를 선정했다.

세 여신의 진, 선, 미 각축전은 곧바로 뇌물 공세로 이어졌다. 아테나는 세계 제일의 지혜, 헤라는 세계의 주권을 약속했다. 현명한 아프로디테는 세계 제일의 미녀를 약속했다. 야망이 넘치는 왕이기에 앞서 남자였던 파리스는 아프로디테의 약속이 제일 마음에 들었던 모양인지 가장

아름다운 여신으로 아프로디테를 뽑았다. 이로써 가장 아름다운 여신에게 바치는 황금 사과는 아프로디테의 것이 되었다.

약속대로 아프로디테가 파리스에게 세계 제일의 미녀 헬레나를 건네주자 때를 기다린 아테나와 헤라가 작전을 짜기 시작했다. 헬

자크 루이 다비드, 〈파리스와 헬레나〉.

레나는 스파르타 왕인 메넬라오스의 아내였으므로 트로이와 스파르타는 자연스럽게 전쟁의 소용돌이에 빠지게 됐고 이 일에 아테나와 헤라가 적극 가담한 것은 불을 보듯 뻔한 일이었다.

우리가 당연하게 여기고 있는 미의 여신은 세계 제일의 미녀를 얻기 위한 한 남자의 갈등에서 시작되어 전쟁으로 끝이 났다. 이 소용돌이 속에서 이득을 본 건 미의 여신 타이틀을 거머쥔 비너스뿐이다. 이렇게 비너스는 어부지리 격으로 미의 여신이 되었고 오랜 세월 여성의 아름다움을 표현하는 누드화의 여주인공으로 낙점된 것이다.

오늘날 화가들은 육감적이고 아름다운 여체를 자랑하는 비너스를 더이상 그리지 않는다. 비너스의 아름다운 누드는 현대 회화 시각으로 현

실의 참혹함과 냉정함을 표현하려는 소재일 뿐이다. 하지만 비쩍 말라 있든 풍만하든 명작 속에 살아 숨 쉬는 비너스는 인간의 아름다운 육체에 대한 열망이 가득 담겨 있다. 그리고 그 안에 수많은 이야기가 담겨 있다.

그러니 아는 만큼 보이고 보이는 만큼 아는 명작의 감상 포인트에 비너스를 끼워 넣는다면 천일야화만큼 흥미진진한 이야기보따리를 갖게 되는 셈이다. 오늘이라도 당장 수많은 누드화의 주인공인 비너스에 얽힌 비하인드 스토리를 찾아보길 바란다.

05

잘못된 무적함대의 역사,
교과서에서 배웠다?

유럽에서 가장 먼저 절대 왕정을 갖춘 나라는 에스파냐였다. 에스파냐의 펠리페 2세는 아메리카 식민지에서 들어오는 막대한 금과 은으로 무적함대를 만들어 세계의 해상권을 장악, 유럽의 최대 강국이 되었다. 그러나 에스파냐의 절대 왕정은 국내 산업에 바탕을 두지 못하고 식민지 약탈에만 의존해 경제적 기반이 취약하였다. 또한 펠리페 2세는 식민지에 가톨릭 종교를 강요하였기 때문에 신교 국가인 네덜란드가 반란을 일으켜 독립하였다. 이후, 무적함대마저 영국 해군에게 패배함으로써 에스파냐는 몰락하게 되었다.

중2 사회 교과서, (주)중앙교육진흥연구소

1588년 영국과 스페인의 해전은 유럽 역사에서 꽤 중요한 사건이다. 이 해전으로 말미암아 신대륙 발견에 앞장서 제국주의 시대를 연 스페인이 내리막길을 걷고, 영국이란 변방 국가가 유럽 역사 전면에 등장하게 되었기 때문이다.

1588년 스페인의 펠리페 2세는 영국을 정벌하기 위해 무적함대를 이끌고 바다로 나갔다. 그러나 2만여 명의 병사와 2천4백 대의 대포를 실은 유럽 최고의 무적함대는 영국에게 보기 좋게 패하고 말았다. 이것이 우리가 알고 있는 스페인 무적함대의 최후다.

역사 교과서엔 왜 무적함대가 패했는지, 그 후 스페인이 어떻게 급속히 몰락하게 됐는지는 설명되어 있지 않다. 이 싸움은 한 마디로 프로에서 활동하고 있는 이종 격투기 선수와 연습생의 맞장 승부였다. 이종 격투기 선수인 스페인 해군이 바다라는 링 위에서 현란한 기술로 상대방의 혼을 쏙 빼며, 이제 막 펀치나 날릴까 말까 하는 연습생인 영국 해군을 맞아 한판 겨룬다면 이미 승부는 결정난 것이 아닌가? 그런데 이종 격투기 선수가 연습생에게 보기 좋게 KO패 당했다. 스페인의 무적함대는 왜 그토록 허망하게 패배하고 말았을까? 스페인은 어떻게 한 번의 해전으로 급속도로 몰락했을까?

사람들은 '칼레 해전'에서 영국이 승리를 거둔 까닭은 전함에 대포를 장착해 화력면에서 월등히 강했기 때문이라고 말한다. 그래서 칼레 해전 이후 전함에 대포를 장착한 해상 전투가 FM 모델이 될 정도였다고 한다. 하지만 영국만 대포로 무장한 것이 아니라, 스페인의 전함도 대포로 무장했다. 그러니 전함에 대포를 달았다는 사실 하나로 영국의 승

칼레 해전. 영국과 스페인 간의 해전으로, 영국이 승리해 유럽의 역사적 판도가 뒤바뀌는 중요한 전환점이 되었다.

리를 깔끔하게 정리하기엔 무리가 있다.

게다가 영국이 침몰시킨 스페인의 함대가 고작 몇 대에 불과했다는 사실을 알게 되면, 왜 이 전쟁의 승자가 영국인지 한층 의아해질 것이다. 영국은 도대체 스페인의 무적함대에 맞서 어떤 전략을 쓴 것일까?

드라마틱한 이야기를 기대하겠지만, 기대와는 달리 영국은 거의 아무것도 하지 않았다. 사실 스페인 무적함대는 영국 해군이 아닌 험악한 폭풍과 높은 파도와 싸워야 했다. 스페인 함대 중 많은 배들이 폭풍과 파도 때문에 아일랜드와 스코틀랜드 해안 절벽에 부딪혀 침몰했다. 땅위가 아닌 바다에서 이뤄지는 해전에서 날씨가 미치는 영향은 상상을 초월했다. 지독한 악천후를 만난 스페인 함대는 높은 파도와 폭풍 속에서 제 기량을 발휘할 수 없었다.

그런데 여기에도 이상한 점이 있다. '칼레 해전'은 영국 여왕이 친히 전장에 나와 지휘했을 만큼 중요한 전쟁이었다. 수많은 해전을 겪었을 스페인의 무적함대가 아무리 악천후라고 하지만 고작 날씨 때문에 이 전쟁을 포기하고 돌아갔다는 게 이상하지 않은가? 물론 펠리페 2세는 고국으로 돌아가 다시 전열을 가다듬고 영국을 정벌하기 위해 여러 번 출전했다. 하지만 그때마다 번번이 지독한 날씨 때문에 실패하고 말았다. 이 정도 상황이면 독실한 가톨릭 신자였던 펠리페 2세는 그토록 믿었던 신에게 버림을 받았던지, 아니면 그는 지난 실패를 거울삼지 않고 같은 실수를 계속 반복하는 어리석은 자임에 틀림없다. 아니면 신이 엘리자베스 여왕을 더 사랑했을지도 모를 일이다. 그렇다면 정말 악천후가 '영국 승리'의 직접적인 원인이었을까?

영국의 **히든 카드!**
해군과 **해적**의 그 오묘한 **경계선?**

영국이 스페인의 무적함대에 맞서 승리를 거머쥔 건 사실이지만, 이 승리가 행운이었다는 데는 영국도 이의를 제기하지 않을 것이다. 정확히 말하자면, 스페인의 무적함대는 스스로 철수했을 뿐이지 패배했다고 보기는 어렵기 때문이다. 이 점은 영국 여왕 엘리자베스 1세가 더 정확히 알고 있었다. 영국이 악천후 같은 '운'이 없었다면 막강한 스페인 함대에 맞서 이길 수 없었다는 걸 잘 알았다. 때문에 그녀는 또 언제 쳐들어올지 모르는 스페인 때문에 항상 노심초사했다.

결과적으로 스페인이 칼레 해전에 패배하긴 했지만, 이 패배로 스페인이 몰락하진 않았다. 스페인이 쇠퇴하게 된 것은 칼레 해전 후 10여

년이 지나면서부터다. 또 영국이 유럽 바다를 호령하며 바다를 점령하게 된 것도 칼레 해전 한참 뒤의 일이다.

그런데 스페인의 무적함대를 침몰시킨 건 악천후도 아니고 엘리자베스 1세의 현명한 처세도 아니었다. 무적함대를 꼼짝 못하게 한 건 아이러니하게도 신사의 나라 영국이 국가적인 차원에서 지원한 해적선들 때문이었다고 한다.

근대 초기 신대륙에서 값비싼 향신료며 설탕, 각종 사치품, 금, 은 등을 바다로 실어 날랐던 운송수단은 바로 배였다. 그런데 바다에는 이 물건들을 탐내는 해적들이 너무 많았다. 물론 육지에서도 값비싼 물건을 노리는 도적떼로 어려움을 겪었지만, 마땅히 도망칠 곳도 없는 바다에서 해적들을 당해내기란 결코 쉽지 않았다. 때문에 바다 위의 해적은 목이 빠지게 동양의 물건들을 기다리는 유럽 각국의 골칫거리였다.

베네치아와 같이 상권으로 지탱하는 곳은 국가가 나서서 상인과 배를 보호했다. 그러나 영국의 경우 상인들이 정부의 허가를 받아 식민지에서 전쟁과 무역을 알아서 했기 때문에 전리품들을 싣고 돌아오는 배의 안전도 스스로 처리해야 했다. 따라서 바다 위엔 무장한 해적도 있었지만, 그들만큼이나 무장한 상선들도 많았다.

자, 그럼 이제 어떤 일이 일어날까? 모든 상선이 항상 수입이 좋을 리가 없으니 해적만큼 잘 무장한 상선은 언제든지 다른 상선을 공격할 수 있는 해적이 될 수 있지 않을까?

지금은 영국을 '신사의 나라'라고 하지만 근대 초기만 해도 영국은 해적의 나라였다. 영국은 실제로 약탈을 일삼은 해적 프랜시스 드레이크를 영웅으로 추대했다. 프랜시스 드레이크는 군인이자 탐험가였고, 동시에 해적이었다. 그는 마젤란에 이어 두 번째로 세계 일주에 성공한 인물이었지만 귀환하던 길에 스페인 함대를 공격해 엄청난 전리품을 챙긴 해적이기도 했다. 스페인은 영국에게 공식적으로 그의 처벌을 요구했지만 여왕은 오히려 드레이크를 감싸고 작위까지 내렸다. 영

해적에서 플리머스 시장과 하원의원을 거쳐 영국 함대 사령관으로, 칼레 앞바다에서 스페인 무적함대를 격파해 영국의 영웅으로 추대된 프랜시스 드레이크.

국은 또 공공연하게 드레이크에게 군대까지 내어주며 그의 해적질을 도왔다.

영국은 이에 그치지 않고 뒤처진 해군력을 보강하기 위해 해적을 용병으로 고용하기까지 했다. 영국이 스페인과 바다에서 전쟁이라도 벌일라치면 해적들에게 '선박 나포 및 약탈 허가증'까지도 내주었다. 물론 이 허가증은 전시에 무장한 개인 선박에게 적함을 나포하고 약탈해도 좋다는 내용이었지만 사실상 이는 해적을 해군으로 흡수하기 위한 제도였다고 해도 무방하다. 밥 먹고 하는 일이 선박 나포와 약탈이었던 해적만큼 이 허가증을 잘 쓸 수 있는 이들이 또 어디에 있겠는가! 그야말로 영국은 스페인에 버금가는 무적함대를 얻은 것이나 다름없었다.

영국과 해적에게 이 허가증은 누이 좋고 매부 좋은 거래였다. 해적은 국익을 위해 싸운다는 명분 아래 마음껏 약탈을 일삼아서 좋고, 영국은 예상치 못한 지원병을 얻었으니 말이다.

이와는 반대로 해적과 손을 잡지 않고 정식 군대로만 영국에 맞서 싸웠던 스페인의 펠리페 2세는 너무 신사적이었다. 영국이 상황에 따라 해적질까지 일삼으며 종횡무진 유럽 바다를 휘젓고 다니면서 해적의 본분을 충실히 한 까닭에 스페인 함대는 심한 곤경에 처하게 되었다.

그렇다면 예상치 못한 '영국의 해적질'이 해상 국가 스페인 몰락의 키워드일까?

스페인 무적함대의
어이없는 자살골?

영국이 어이없는 해적질로 바다를 호령하며 스페인의 발을 묶는 동안 스페인이라는 무적함대를 침몰시킨 엄청난 무기는 어이없는 곳에서 날아왔다.

스페인과 무적함대를 유럽 바다에 완전히 가라앉혀버린 무기의 정체는 바로 '은'이었다. 과유불급이라고 당시 스페인에는 식민지 곳곳에서 보이는 대로 바닥까지 긁어모았던 은이 넘치고 넘쳐 예상치 못한 인플레이션이 발생했던 것이다.

스페인은 대항해 시대를 맞아 남아메리카에서 잉카와 마야 문명을 전복시키면서 엄청난 양의 금을 쓸어갔고 금이 씨가 마르자, 이번에는 은에 관심을 보이기 시작했다. 때맞춰 페루와 멕시코에서 은이 대량으로 유입되자 중국과 아시아에서 사치품들을 마음대로 사들이기 시작했다. 식민지야 또 건설하면 되고 그곳에서 은이 넘쳐날 테니 아무런 걱정이 없었다. 하지만 그들에게는 경제관념이 없었다. 아니, 정확히 화폐 경제란 것을 몰랐다. 그저 돈이란 아무리 많아도 해가 되지 않을 것이라고 생각했다.

하지만 풍요로운 미래를 약속해줄 것만 같던 은이 스페인의 목을 죄어오고 있었다. 식민지에서 만든 멕시코의 페소화를 본토로 안전하게 수송하기 위해선 막대한 요새 건설 비용과 군비 지출이 불가피했다. 이와 같이 스페인 본토엔 많은 돈이 필요했고, 필요한 만큼 엄청난 양의 페소화가 들어왔다. 그러나 돈은 부족한 것도 문제이지만, 너무 넘쳐도 문제가 생긴다.

스페인에 페소화가 많이 유통되자 은으로 만든 돈의 값어치가 점점 떨어졌다. 사람들은 값어치가 떨어지는 돈을 가지고 있기보다 더 값어치 있는 물건을 소유하려고 하였다. 결국 극심한 인플레이션이 발생했고 이 영향은 국경을 넘어 유럽 전체를 뒤흔들었다. 그리고 이것은 가격혁명으로 이어졌다.

가격혁명이란, 약 15세기 말부터 17세기 초까지 멕시코와 페루 등지에서 막대한 은이 유럽 대륙으로 유입되어 생긴 인플레이션을 말한다. 그런데 때마침 흑사병으로 감소하던 인구가 서서히 회복되면서 농작물의 가격이 올랐고, 제조업을 맡고 있던 장인들 중 살아남은 이들이 높은 임금을 요구하면서 수공제품의 가격이 급상승했다. 당연히 가치가 하락한 화폐로 소작료를 받던 봉건 영주들보다 곡물이나 수공업품 등

실물자산을 소유하고 있던 수공업자들과 상인들의 위치가 급부상했다. 스페인이 의도하지 않았던 인플레이션은 이렇게 유럽 대륙에 근대 자본주의의 싹을 틔우고 있었던 것이다. 그러나 이 변화는 스페인에게 큰 악재가 되었다. 하늘 무서운 줄 모르고 솟아오르는 물가 때문에 스페인의 경제가 휘청거렸던 것이다.

그러나 스페인은 이 인플레이션으로 바로 쓰러지진 않았다. 스페인과 그 무적함대는 생각지도 못한 공격으로 휘청거리긴 했으나 그럭저럭 버틸 만했다. 연이은 2차 공격만 없었다면 스페인은 잘 살아남아 유럽 최강국의 자리를 지켰을지도 모른다.

19세기에 들어서면서부터 국제적으로 유통되던 화폐에도 변화의 바람이 불어닥쳤다. 여태까지 은화를 쓰던 나라들이 서서히 금화로 갈아타기 시작했던 것이다. 물론 아메리카 대륙과 오스트레일리아, 아프리카 대륙에서 발견된 금광에서 금이 쏟아져나오긴 했으나 은보다 비싼 가격 탓에 바로 기축통화로 쓰이진 못했다.

그러나 1871년 프로이센과 프랑스가 스페인 왕위를 놓고 벌인 전쟁에서 독일이 이기면서 상황은 달라졌다. 독일이 전쟁의 배상금을 프랑스 금화로 받겠다고 나서면서 금본위제金本位制로 갈아타고 연이어 유럽 각국과 미국이 금화를 선택하면서 은화는 설 자리를 잃어버렸다. 그와 함께 은화로 우뚝 선 스페인은 유럽의 최강자 자리를 잃게 되었다. 유럽 바다를 장악하고 세계 바다를 제집 욕조처럼 휘젓고 다니던 스페인과 그 무적함대는 그렇게 조용히 세계사에서 퇴장하게 되었던 것이다.

스페인의 무적함대는 우리가 알고 있는 것처럼 단 한차례의 해전으로 쇠퇴하진 않았다. 스페인은 그야말로 영국의 해군과 해적을 오락가락한 전략으로 발이 묶이고, 그토록 사랑했던 은화에 깔려 인플레이션이란 공격을 맞으면서 조금씩 쇠퇴하고 있었던 것이다. 스페인이 세계 곳곳에 식민지를 건설할 때 보였던 그 민첩함을 세계 금융 시장의 흐름을 읽는 데 썼더라면, 영국에게 유럽 최강자의 자리를 내주지 않아도 됐을지 모른다. 이로써 스페인 무적함대에 대한 수수께끼는 풀렸지만, 이젠 이 많은 이야기를 반 페이지도 되지 않는 양으로 단순명료하게 정리한 역사 교과서의 심플함이 수수께끼로 남는다.

06

가진 것이 너무 많아
피곤한 아프리카?

"개발 원조라는 생각 자체가 잘못된 것이다. 아프리카 국가들은 해마다 개발 원조로 받는 돈보다 더 많은 돈을 서방 각국에 빚으로 갚고 있다. (중략) 빚은 해마다 늘어만 간다."

루츠 판 다이크, 《처음 읽는 아프리카의 역사》

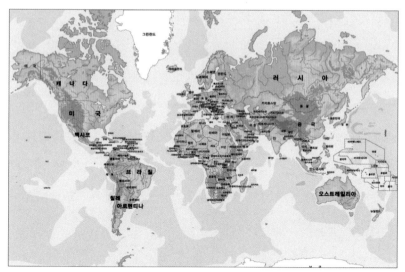

[지도 1] 메르카토르 도법으로 만들어진 세계지도.

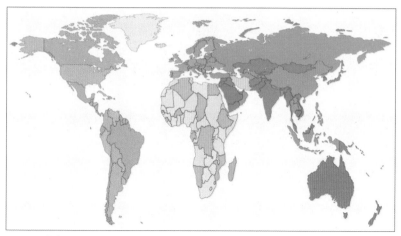

[지도 2] 페터스 도법으로 만들어진 세계지도.

＊구형인 지구를 평면에 표현할 때 어쩔 수 없이 많은 부분이 왜곡되거나 생략될 수 있다. 항해를 위해 만들어진 메르카토르 도법은 다분히 백인 정복자들 중심이라는 비난을 받아왔다. 그에 비해 페터스 도법은 실제와 가장 가까울 뿐 아니라 대륙의 왜곡된 크기를 돌려놓았다는 평가를 받고 있다.

영토가 지도에 선행하는 것이 아니라 지도가 영토에 선행한다는 말이 있다. 지도는 우리가 기대하는 것처럼 정확한 축척을 통해 정확히 그려놓은 것이 아니다. 지도의 왜곡이나 생략을 빌어 말하자면 지도는 그냥 이미지일 뿐이다. 이게 무슨 소리인지 도대체 무슨 말인지 감이 안 온다면 앞 페이지의 [지도 1]과 [지도 2]를 자세히 보길 바란다. 두 지도는 지금까지 우리가 알던 세상이 실제와 다르다는 것을 보여줄 것이다.

지도 한 장에 정복자와 피정복자의 빛과 그림자가, 그리고 소외된 세계가 이처럼 신랄하게 나타날 수 있다는 것이 섬뜩하지 않은가? 지도가 목적에 따라 모양과 크기가 달라진다는 것이다. 이것은 지도가 다분히 학문적이 아니라 정치적이란 이야기다.

페터스 도법 세계지도에서 보면 알 수 있듯이 아프리카 대륙은 아시아 대륙 다음으로 큰 땅이다. 아프리카는 그 크기만 해도 3천36만 제곱킬로미터라고 한다. 이 크기는 미국, 중국, 인도, 유럽, 아르헨티나, 뉴질랜드를 모두 아프리카 대륙에 넣고도 남을 정도의 크기다.

놀랍지 않은가? 아프리카 대륙이 이만큼 거대한 대륙이라는 사실을 알지 못했을 것이다. 또 우리가 아프리카 대륙의 크기만큼 자주 범하는 오해는 바로 아프리카 땅이 대부분 초원이라고 생각하는 점이다. 하지만 아프리카는 사막과 초원, 오아시스, 열대 우림 등 다양한 기후가 존재하는 거대한 대륙이다. 기후에 따라 땅의 비옥한 정도도 차이가 크다. 설사 사막과 초원이 전부라 할지라도 우리가 생각하는 것처럼 불모지는 아니다. 단지 우리의 기준에서 살기 힘든 곳일 뿐이다.

아프리카는 거대한 땅만큼 무한한 자원을 가진 나라다. 이곳은 지구 역사상 가장 먼저 생겨난 대륙으로 지하자원이 가장 많이 묻혀 있다. 인류가 캐낸 황금의 절반 이상이 남아프리카 지역에서 나왔다고 한다.

이 땅은 사람들이 동경하는 귀금속인 금, 다이아몬드, 백금이 생산되는 곳이다. 지금도 세계 철광 생산량의 89퍼센트가 아프리카에서 생산되고 있다.

하지만 아프리카 전체 대륙의 경제력은 세계 시장의 1.3퍼센트밖에 되지 않는다. 이처럼 엄청난 지하자원을 가졌는데도 왜 아프리카는 여전히 가난한 것일까?

우리가 알고 있는 아프리카는 헐벗고 굶주린 난민, 그리고 후천성 면역결핍증인 에이즈 환자가 하루에도 적게는 몇십 명, 많게는 몇백 명씩 증가하는 곳이다. 아프리카는 어쩌면 우리가 생각하는 그 이상으로 비참한 곳인지도 모른다. 1980년에 비해 2000년 아프리카 사람들의 수입은 10퍼센트가 줄었다고 한다. 1957년 가나가 독립했을 당시, 그곳의 경제적 수준은 우리보다 훨씬 좋았다. 하지만 현재 가나의 경제 규모는 우리의 6분의 1밖에 되지 않는다. 이른바 개발도상국이라 불리는 동남아시아의 국가들과 비교해도 가나의 경제 추락의 속도는 우리의 경제 도약만큼이나 빠르고 놀랍다.

루츠 판 다이크, 《처음 읽는 아프리카의 역사》

정말 아프리카는 가난한가? 사실 아프리카는 전혀 가난한 나라가 아니다. 오히려 가진 것이 많은 나라다. 아프리카는 그 면적만 해도 우리가 생각하는 것보다 훨씬 큰 대륙이다. 우리가 익히 알고 있는 세계지도는 북반구의 면적이 실제보다 크게 표현되어 있고, 남반구에 위치한 아프리카 대륙은 상대적으로 작게 표현되어 있다. [지도 1]이 우리가 흔히 접하는 세계지도이고, [지도 2]는 실제 크기와 가깝게 제작된 지도다. 한눈에 봐도 대륙의 크기가 얼마만큼 왜곡되어 있는지 알 수 있다.

러시아가 작아졌어요, 2008년 1월 22일 〈쿠키뉴스〉

아프리카는 그들의 땅에서 생산된 지하자원을 국제 시장에 내다 팔 때 그 가격을 결정하지 못한다. 뉴욕, 도쿄와 같은 국제적 거래 시장에서 아프리카의 철강 제품 가격이 결정되고 있다. 아프리카가 더 많이 받고 싶다고 더 받을 수 있는 상황이 아니다. 그나마 지하자원을 열심히 캐내어 번 돈의 절반이 안 되는 40퍼센트를 빚잔치에 쓰고 나면 실제로 아프리카에 돌아가는 돈은 얼마 되지 않는다.

사실 아프리카의 가난은 아프리카 내부적인 요인보다 외부적인 요인에서 더 많이 발생했다. 우리나라보다 더 많은 자원을 가진 나라가 우리보다 더 못살고 있는 상황이 과연 정상일까? 아프리카 대륙이 오늘날 이처럼 가난하게 된 데는 많은 요인이 작용하고 있다. 그중 가장 큰 이유는 서구 열강의 지배욕을 꼽을 수 있다.

그들은 오랜 세월 아프리카 대륙을 식민지로 삼아 온갖 착취를 일삼았고, 무분별한 침략으로 분란의 씨를 심어놓았고, 노예의 땅이라는 아픈 과거를 남겨놓았다. 이 많은 원인들이 오늘날 아프리카의 이미지를 만들어낸 것이다.

아프리카의 실제 면적.

지독히 아픈 땅,
아프리카

많은 사람들은 아프리카가 동경의 땅이라는 데 동의하기 힘들 것이다. 당신이 만약 아프리카로 여행을 떠날 기회가 있다면 제일 먼저 무엇을 준비할까? 물과 비상 식량? 여행 책자? 아마도 예방접종을 하기위해 병원에 가지 않을까?

아프리카는 많은 사람들의 머릿속에 질병이 들끓는 나라로 인식되어 있다. 생명을 위협하는 많은 질병이 난무하는 곳! 그래서 무시무시한 더위에 죽지 않으면 목말라 죽을지도 모르고 그도 아니면 말라리아에 걸려 죽거나, 최악의 상태엔 에이즈에 걸려 죽을지도 모르는 위험천만한 곳이라고 알고 있을 것이다. 아주 틀린 말은 아니다.

아프리카에선 매일 6천 명 이상의 사람들이 에이즈로 사망한다. 1990년부터 10년 동안 남부 아프리카에서만 1천2백만 명이 에이즈 바이러스로 고통받고 있고, 그중 3백만 명이 어린이 환자라고 한다. 심지어 이런 상황은 계속 악화되어 에이즈 환자가 지속적으로 증가 추세에 있다. UN 에이즈 계획의 2009년 11월 연례보고에 의하면 2008년 기준 사하라 사막 이남 아프리카 지역의 에이즈 보균자와 환자는 총 2천240만 명으로 전 세계 감염자의 3분의 2를 차지한다고 한다. 남아프리카공화국에서만 하루에 6백여 명이 사망하고 2천여 명의 감염자가 생겨난다. 그들 대부분은 젊은이들이다.

문제는 에이즈가 아프리카의 미래를 좀먹고 있다는 것이다. 2000년 남아프리카공화국 더반에서 열린 세계 에이즈 총회에서는 이 문제가 심각하게 거론됐다. 주최국인 남아프리카공화국 대통령은 아프리카에서 에이즈가 빈곤을 심화시키고 이러한 빈곤으로 인해 에이즈가 확산되는 악순환이 되풀이되고 있으며, 이를 극복하기 위해 전 세계가 힘을 모아야 한다고 주장했다. 비장한 대통령의 연설 후 11세 소년이 단상에 올랐다. 그 소년의 이름은 은코시 존슨. 깡마른 11세 소년이 마이크를 잡고 연설을 시작했다.

"제 이름은 은코시 존슨, 나이는 11세이고, 에이즈 환자입니다. 저는 HIV 바이러스를 갖고 태어났습니다. 1997년 제가 학교에 들어가기 전에 엄마가 죽었다고 양어머니 게일이 제게 말해주었습니다. 저는 많이 울었습니다. 저는 제가 에이즈 환자인 게 싫습니다. 자꾸만 몸이 아프니까요. 에이즈에 걸린 다른 아기들이나 어린이들을 생각하면 정말 마음이 아픕니다. 정부가 의약품 AZT를 임신한 엄마들에게 나누어줬으면 좋겠습니다. 그 약은 에이즈 바이러스가 엄마에게서 아기에게 옮기지 못하도록 도와줍니다. 제가 어른이 되면 많은 사람들에게 에이즈에 대해 설명해주고 싶어요. 그래서 더 많은 사람들이 에이즈에 대해서 알았으면 좋겠습니다. 그리고 에이즈 환자들을 보살펴주고 존중해주면 좋겠어요. 누군가가 에이즈를 가지고 있어도, 그 사람을 만지고 끌어안고 키스하고 손을 붙잡아주어도 에이즈는 옮지 않아요.
우리를 보살펴주고 받아들여주세요. 우리는 모두 인간입니다. 우리는 모두 정상이에요. 우리는 두 손이 다 있고, 두 발도 있습니다. 우리는 걸을 수도 있고, 말도 할 수 있고, 다른 사람과 똑같은 소망을 가지고 있어요. 우리를 두려워하지 말아요. 우리도 당신들과 똑같습니다."

전 세계에 아프리카 어린이 에이즈 환자들을 위해 도움을 요청한 존슨은 이 연설을 하고 난 몇 달 뒤 12세의 나이로 세상을 떠나고 말았다.

아프리카에선 존슨처럼 에이즈에 걸려 고통받는 어린이들이 많다. 이곳에서 어린이 에이즈 환자를 위해 어린이집을 만들고 그 시설들이 자립할 수 있도록 돕는 이들은 에이즈가 사형선고가 아니며 모든 인간이 행복한 삶을 살 권리가 있다는 것을 알려주고 싶다고 말한다.

에이즈에 감염된 채 태어나, 세계 에이즈 총회에서 세계인을 울렸던 연설로 에이즈 퇴치 운동의 상징이 되었던 은코시 존슨. 남아공에는 현재 그를 기념해 에이즈에 걸린 엄마와 아이들이 함께 사는 '은코시 헤이븐'이 세워졌다.

아프리카의 역사를 아는 것은 과거에서부터 거슬러 오기엔 너무 멀고 험난하다. 그리고 지금의 아프리카를 모르고선 그 과거를 짐작하기 힘들다. 그들의 굴곡 깊은 역사는 너무 가파르고 깊어서 한 번 길을 잃었다간 다시 되돌아오기 힘든 미로 같다.

가난과 질병, 빈곤의 대명사처럼 인식된 아프리카! 그러나 그 땅은 너무나 많은 가능성을 가진 곳이고, 그곳 사람들은 우리가 생각할 수 없을 만큼 비참한 현실에서도 미래를 이야기하고 희망을 이야기한다. 그리고 그들은 자신들을 짓밟은 도저히 용서할 수 없는 역사의 죄인들까지 용서하고 포용했다.

아프리카에 대한 이야기는 그 역사에 대해 우리가 적어도 함께 아파하진 못하더라도 최소한의 선입견을 갖고 시작하지 않기를 바라는 것

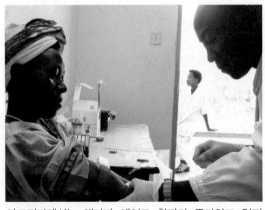

아프리카에서는 해마다 에이즈 환자가 증가하고 있지만, 제대로 치료받은 사람은 4분의 1 정도에 지나지 않는다.

에서 시작되어야 한다.

우리가 세계지도를 보며 아프리카가 크지 않다고 생각했던 것처럼, 또 그들이 겪었던 지난 시간의 아픔은 우리도 겪었던 아픔이었고, 우리에게도 얼마간 책임이 있을지도 모른다고 생각할 기회를 가지기를 바랄 뿐이다. 아니 그것도 힘들다면 최소한 우리가 알지 못하는 사이에 유럽 사관으로 세계를 보지 않았는지, 그래서 우리가 겪은 아픔을 어느새 잊어버리고 아프리카 역사에 대해 우리도 같은 과오를 범했는지 한 번쯤이라도 생각해보기를…….

07

슬프고 질긴
닮은꼴 두 역사?

"백인을 믿지 마라. 끝까지 배신하는 종족이다."
"백인은 헤아릴 수 없이 많은 약속을 했다. 그러나 지킨 것은 단 하나다. 그들은 우리의 땅을 먹는다고 약속했고, 우리의 땅을 먹었다."

"백인들이 이곳에 왔을 때 그들은 성서를 갖고 있었고 우리는 땅을 가졌다. 그런데 지금은 우리가 성서를 갖고 있고 그들이 땅을 가졌다."
"나는 한 번도 당신들에게 부당한 일을 한 적이 없다. 그러므로 당신들은 내 나라를 차지하려는 것 말고 다른 목적을 갖도록 하라."

아메리카 원주민. 콜럼버스의 아메리카 대륙 발견은 유럽 열강의 아메리카 침략의 시작일 뿐이다. 미국의 건국 초기 청교도들의 개척사는 아메리카 원주민에게는 잔혹사다.

앞 페이지의 글은 과연 어느 나라 어느 민족의 이야기일까? 백인들에게 땅을 빼앗기고 복종을 강요받았던 민족이 한둘이 아니라 가늠하기 힘들겠지만, 적어도 아메리카나 아프리카 원주민의 이야기일 거라고 짐작하는 사람들이 많을 것이다. 맞다. 위에 있는 글은 아메리카 원주민 홍족^{인디언}의 이야기고, 아래에 있는 글은 아프리카 원주민들의 이야기다.

아메리카 원주민과 아프리카 원주민이 유럽 열강의 백인들에 의해 침략받았던 역사와 슬픈 과거는 너무나 닮아 이란성 쌍둥이 같다. 그들은 손님인줄 알고 대접했던 사람들에게, 하루아침에 총으로 생명을 위협받고 땅을 빼앗기고 무참하게 살해당했다. 그런데도 원주민들은 침략자들에게 예의바르고 정중하게 대했다. 정말 놀라운 자제력이 아닌가. 그런 면에서 볼 때 한낱 미개인이라 얕잡아 보며 문명화시켜주겠다던 백인들보다 원주민들이 훨씬 수준 높은 인격을 가졌다는 생각은 필자만의 착각일까?

그들은 **손님**이 아니라 **침략자**였다, 배신당한 **아메리카 원주민**

처음엔 방문객으로 왔던 이들이 어느 날 정복자로 변신했다. 그들의 침략은 문명화라는 거창한 이름으로 시작했다가 불평등조약으로, 그리고 마지막엔 무력으로 감행됐다. 우리가 알고 있듯이 청교도들이 아메리카 대륙으로 이주한 것이라면 그들은 지금 그 땅에 이민자로 남아 있어야 한다. 그렇지만 그들은 이민자로 남지 않았다.

아메리카 원주민을 뜻하는 인디언이란 칭호는, 어느 날 그 땅을 인도인줄 알고 찾아온 이방인이 자신의 언어로 원주민들을 인도인이라고 부른 데서 유래했다. 그 땅을 찾았던 콜럼버스와 청교도들은 아메리카 원주민들에겐 다 같은 손님이었고, 자신들의 땅에 함께 사는 것을 허락한 이방인들이었다. 그러나 그들은 400여 년 동안 침략전쟁을 일으키며 원주민을 학살했고 땅을 가로챘다. 말을 바꾸는 것도, 약속을 파기하는 일도 그들에게는 일말의 가책을 느낄 만한 것이 아니었다.

1851년 백인들은 '라라미 조약Fort

서부 개척자들의 신변 안전을 보장받고, 대신 원주민들의 토지 소유권을 인정한다는 '라라미 조약'을 기념한 라라미 조약 기념 메달.

Laramie Treaty'을 체결하여 서부로 가는 백인들의 안전을 보장받았다. 그리고 원주민들의 토지 소유권을 인정한다고 약속했다. 이건 마치 도둑이 어느 날 불쑥 내 집에 와서 소유권을 인정하며, 대신 거주의 자유를 준다는 식의 대화가 아닐까? 그러나 원주민들은 말도 안 되는 어처구니없는 조약도 받아들였다. 이 조약을 어긴 것은 원주민이 아니라 조약을 체결하자고 제안한 백인들이었다. 원주민 보호 구역에서 대규모의 금광이 발견되었기 때문이었다. 백인 정복자들은 그나마 남은 인디언 보호 구역의 땅마저 요구했다. 금광이 발견된 땅에서 끝까지 살기를 원했던 원주민들은 백인과 또 한 번의 전쟁을 치러야만 했다.

'땅을 떠나라'는 통보와 함께 시작된 전쟁에서 총 대신 도끼 한 자루를 든 원주민이 승리했다. 수적으로나 조직적으로나 우세했던 백인들은 자신들의 땅을 지키겠다는 신념 하나로 목숨을 건 원주민들을 상대로 생각지 못한 패배를 겪었다. 몬태나 주의 리틀 빅혼에서 벌어진 전투에서 백인을 상대로 용맹하게 싸우던 추장은 '성난 말Crazy Horse'이었다. 그는 백인을 상대로 승리했지만 이어지는 추위와 동족의 배고픔 때문에 백인들의 제안을 받아들일 수밖에 없었다. 그는 아사 직전의 동족들을 지켰지만 미국 정부 요원에 의해 피살되는 최후를 맞이했다.

1877년, 두 번째 맺은 '라라미 조약'도 파기됐다. 아메리카 원주민 성인 남성 4분의 3이 서명하지 않은 조약은 무효라는 조항이 무색하게 원주민은 적으로 간주됐고, 조약의 수혜자로 더 이상 인정받지 못하면서 그들이 살고 있던 땅은 백인들에게 강제로 매입됐다.

100년이 더 지난 1980년, 연방최고법원은 당시 미 정부가 행한 토지

수용이 위헌이라는 판정을 내렸다. 따라서 1887년을 기준으로 하여 원금 1천710만 불에 연리 5퍼센트를 적용하여 보상하라는 판결도 내렸다. 하지만 정작 보상을 받아야 할 이들은 이 보상금을 거부하고 대신 땅을 돌려달라고 요구했다. 하지만 의회는 법원의 판결을 거부하고 아메리카 원주민의 문제는 법적인 것이 아니라 정치적인 문제라고 규정하고 침묵했다. 그들은 아마 자신들의 땅을 영원히 되찾지 못할 것이다. 그들이 요구한 것은 거창한 독립도 혁명도 아닌 원래 자신들의 보금자리인 땅을 되돌려달라는 것인데도 말이다.

인류 역사상
가장 특별한 독립

아메리카 원주민들은 결국 자신들의 땅에서 주인이 아닌 떠돌이로 살고 있다. 그러나 아프리카 원주민들은 조금 다른 길을 선택했다. 물론 아메리카와 아프리카는 상황이 다르다. 하지만 그렇다고 해서 아프리카 원주민이 자신들의 땅을 되찾는 일이 결코 쉬운 것은 아니었다.

15세기 중반에 포르투갈 사람들이 맨 처음 아프리카 땅을 찾아왔다. 그들은 자신들이 밟은 땅을 '희망봉'이라 불렀다. 인도로 가는 뱃길은 이곳을 통과하며 완성됐다. 그리고 그 뒤를 이어 다른 유럽 백인들이 탐험가, 상인, 선교사라는 이름으로 찾아왔고 나중에는 군대가 도착했다. 유럽 열강들의 아프리카 나눠 먹기 경쟁은 날이 갈수록 심해졌다. 당연히 그들의 정복 사업에는 무리수가 등장했고 그 무리수 때문에 피해를 입은 것은 아프리카 원주민들이었다.

현재의 헤레로족 여인. 독일은 독일령이었던 나미비아의 헤레로족이 반란을 일으키자 이들을 무자비하게 진압했는데, 그 결과 80퍼센트에 해당하는 헤레로족이 목숨을 잃었다.

원주민들은 그들의 땅을 방문한 하얀 피부를 가진 사람들을 경계하지 않았다. 오히려 존경심을 가지고 대했다. 그렇다면 이렇게 극진히 대접을 받은 백인들은 과연 이 원주민들에게 충분한 예를 갖추었을까?

콩고를 지배한 벨기에 백인들은 원주민이 느리다는 이유로 어린아이를 포함한 원주민들의 손을 자르는가 하면, 아무 이유도 없이 원주민을 죽을 때까지 때리기도 했다. 벨기에가 이 지역을 점령하는 동안 무려 1천여 명의 원주민이 폭행으로 사망했다고 한다.

오늘날 아프리카 남서부에 위치한 나미비아에선 이보다 더 끔찍한 일이 벌어졌다. 이곳에 정착한 독일인들은 헤레로인들의 땅과 가축을 강제로 빼앗았고 그들이 더 이상 내놓을 것이 없어지자 농장과 공장, 광산에 필요한 노동력을 착취했다. 그들은 놀랍도록 짧은 시간에 원주민들의 삶을 황폐화시켰다. 그리고 이 끝이 보이지 않는 만행과 착취는 결국 유혈사태를 불러왔다. 1904년 12월 독일 농장 습격 사건에선 1백여 명의 백인들이 고문을 받거나 칼로 찔리거나 심지어 찢겨 죽이기도 했다. 하지만 여자나 아이들, 선교사들은 무사했다.

그러나 폭력은 또 다른 폭력을 부르는 법이다. 원주민들에게 습격받은 백인들은 헤레로인들을 보이는 대로 죽이고, 헤레로인들은 다시 백인들을 죽이는 복수혈전이 벌어졌다. 상황이 걷잡을 수 없이 악화되자 독일에선 지원부대를 보냈다. 독일 본토에서 지원군으로 도착한 로타르 폰 트로타 장군은 이제 헤레로인들은 독일의 신하가 아니며 땅을 떠나야 한다고 말했다. 만약 헤레로인들이 떠나지 않으면 무력을 사용할 것이며 무기를 가졌든 가지지 않았든 독일 국경선 안에 있는 모든 헤레로인들에게 총을 겨눌 것이라고 경고했다. 물론 여자와 어린아이도 예외가 아니라는 친절한 부연 설명을 잊지 않았다.

독일 본토에선 로타르 폰 트로타 장군의 명령을 취소했지만 전쟁이 끝난 대륙에선 참상들이 끊이지 않았다. 백인 독일 병사들은 덤불숲에서 발견한 9개월 된 아이를 공처럼 굴리고 놀다가 살해하는 범죄를 저지르기도 했다.

아프리카 대륙에 사는 원주민들이 유럽 강대국들에게서 독립을 얻기까지는 무수히 많은 시간과 많은 이들의 피가 필요했다. 제1, 2차 세계대전 직후 아프리카 대륙에서는 자유와 권리를 찾고자 하는 범 아프리카 운동이 일어났다. 그들은 마지막까지 제국주의의 희망을 포기하지 않았던 백인들에게 다음과 같이 조용히 경고했다.

"우리는 자유롭게 되기로 결정했다. 우리는 생각과 느낌을 표현할 권리, 아름다움을 받아들이고 만들어나갈 권리를……. 우리가 수백 년 동안이나 참아온 것을 부끄럽게 여기지 않는다. 우리는 더 많은 희생과 노력을 할 각오가 되어 있다. 하지만 우리는 굶주리면서 세계의 짐꾼 노릇을 할 각오는 되어 있지 않다."

루츠 판 다이크, 《처음 읽는 아프리카의 역사》

아프리카 사람들이 이처럼 정중히 지배를 거부하고 물러나줄 것을 요구했는데도 제국주의 국가들은 전혀 그럴 마음이 없었다. 그들은 수많은 유혈 전쟁이 있은 뒤 더 이상 아프리카 대륙을 힘으로 제압하는 것이 불가능해졌을 때야 서서히 떠나기 시작했다.

1943년 이탈리아 사람들이 리비아를 떠났고, 1946년 영국 사람들이 이집트를 떠났다. 알제리에선 1954년부터 8년에 걸친 유혈 전쟁이 끝난 뒤 프랑스가 떠났다. 그들은 한 손에 성경을 들고 한 손엔 총을 들고 아프리카에 들어왔지만, 마지막에는 사방에 총질을 해대며 물러났다.

아프리카에 세워진
아름다운 국가

아프리카의 실질적인 독립은 그 후로도 오랜 시간이 걸린 후에야 달성됐다. 1963년 '아프리카 문제는 아프리카에 의해서'를 기치로 결성된 아프리카통일기구^OAU^가 2001년 아프리카연합^AU^으로 재출범하면서 아프리카는 비로소 서서히 단결된 모습을 보여주고 있다.

각각 독립했던 아프리카 신생 독립국들이 아프리카연합까지 이루게 된 것이다. 그럼 아프리카 독립은 완전히 이루어진 것인가? 아프리카의 진정한 독립은 어쩌면 아프리카연합 출범에 있는 것이 아닐지도 모른다. 그것은 아프리카의 남아프리카공화국이 이룬 독립에서 그 의미와 나아갈 바를 찾을 수 있을 것이다.

냉전체제가 무너지고 독일이 통일되는 세계 정치의 흐름은 남아프리카공화국에도 영향을 미쳤다. 세계 곳곳에서는 민주화를 위한 학생 시위를 비롯해 크고 작은 유혈 사태가 일어났다. 1980년대 남아프리카공화국의 백인 정권은 마지막 혼신의 힘을 다해 무력으로 진정한 자유와 권리를 원하는 흑인들을 억압했다. 결국 1994년 극우 백인들이 끝까지 폭력으로 저항하겠다

아프리카통일기구(OAU). 1963년 아프리카 국가들의 협력 증진을 위해 38개 독립국들이 결성한 국제기구로, 국경 분쟁 조정 역할 등을 해오다 좀 더 강력한 정치·경제 체제를 지향하기 위해 아프리카연합(AU)으로 대체하기로 하고, 2002년 7월 9일 해체되었다.

고 위협했지만 민주 선거가 실시됐다.

그리고 1994년 5월 10일 세계는 기적을 목격했다. 민주적으로 선출된 최초의 남아프리카공화국 정부가 세계 언론을 통해 출범을 알린 것이다. 새로 출범된 남아프리카공화국 민주 정부의 초대 대통령은 넬슨 만델라였다.

온갖 핍박과 억압, 그리고 배신과 전쟁, 인간이 인간을 사고파는 비윤리적 행위, 이 모든 것이 일어났던 땅에서 출범한 남아프리카공화국 민주 정부는 화해를 이야기하기 시작했다. 이 세상 어디에도 남아프리카공화국 의회가 통과시킨 헌법만큼 진보적인 법은 없다. 남아프리카공화국의 평등 조항은 1천 자가 넘는다.

그들은 평등을 이렇게 정의한다. "평등은 모든 권리와 자유에 대한

완전하고 동등한 향유를 포함한다. (중략) 국가는 인종과 사회적 출신, 피부색은 물론이고 성적 취향, 사회적 생물학적 성, 임신과 혼인 여부, 나이, 장애, 종교, 양심, 믿음, 문화, 언어, 출생 등 그 어떤 이유로도 그 누구도 차별해서는 안 된다.”

그들이 이렇게 자유와 평등에 대해 자세하게 써놓은 것은 나열된 조항들 사이로 빠져나갈 구멍을 찾기 위해서가 아니다. 그들에게 자유와 평등은 아무리 나열해도 넘치지 않는 소중한 가치이기 때문이다. 그래서 남아프리카공화국에서는 동성애마저 인정한다. 물론 그들의 결혼도 인정한다. 그들은 자유와 평등을 수호하는 작업을 끝내자 화해와 용서를 이야기하기 시작했다. 1996년부터 3년 동안 투투 주교를 의장으로 하는 ‘진실화해위원회’를 통해서 희생자들은 고통을 호소하고 배상을 청구할 수 있었다. 또한 가해자도 자신들의 과거 범죄를 사실대로 보고하면 사면받을 수 있었다.

폭력을 폭력으로 대응하지 않는 마음, 사람을 피부색으로 구별하지 않는 마음, 그 무엇보다 인간을 인간으로서 존중하겠다는 마음으로 출범한 남아프리카공화국은 우리에게 많은 교훈을 남긴다. 그들은 넬슨 만델라가 대통령 취임식에서 했던 연설처럼 정말 인류 전체가 자랑스러워하는 사회로 태어날 수 있는 희망이 남아 있는 곳일지도 모른다. 그들이 모든 인간은 평등하고 자유로운 존재라는 생각을 잊지 않는다면 말이다.

08

세계 정복을 꿈꾸는
1센티미터의 역사?

프랑스의 황제 나폴레옹이 단신이라고 알려진 이유는 나폴레옹 근위병 때문이라는 재미있는 주장이 등장했다. 나폴레옹을 호위하기 위해 뽑은 근위병은 프랑스 최정예 부대였고, 체격 또한 성인 남성의 평균 체격을 크게 웃돌았다고 한다. 때문에 이 근위병들에 파묻힌 나폴레옹은 상대적으로 키가 작아 보였다는 것이다. 그런데 나폴레옹이 죽고 난 후 부검을 해보니 그는 알려진 바와 달리 그리 작지 않았다고 한다. 나폴레옹은 당시 프랑스의 성인 남성 평균 신장보다 3.5센티미터나 더 컸다는 것이다. 나폴레옹의 키가 잘못 알려진 이유는 프랑스의 피에(pied=약 32.48cm)가 영국의 피트(feet=30.48cm)로 잘못 전달됐기 때문이었다. 때문에 나폴레옹은 167센티미터의 건장한 남자에서 157센티미터의 아담한 체구가 되었던 것이다.

2006년 12월 10일 〈스포츠칸〉

나폴레옹의 키에 얽힌 이야기는 통일되지 않은 도량형이 얼마나 많은 착오를 범할 수 있는지 보여주는 재미있는 에피소드다. 지금이야 거의 모든 국가에서 통일된 도량형을 쓰기 때문에 이런 착오가 발생하지 않지만 도량형이 통일되기 전엔 물건을 재는 기준이 저마다 달랐다.

인류는 오래전부터 도량형을 재는 다양한 기준을 사용해왔다. 팔꿈치로 재는 방법, 한 뼘, 두 뼘 손으로 재는 방법, 발 길이로 재는 방법, 심지어 막대기를 던져 떨어진 거리나 소리가 들리는 곳까지의 거리를 기준으로 삼기도 했다.

케네스 포메란츠 & 스티븐 토픽, 《설탕, 커피 그리고 폭력》

이러한 방법들은 당연히 오차 범위가 넓다. 게다가 나라마다, 문화권마다 사용하는 도량형의 기준은 제각각이었다. 자급자족 시대에서는 이 문제가 그다지 중요하지 않았다. 이웃 나라에서 주먹만한 바가지를 놓고 1킬로그램이라고 하든, 어린아이가 들 수 있는 자루 무게를 1킬로그램이라 하든지 아무런 관계가 없었던 것이다. 그러나 잉여 생산물을 교환하거나 특산물을 수출하거나 수입하는 무역이 시작되면서부터 문제가 발생하기 시작했다. 이런 문제가 생겼을 때 지금의 우리라면 서로

나폴레옹은 당시 프랑스인의 평균 키보다 컸으나, 프랑스와 영국의 도량형이 달라 작은 키로 잘못 알려졌다.

다른 기준을 적용해서 혼란을 가져오느니 당연히 공정한 심사를 거친 새로운 기준을 받아들여 평화롭게 주고받고, 사고팔면 좋지 않겠느냐고 생각할 것이다. 그러나 과거 우리의 조상들은 그렇지 않았다. 인간에겐 이성적으로 판단하고 합리적인 세계관을 세우려고 노력했던 시간보다 감정적이고 비이성적인 판단과 세계관을 가지고 살아온 시간이 더 길다. 모두에게 적용될 새로운 도량형은 동시에 모두에게 새로운 기준이었다. 기준은 변화의 또 다른 이름이다. 사람들은 대부분 이 변화를 불편해하고 어색해했다. 심지어 무조건 변화를 반대하는 사람들도 적지 않았다. 이유인즉 왠지 나를 속이고 있는 기분이 든다는 것이었다. 다분히 이성적인 여러분은 이 말이 전혀 이해되지 않을 수도 있다. 그럼 이렇게 생각해보면 어떨까?

순돌이 아빠가 옆 마을에 사는 준수 아빠에게 쌀을 팔기 위해 왔다. 순돌이 아빠가 "우리 마을에선 이렇게 대접으로 한 번 푸는 양을 1킬로그램이라고 해요. 1킬로그램에 1만 원 받아야 해요."라고 말하자 준수 아빠는 버럭 화를 냈다. "아니 이 사람이 뭐라는 거야? 어떻게 쥐꼬리만 한 양이 1킬로그램이라고 하는 거야? 우리 마을에선 세숫대야로 한 번 푸는 양이 1킬로그램이야!"라며 싸우기 시작했다. 그때 지혜로운 이웃집 아저씨가 나타나 "자, 이러지 말고 집에서 물을 풀 때 쓰는 이 바가지를 1킬로그램이라고 하면 어떻겠나?"라고 중재를 했다. 우리라면 "그럴까?" 하는 생각이 잠시 스치겠지만, 이미 멱살을 잡고 싸우던 순돌이 아빠와 준수 아빠의 반응은 "이 사람은 또 뭐야?"였다. 순돌이 아빠가 보기엔 바가지가 너무 커서 자신이 손해볼 것 같았고, 준수 아빠가 보기엔 바가지가 너무 작아서 손해볼 것 같았던 것이다. 순돌이 아빠와 준수 아빠는 이제 동시에 중재하러 나선 아저씨의 멱살을 잡고 화를 냈다. "넌 뭐야, 사기꾼이야?"

나라 간 무역이 점점 빈번해지고 규모도 커지자 뭔가 통일된 기준이 필요했다. 하지만 사람들은 저마다의 문화권에서 오랜 세월 사용했던 기준을 버리지 못했고 국제적인 기준이랍시고 등장한 것도 믿지 못했다. 게다가 오늘날처럼 전자계산기가 집집마다 하나씩 있는 시대도 아니고 조금만 복잡해도 셈하기 어려워했던 사람들이 많던 시절엔 센티미터들이 모여 미터가 되고 다시 킬로미터가 되고, 거꾸로 킬로미터를 미터로 환산할 수 있다는 말이 어려운 수수께끼 같았다. 마치 오늘날 경제용어를 마주할 때 우리말인데 한 마디도 이해하기 힘든 것처럼 말이다.

'1미터'가 탄생하기까지의 대서사시

결국 모두가 이의를 달지 않을 기준을 위해 1791년 파리 과학아카데미가 정부의 위탁을 받아 도량형 작업에 착수했다. 이들은 기분이나 상황에 따라 달라지는 기준이 아닌 객관적인 기준을 만드는 작업에 박차를 가했다. 그리고 드디어 연구의 결실이 세상에 공개됐다. 그런데 파리 과학아카데미가 만든 미터법은 굉장히 복잡해서 객관적 기준이라는 것을 아무리 친절하게 설명해줘도 대다수의 사람들은 도대체 무슨 소리인지 알아들을 수가 없었다. 당시 파리 과학아카데미 학자들이 머리를 맞대고 며칠 밤을 지새워 만든 미터법은 다음과 같다.

지구 자오선^{지구의 남극과 북극을 지나는 평}

면을 잘라 평면과 지구 표면이 만나는 선의 4천만

분의 1이 1미터, 각 모서리의 길
이가 10분의 1미터인 길이를 가
진 정육면체와 같은 부피, 4℃
물의 질량이 1기압 상태에 있을
때 그 무게가 1킬로그램, 그 부

피에르 메솅. 그는 미터법의 중요한 기
준이 되는 자오선 측정을 위해 측량 원
정을 감행했고, 이후 여러 어려움을 겪
은 끝에 1미터가 탄생되었다.

피가 1리터라는 것이다. 이 말이 무슨 말인지 한 번에 알아들을 수 있는
독자는 상당히 뛰어난 사람일 듯싶다. 필자의 경우에는 무슨 말인지 머
리만 복잡할 뿐 알고 싶지 않을 정도다.

미터법의 가장 중요한 기준이 되는 자오선만 해도 학자들이 책상 앞
에서 펜을 굴리며 더하기 빼기만 해서 나온 결과는 아니었다. 이 자오
선을 측정하기 위해 무려 6년이란 시간이 필요했고 파리를 기준으로 남
반구를 재는 임무를 맡았던 피에르 메솅^{Pierre-Francois-Andre Mechain}은 스페인에

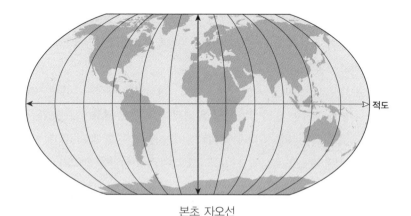

본초 자오선

서 총살당할 위기를 겪기도 했다. 자오선 측정이라는 과중한 임무를 맡았던 메솅은 결국 측정 도중 사망하고, 그 뒤를 이은 후임자는 측정 도중 스파이로 오해받아 감옥에 갇히는 신세가 됐다. 우여곡절 끝에 측정 결과를 가지고 파리로 돌아온 메솅의 후임자는 아라곤이란 인물로, 후에 물리학자로 명성을 날리며 파리의 천문대장을 지내기도 했다.

우리가 지금은 당연하게 쓰고 있는 미터법은 수많은 어려움 속에서

화성 탐사 우주선도 떨어뜨린 미터법!

'도량형'의 세계화가 반드시 필요하다?

1999년 미국 NASA가 화성의 기후를 탐사하기 위해 우주선을 쏘아 올렸다. 이 프로젝트에 무려 1억2천5백만 달러가 들었다. 그런데 이 우주선은 286일의 항해 끝에 화성에 도착하면서 폭발하고 말았다. 이 대형 참사의 원인은 바로 '미터법'이었다.

미국은 야드파운드법을 사용하고 있는데, 탐사선을 제작한 이들은 야드 단위를 사용했고 모든 것을 조종사에게 넘겼다. 그런데 탐사선 조종팀은 이것을 미터법으로 생각해 문제가 발생했다. 탐사선이 원래 착지하기로 했던 위치보다 낮은 궤도로 화성에 진입하다가 대기권 마찰열을 견디지 못해 폭발하고 말았던 것이다. 이 사건은 통일되지 않은 미터법이 얼마나 큰 재앙을 초래할 수 있는지 보여주는 예다.

그렇다면 모든 도량형을 하나로 통일해야 이 같은 재앙을 되풀이하지 않

정해졌고, 미터법이 보급되는 과정은 순조롭지 않았다. 결국 1840년 프랑스는 미터법을 강제적으로 집행하기로 결정했다. 그로부터 30여 년이 더 지난 후에 국제 미터조약이 성립되었고, 그 이후에도 몇 번의 개정을 통해 오늘날의 미터법이 적용되었다. 하지만 미국을 비롯해 라이베리아, 미얀마는 아직도 국제적인 미터법을 사용하지 않고 있다.

을 수 있는 것일까? 사실 모든 도량형을 통일한다고 화성 탐사선 폭발의 재앙이 되풀이되지 않으리란 보장은 없다. 그리고 도량형은 같은 문화권에 살고 있는 사람들의 오랜 관습이기 때문에 무조건 하나로 통일한다면 오히려 혼란을 초래할 수도 있다.

세계화 작업은 분명 그에 따른 합리성과 편리함을 가져다줄 것이다. 하지만, 지구촌 세계화를 위해 우리의 언어와 우리의 민족성을 버려야 할 필요가 없듯이 무턱대고 세계화 작업을 추진하기에 앞서 도량형이 여러 민족의 고유한 문화의 형태라는 것을 잊지 말아야 한다는 목소리에도 귀기울여야 한다. 미터법이 문화의 정체성을 위협하는 요소로 오랜 세월 배척받았듯이 미터법에는 인간의 노동력에 대한 고민이 없다는 목소리에도 또한 귀기울여봐야 할 것이다.

09

노예제도의 중심에서
평등을 외치다?

"인류 구성원 모두의 존엄성과 양도할 수 없는 권리를 인정하는 것이 세계의 자유, 정의, 평화의 기초다. 인권을 무시하고 경멸하는 만행이 과연 어떤 결과를 초래했던가를 기억해보라. (중략) 유엔총회는 이제 모든 개인과 조직이 이 선언을 마음속 깊이 간직하면서, 지속적이고 국내외적인 조치를 통해 회원국 국민들의 보편적 자유와 권리 신장을 위해 노력하도록, 모든 인류가 '다 함께 달성해야 할 하나의 공통 기준'으로서 '세계인권선언'을 선포한다."

세계인권선언

학대받는 흑인 노예. 고대 로마의 노예는 교육을 받을 수도 있고, 자유를 매수할 재력을 획득할 수 있었으나, 미국 남북전쟁 전의 흑인 노예는 이런 것이 불가능했다.

세계인권선언은 아이러니하게도 모든 인류가 태어나면서부터 자유롭고 존엄하며 평등하지 않다는 것을 반증하는 문건이다. 모든 이들이 태어나면서부터 형제애로 존중하며 상대방의 인권을 보호하고 있다면 우리가 인권선언을 운운하는 일 같은 건 일어나지 않을 테니 말이다. 멀리 갈 필요도 없이 그리 멀지 않은 과거에도 우리는 충분히 불평등했다.

인류의 발전을 원시 공동체, 노예제도, 봉건제도, 자본주의, 사회주의 5단계로 설명한 마르크스는 원시사회의 생산력이 발전하면서 노예를 사유 재산으로 여기는 인식이 발생했다고 주장했다. 이 말대로라면 노예는 생산력이 발전하는 문화에선 필연적으로 등장할 수밖에 없는 요소다. 그 때문인지 알 수 없으나 인류의 역사엔 뿌리 깊은 노예의 역

미국의 노예 매매는 16세기에 시작되어 19세기까지 계속되었다. 이들 대부분은 아프리카 중서부에서 팔려온 이들이다.

사가 존재했다.

하지만 고대 노예제도는 근대 제국주의 시대의 노예제도보다 혹독하지 않았다. 원한다면 고향으로 돌아가거나 다시 자유인이 될 수도 있었고 노예 신분이 되물림 되는 일도 없었다. 그들은 최소한 인간으로서의 대접은 받았다. 그들은 제한된 권리를 가진 사람이었지, 원자재나 원료쯤으로 취급해 톤 단위로 세는 존재는 아니었다.

노예제도를 포기할 의사가 없어 보였던 많은 국가들이 어느 날 돌연 인간성을 되찾아 노예를 해방시켜주는 일 따윈 절대로 일어나지 않았다. 노예제도는 누군가에 의해 선의의 목적을 가지고 파기되었다기보다 더 많은 이익이 남고 더 관리하기 쉬운 대체물이 나타나면서 붕괴됐다. 많은 노동력이 필요했던 제국주의 국가에서 산업혁명이 일어난 것이다.

산업혁명으로 등장한 기계들은 노예들처럼 반란의 위험성이 없었다. 잘 닦아주고 기름칠만 하면 묵묵히 일했다. 운반 도중 죽는 일도 없었고 자살하겠다고 굶는 놈도 없었다. 덩치 큰 놈이라고 식량을 더 많이 축내는 일도 없었다. 기계는 항상 정해진 양만 먹고 더 먹겠다고 투정 부리는 일도 없었다. 노예제도는 더 이상 예전만큼 수익성을 내는 사업이 아니었다. 당연히 노예무역은 투자 대비 손실이 큰 산업으로 하락의 길을 걷기 시작했다. 자칭 가장 민주적인 국가라고 하는 미 대륙에서조차 북부가 남부처럼 농업에 의존했다면 노예 해방 같은 건 일어나지 않았을지도 모른다.

남북전쟁은
노예 해방을 위한 전쟁이 아니다

우리는 미국의 남북전쟁이 흔히 노예 문제 때문에 발생했다고 알고 있다. 남북전쟁에 노예 문제가 직간접적으로 영향을 미친 것은 사실이나 이 문제가 전쟁을 일으킬 정도로 절대적인 것은 아니었다. 링컨도 단지 인류의 존엄성 문제 때문에 노예 해방을 주장한 건 아니었다. 그는 그 어떠한 노예도 해방시키지 않고 연방을 지킬 수 있다면 그렇게 할 것이며, 또 모든 노예를 해방시키고 연방을 지킬 수 있다면 그렇게 할 것이라고 했다. 일부 노예는 해방시키고, 일부 노예는 해방시키지 않고도 연방을 지킬 수 있다면 기꺼이 그렇게 하겠다고 했다. 이 글을 조목조목 뜯어보지 않아도 한눈에 알 수 있는 건 링컨이 노예 문제보다 연방의 분열을 더 걱정했으며, 전쟁의 가장 큰 이유가 연방 분열이었다는

농업이 발달한 남부와 상공업이 발달한 북부의 이해관계가 얽혀 발발된 미국의 남
북전쟁. 북부가 승리함으로써 노예제도가 공식적으로 폐지되었다.

것을 알 수 있다. 링컨은 연방을 분리시키지 않기 위해 전쟁을 결심했
고 전쟁에 이기기 위해 노예 해방을 선언했다. 물론 어느 정도는 인간
적인 고뇌가 있었을 것이다. 하지만 최소한 우리가 아는 역사에서 인간

미국의 제16대 대통령 에이브러
햄 링컨.

적인 고민과 반성으로 노예를 해방한
사례는 거의 없었다.

불과 200년도 안 된 가까운 과거에 인
간이 인간을 사고파는 것이 아무렇지도
않았던 때가 있었다. 일부 남부의 노예
제도 옹호론자들은 열등한 흑인들에게
백인 주인의 가르침이 필요하기 때문에
노예제도는 필요하며, 남부의 노예가 북

부의 흑인 노동자들보다 더 잘 먹고, 잘 입고, 잘 살고 있으므로 더 안전하다고 주장했다. 그러면서 노예제도는 흑인과 백인이 모두 평화롭게 살 수 있는 유일한 길이라고 덧붙이기도 했다.

독일의 철학자 G. W. F 헤겔. 그의 변증법적 원리는 마르크스에 비판적으로 계승되어 변증법적 유물론이 탄생하였다.

인류의 역사를 정반합의 변증법적 운동으로 설명한 철학자 헤겔은 노예제도를 이렇게 정의했다. "노예에 대립해 있는 주인은 진정으로 자유롭지 않다. 왜냐하면 그는 타인 속에서 아직 완전히 자기 자신을 보지 못했기 때문이다. 노예가 자유롭게 되고 나서야 비로소 주인도 완전히 자유롭게 된다." 노예제도로 더 큰 자산을 소유하게 되고 부유한 삶을 누리게 된 주인은 결국 스스로 자유롭기보다는 노예제도에 더 크게 의존하게 된다. 노예제도의 주인은 스스로를 자유인이라고 생각했을지 모르지만 그 역시 자유를 잃은 또 다른 노예가 아니었을까?

우주를 여행하는 우울한 영혼의 노래 'Blues'

1977년 미국 항공 우주국이 쏘아 올린 보이저 호에는 50개의 언어로 된 메시지들과 다양한 소리들이 실렸다. 그중 미국을 대표하는 노래로 블루스 음악의 선구자인 블라인드 윌리 존슨의 '다크 워즈 더 나이트'가 선정됐다.

블루스는 '우울한, 슬픈'이라는 뜻의 형용사인 'blue'에서 유래했다. 지금 이야 컨트리, 포크, 록 등 다양한 음악적 요소가 더해져 밝은 느낌의 곡들이 많지만 블루스는 원래 특유의 애절함이 키포인트다. 인류가 만든 슬픈 질곡의 노래, 블루스는 노예들이 언제 끝날지 모르는 노동과 폭력의 고통을 노래로 풀어냈던 것에서 유래했다.

시간이 흘러 해방을 맞이했지만 북부 공업지대로 이동한 이들에게 세상은 그리 호락호락하지 않았다.

오랜 세월 그들이 겪어온 불평등, 가난은 도시적 감각을 타고 리듬 앤 블루스로 발전했다. 우리가 R&B라고 알고 있는 리듬 앤 블루스는 로큰롤의 뿌리에도 맞닿아 있다.

어디 그뿐인가! 재즈 역시 노예들의 노래다. 루이지애나와 뉴올리언스 지역에서 트럼펫, 색소폰, 기타 등의 악기 연주를 기반으로 태어난 재즈는 흑인들과, 미국의 프랑스계 백인과 흑인 사이의 혼혈인 크리올CREOLE 사이에서 연주되었던 곡이라고 한다. 한 마디로 흑인의 노래가 오늘날의 대중 음악의 바탕이 되었던 것이다.

어두웠던 시대를 살았던 가장 처참한 사람들의 노래엔 자연스럽게 한이 배어 있다. 그 한이 너무도 깊고 짙어서 모든 이들의 슬픔을 자극한다.

그런 의미에서 우주를 떠도는 고통스런 영혼들의 노래가 미국을 대표하고 인류를 대변하는 노래로 선정되었다는 것은 의미심장하다. 혹시 이 노래가 인류의 바람처럼 외계 생명체에 전달된다면 그들은 인류가 가진 가장 슬픈 역사를 알아볼 수 있을까……

10

강한 남자는
잘 참는 남자다?

鳴かぬなら殺してしまえほととぎす

(울지 않는 두견새는 죽여야 한다.)

鳴かぬなら鳴かしてみせようほととぎす

(울지 않는 두견새는 울게 해야 한다.)

鳴かぬなら鳴くまで待とうほととぎす

(울지 않는 두견새는 울 때까지 기다려야 한다.)

마쓰라 세이잔, 《갑자야화》

오다 노부나가. 전국시대 일본 통일의 기반을 닦은 무장. 구관습과 체제를 타파하고 새인물을 등용하였으며 화폐 주조, 도로·교량의 정비 등 혁신적인 정책을 펼쳤다.

《갑자야화》엔 울지 않는 두견새를 대하는 세 명의 남자 이야기가 실려 있다. "울지 않는 두견새는 죽여야 한다."고 말했던 이는 '오다 노부나가' 다. 그에게 울지 않는 두견새는 아무 의미도 없다. 그러니 죽이는 수밖에…… 반면 울지 않는 두견새를 어떻게 해서든 울게 만드는 이는 천하의 지략가 '도요토미 히데요시' 다. 그렇다면 울지 않는 두견새가 울 때까지 기다리는 참을성의 대가는 누구일까? 바로 '오다 노부나가' 와 '도요토미 히데요시'

의 시대가 저물 때까지 참을성 있게 살아남아 마침내 천하를 얻은 '도쿠가와 이에야스' 다.

뛰는 놈^{오다 노부나가} 위에
나는 놈^{도요토미 히데요시}, 그 위에 참는 놈^{도쿠가와 이에야스}?

오다 노부나가는 시대를 내다보는 안목, 목표를 향해 주저 없이 달리는 용의주도함, 끈기, 뛰어난 지략 외에도 인물을 알아보고 그의 신분에 상관없이 등용하는 과감함과 지혜로움을 가진 인물이었다. 그는 일본 역사상 처음으로 직업군인 제도를 도입하고 총과 포로 무장했던 승부사였다. 그리고 그는 적장의 목을 베어오는 장수보다 전쟁을 승리로 이끌 결정적인 정보를 수집해오는 장수에게 더 큰 상을 내리는 리더십의 귀재였다. 오다 노부나가가 없었다면 그 뒤를 이어 일본을 성장시킨 도요토미 히데요시란 인물도 없었

도요토미 히데요시. 오다 노부나가의 뒤를 이어 실권을 장악한 후, 일본의 통일을 이룩한 무장이자 정치가로 임진왜란을 일으킨 장본인이다.

을 것이다. 만일 오다 노부나가가 도쿠가와 이에야스보다 더 오래 살았다면 우리가 기억하는 도요토미 히데요시도 도쿠가와 가문의 영광도 존재하지 않았을지 모른다.

이에 비해서 도요토미 히데요시는 기회를 포착하는 순발력과 뛰어난 지략으로 오다 노부나가가 이뤄놓은 것을 물려받은 인물이라고 할 수 있다. 농민의 아들로 태어나 18세에 오다 노부나가와 극적인 만남을 갖게 된 도요토미 히데요시는 고작 신발이나 챙기는 일을 하던 비천한 신분에서 당대 최고의 지략가로 신분의 한계를 뛰어넘었다. 그는 군사를 지휘해본 적이 없었는데도 병사를 부리고 전략을 세우는 데 거침이 없었다. 전쟁 중 50리 행군의 한계를 뛰어넘어 2백 리를 행군시켜 속도전에서 승리를 거두고, 함락해야 하는 성 주변의 모든 병량^{군대의 양식}을 사들여 성안을 일대 혼란에 빠뜨려 항복을 받아내는 전략을 세웠다. 그는

천재적인 지략가였다. 하지만 신분적인 한계와 조선과의 두 차례 전쟁^일^{진왜란}에서 참패한 후 서서히 몰락의 길을 걷고 말았다.

오다 노부나가와 도요토미 히데요시는 분명 한 세대에 한 번 나올까 말까 하는 영웅들이다. 그러나 카리스마 넘치는 리더십과 추진력의 오다 노부나가, 천재적인 지략으로 신분의 한계를 뛰어넘은 도요토미 히데요시가 마지막 순간에 승리를 거머쥐지 못한 것은 이들에겐 '이것'이 없었기 때문이다. 그들에게 없었던 것은 바로 '기다림'이었다.

기회는 누구에게나 오기 마련이다. 하지만 오다 노부나가에게 기회란 의미가 없었다. 누군가 반기를 들기도 전에 기회를 먼저 빼앗아버렸다. 도요토미 히데요시는 그 기회를 스스로 만들었다. 하지만 도쿠가와 이에야스는 누구에게나 오기 마련인 기회를 참을성 있게 기다렸다.

참을 인^忍 1백만 번이면
천하를 얻는다

도쿠가와 이에야스는 성공적인 처세술의 모범 답안을 보여주는 인물이다. 그가 그토록 오랜 시간을 기다릴 수 있었던 이유는 단순히 권력만을 원했던 것이 아니기 때문이다. 그는 이름뿐인 왕이 아니라 모든 사람들에게 인정받는 왕이 되고 싶어 했다. 그래서 그는 여론을 중요하게 생각했고 민심에 귀를 기울였다.

"듣는 것은 천하의 귀, 보는 것은 천하의 눈, 도리는 천하의 마음. 이 세 가지를 바탕으로 시비를 가려 다른 사람의 고통을 이해하고 올바른 도리

를 행하는 것이 선정이니 이것이야말로 태평성세의 근본이라고 생각해
야 한다."

도몬 후유지, 《도쿠가와 이에야스의 인간경영》

무엇보다 세간의 민심을 중
요하게 생각했던 도쿠가와 이
에야스의 꿈은 당연히 태평천
하였다. 그는 비록 무력으로 천
하를 얻었으나 문장으로 다스
릴 것이라며 '겐나엔부 선언'
을 발표했다. '겐나'는 연호를
뜻하며 '엔부'는 무기를 창고
에 넣고 자물쇠를 채운다는 뜻

도쿠가와 이에야스. 260년 동안 지속되
었던 에도 막부의 초대 쇼군으로 일본의
봉건제 사회를 확립하였다.

이다. 도쿠가와 이에야스는 일본에서 피를 보는 전쟁은 두 번 다시 없을
것이라고 선언한 것이다. 겐나엔부 선언 이후 260여 년 동안 일본은 전
에 없던 평화를 누렸다.

자신을 의심한 오다 노부나가가 처자식을 죽이라고 명령했을 때도 순
순히 따랐던 도쿠가와 이에야스는 온갖 핍박의 세월을 견디고 참아낸
뒤, 마침내 오다 노부나가와 도요토미 히데요시가 없는 세상에서 천하
의 왕이 되었다. 그리고 그 자리를 자손들에게 물려주며 죽을 때까지
권력을 놓지 않았다.

약초에 대한 해박한 지식으로 스스로 약을 지어먹을 만큼 철저했던
자기 관리, 권력을 가진 신하에겐 급여를 적게 주고 급여가 많은 자에

겐 권력을 주지 않는 뛰어난 관리 경영, 오다 노부나가가 전쟁에 패해 적진에 도쿠가와 이에야스를 남겨두고 떠났을 때도 오다 노부나가를 배신하지 않고 끝까지 싸우며 동맹을 지켰던 굳건한 신의, 그리고 무엇보다 여론의 힘을 알고 항상 그에 따르는 행동을 했던 현명함, 마지막으로 이 모든 것을 묵묵히 지키며 목표를 향해 서서히 전진하는 인내심이 도쿠가와 이에야스가 가진 성공의 열쇠라고 할 수 있다. 때문에 일본 최고 경영인들은 260여 년 동안 태평성대를 만든 도쿠가와 이에야스를 본받고 싶어 하고 후계자 역시 도쿠가와 이에야스 같은 인물을 선호한다.

자, 우리에게 울지 않는 두견새가 있다. 당신은 이 두견새를 어떻게 할 것인가? 오다 노부나가처럼 울지 않는 두견새를 죽일 것인가? 아니면 도요토미 히데요시처럼 새를 울게 할 것인가? 도쿠가와 이에야스처럼 새가 울 때까지 기다릴 것인가? 당신이 천하를 호령할 꿈을 품지 않았다고 해도 꿈을 이루고 싶다면 이 세 가지 행동 중에 하나를 취해야할 것이다. 그리고 선택은 당연히 당신의 몫이다. 도쿠가와 이에야스는 시간과의 싸움이자 자신과의 싸움을 선택했다. 너무 많이 들어 흔한 이야기지만 자신과의 싸움에서 이긴 자야말로 가장 큰 싸움에서 이긴 사람이며, 꿈을 이룰 자격이 있는 것만큼은 분명한 듯하다.

11

콜럼버스가 가져온
비극과 기쁨?

10월 둘째 주 월요일, 미국은 뉴욕을 비롯해 전국 곳곳에서 화려한 퍼레이드와
불꽃놀이 등의 축제가 벌어진다. 최근엔 이 국경일을 없애야 한다는 주장이 일
고 있지만 여전히 매년 10월 둘째 주 월요일은 미국에서 손에 꼽히는 휴일이며
축제일이다. 이날은 크리스토퍼 콜럼버스가 미국에 도착한 것을 기념하는 날로
콜럼버스데이(Columbus Day)라고 부른다.

콜럼버스데이 축제. 콜럼버스데이는 콜럼버스의 아메리카 대륙 발견을 기념하는 미국 국경일로 10월 둘째 주 월요일이다.

　이유가 어찌 되었든 달력에서 빨간 날이 없어진다는 사실은 유쾌하지 않다. 게다가 그날에 공휴일 이상의 의미를 두지 않는 대다수의 사람들을 생각한다면 굳이 누가 미국을 발견했건 발견하지 않았건 왈가왈부하며 폐지 운운할 필요가 있을까?

　그러나 폐지론을 강력하게 주장하는 입장의 이야기를 들어보면 이해가 간다. 그들의 주장처럼 '신대륙'과 '발견'이란 단어가 처음부터 맞지 않는다는 말도 어느 정도 설득력 있게 들린다. 조상 대대로 내려온 자신들의 땅에서 어느 날 보호대상이 된 이들에게 이날이 기념일이 될 수 없는 건 당연하다.

　그런데도 '콜럼버스데이'가 지금까지 유지될 수 있었던 건 다분히 지배론적 시각(?)이 만연해 있기 때문이 아닐까? 아직도 많은 사람들이 세계에서 가장 위대한 모험가 중 한 명인 콜럼버스 덕분에 유럽의 근대 문

콜럼버스데이를 반대하는 사람들. 베네수엘라의 차베스 대통령은 이날을 '원주민 저항의 날'로 이름 짓고, 백인 정복자들이 원주민 대학살을 시작한 날이라고 비판했다.

화가 미 대륙에 전파되었다거나 이날을 기점으로 비로소 세계가 하나의 세상으로 연결되었다는 주장들을 하고 있으니 말이다. 물론, 16세기의 일을 21세기의 잣대로 평가하는 건 억지라는 주장도 일리가 있다. 그렇다고 지나간 시간의 과오가 없어지는 건 아니다. 당연히 반성이 뒤따라야 할 것이다. 그럼, 도대체 1492년 그날엔 어떤 굴곡의 역사가 만들어진 것일까?

콜럼버스가 키운
비극의 씨앗

세월이 흘러도 변함없이 뜨거운 이슈가 되고 있는 '콜럼버스의 신대륙 발견'을 비극적인 한 편의 드라마로 가정하고 이야기해보자.

콜럼버스는 의도하지 않았지만 그가 아메리카 대륙에 도착하면서 시작

아메리카 원주민을 학살하는 스페인 군인. 스페인은 아메리카 원주민에 대한 학살과 갈취를 통해 국부를 키우고, 군사력을 강화하여 한때 세계 최대 강대국이 되었다.

된 불행은 수습이 불가능한 상황으로 번져갔다. 도대체 콜럼버스가 인류에게 가져온 불행은 무엇일까?

1492년, 콜럼버스는 자신의 꿈을 실현하기 위해 식민지 건설에 혈안이 된 스페인의 여왕을 찾았다. 크리스토퍼 콜럼버스가 인도제국에 가는 항로를 개척하는 대가로 받은 것은 대양의 제독이라는 칭호와 문장이 박힌 덧옷, 그리고 식민지 산업 이익의 10퍼센트였다. 콜럼버스는 의기양양하게 스페인의 왕과 여왕에게 금과 노예, 바다 건너 새로운 식민지를 약속했다.

콜럼버스의 대항해는 스페인제국의 화려한 개막을 알림과 동시에 유럽 열강의 식민지 산업의 르네상스를 의미하는 것이었다. 그리고 이것은 질병의 세계화 시대가 도래했음을 의미하기도 했다.

콜럼버스가 발견한 신대륙엔 엄청난 수의 원주민들이 살고 있었다. 하늘에서 총알이 쏟아져 내려오지 않는 이상 그 많은 원주민들을 제거하기란 불가능했다. 원주민 제거는 고사하고 그들을 지배하는 것도 버거웠다. 정작 신대륙을 발견하긴 했는데 그림의 떡이었다.

그런데 해결의 실마리는 생각지도 못한 곳에서 풀렸다. 알고 보니 총과 대포보다 더 쉽고 간단하게 신대륙을 정벌할 수 있는 무기가 있었던 것이었다. 탐험가와 군인들은 원주민들에게 생소한 질병들을 가지고 신대륙에 입성했다. 신대륙에 그들과 함께 입성한 간염, 장티푸스, 홍역, 볼거리, 천연두는 원주민들을 초토화시켰다. 천연두는 군대가 총부리를 겨누기도 전에 원주민들을 죽음으로 내몰았다. 프랑스와 영국이 아메리카 대륙에 도착했을 때, 천연두가 이들보다 먼저 도착해 원주민을 몰살시켰다. 아마도 천연두라는 병이 없었다면 유럽인들이 아메리카 대륙에 그렇게 쉽게 안착할 수 있었을지 의문이다.

> 청교도들이 매사추세츠에 도착하기 3년 전, 천연두가 원주민의 90퍼센트 이상을 학살해버렸기 때문에 백인들은 별다른 노력을 기울이지 않고도 쉽게 땅을 얻을 수 있었다. 총에 맞아 죽는 원주민보다 병에 걸려 죽는 원주민의 수가 훨씬 많았다. 오죽하면 영국의 왕 조지 3세는 천연두를 일컬어 축복의 천연두라 했겠는가! 천연두는 개척자보다 빨리 서부를 개척했던 것이다.
>
> 브린 버나드, 《세계사를 바꾼 전염병들》

콜럼버스가 아메리카 대륙에 도착한 이후, 그 땅에서 화려하게 꽃을 피웠던 원주민의 문화는 시들시들 사라져버렸다. 잉카제국의 경우 너무 많은 사람들이 천연두로 죽어서 미경작지로 남은 들판들이 넘쳐났고 설상가상으로 굶주린 사람들이 질병에 걸린 사람들보다 빨리 죽어갔다. 16세기 후반까지 잉카 인구 4분의 3이 사망했다.

처음엔 개척자들도 이런 일들이 당혹스러웠을 것이다. 그러나 그들은 곧바로 이것을 기회로 삼았다. 영국의 제프리 암허스트[Jeffrey Amhurst] 장군은 원주민들에게 질병을 퍼트리기 위해 천연두에 오염된 담요를 선물하기도 했다. 그는 손쉽게 식민지를 개척하는 방법을 알았던 것이다.

콜럼버스의 아메리카 대륙 도착 사건은 아무리 좋은 시각으로 해석하려 해도 불행의 시작이었다. 과정에서 어떠한 의도를 배제한다 하더라도 그들이 가져온 결과가 너무 참담했기 때문이다. 그렇다면 콜럼버스의 아메리카 대륙 상륙작전이 인류에게 비극만 가져온 것일까?

콜럼버스의
달콤한 선물

다행스럽게도 콜럼버스의 아메리카 대륙 상륙은 인류에게 뜻하지 않은 선물을 안겨주기도 했다. 아마도 수많은 미식가들은 콜럼버스에게 감사의 표시를 해야 할지 모른다. 콜럼버스로 인해 화려한 만찬을 즐길 수 있게 되었기 때문이다.

> 콜럼버스는 바하마 군도(Bahamas)에 들어선 순간 천상의 맛을 경험했다. 그는 '1천여 종의 나무가 있고, 그 나무들에는 각각 열매가 달려 있다. 그 열매들을 잘 모르는 나는 세상에서 가장 불쌍한 사람이다.'라고 일지에 기록했다.
>
> 뉴욕타임즈, 《숨겨진 역사》

〈뉴욕타임즈〉지의 레스토랑 비평가인 루스 라이츨[Ruth Reichl]은 콜럼버스가 아메리카 대륙에 도착하지 않았다면 우리는 초콜릿을 맛보지 못했을 터이고, 토마토 소스가 존재하지 않는 스파게티와 칠레 고추가 없는 인도 카레를 먹어야 했을 것이라고 했다. 실제로 콜럼버스가 아메리

바하마 군도에 들어서는 콜럼버스. 콜럼버스가 아메리카 대륙을 처음 발견할 때 도착한 곳은 카리브 해에 있는 바하마 군도의 한 섬으로, 오늘날 왜틀링으로 불리는 산살바도르 섬으로 추정된다.

카에 도착하기 전까지 사람들은 감자, 토마토가 무엇인지도 몰랐다.

콜럼버스는 신세계의 다양한 동·식물을 가득 싣고 유럽으로 당당히 돌아왔다. 유럽인들은 이전에 맛보지 못한 새로운 맛의 세계를 경험하고 환호했다. 그리고 갖가지 퓨전 음식들을 만들어냈다. 이러한 현상은 유럽에만 일어난 것이 아니었다. 아메리카 대륙에서도 새로운 음식들이 등장했다.

콜럼버스는 다양한 식재료를 가지고 스페인으로 돌아왔지만 콜럼버스를 기다린 사람들은 아마도 꽤 당황했을 것이다. 그들은 콜럼버스가 인도에서 풍부한 향신료를 싸들고 올 것이라고 생각했기 때문이다.

콜럼버스의 아메리카 대륙 발견은 유럽 전역의 먹거리에도 큰 영향을 미쳤다. 거의 매일 식탁에 오르는 땅콩, 토마토, 감자, 초콜릿 등이 이 시기에 유럽에 들어온 것이다.

수백여 년 동안 향신료는 온갖 분쟁의 원인이 됐다. 방부제와 식재료가 턱없이 부족했던 시절에 향신료는 음식의 맛을 내는 데 있어서 반드시 필요한 재료였다.

자극적인 음식이 욕망을 불러일으킬 수 있다는 중세의 한 귀퉁이를 제외하고 오랜 세월 향신료만큼 절실한 음식 부자재는 없었다. 그런 점에서 콜럼버스의 항해는 성공적이지 못했을 수도 있다. 하지만 그것이 다 무슨 상관이란 말인가! 우리는 지금 콜럼버스 덕택에 전 세계 음식이 한데 어우러진 만찬을 즐기고 있는 것을…….

콜럼버스의 신대륙을 향한 가열찬 발걸음은 '콜럼버스데이'가 국경일로 남느냐 퇴출되느냐의 단순한 문제를 넘어 역사를 바라보는 시각에 영향을 미쳤다. 그리고 질병이 지구의 모든 땅에 자유롭게 넘나드는 계기를 만들었다. 물론 그의 행보가 인류에게 치명적인 상처를 남긴 것은 부정할 수 없는 사실이나 모든 일에는 빛과 그림자가 있듯, 먹는 즐거움도 안겨주었다.

어찌 보면 콜럼버스를 옹호하는 세력이나, 비난하는 세력은 자신들도 모르게 콜럼버스 항해의 영향을 받고 있을지 모른다. 그들은 낮에 콜럼버스를 비난하는 시위를 하고 돌아와서 토마토 스파게티와 인도 카레로 저녁 식사를 했을지 모른다. 그러면서 식탁에서 또 한 번 콜럼버스가 저지른 만행에 부르르 떨지도 모른다.

물론 이는 직접적으로 콜럼버스가 일으킨 문제는 아니다. 하지만 그로 인해 세계가 엄청난 변화를 겪은 것만은 사실이다. 어느 날 호기심 많고 도전 정신 강한 탐험가의 지구는 둥그니까 자꾸 가면 낙원 같은 대륙이 나올 것이라는 믿음 하나가 인류를 울고 웃게 만든 것이다.

12

중앙아시아의 유목민족은 타고난 악당일까?

천둥처럼 울리는 말발굽 소리를 듣기 전에 냄새부터 맡을 수 있다고들 했다. 그러나 냄새를 맡을 때면 이미 늦다. 몇 초 지나지 않아 치명적인 화살들이 격류처럼 쏟아지면서 해를 가려 낮이 밤으로 바뀐다. 이어 그들이 들이닥친다. 학살하고, 강간하고, 약탈하고, 방화한다. 마치 용암처럼 앞에 놓인 모든 것을 파괴해버린다. 뒤에는 연기가 피어오르는 도시와 하얀 뼈밖에 남지 않는다. 그들이 지나온 자취는 멀리 중앙아시아, 그들의 고향까지 이어졌다. "적 그리스도(사탄, 악마) 병사들이 무시무시한 마지막 추수를 하러 온다." 13세기의 한 학자는 몽골인 무리를 두고 그렇게 이야기했다.

피터 홉커크, 《그레이트 게임》

현재의 몽골인. 유목생활을 하는 몽골인들은 가축의 이동에 따라 생활 근거지를 옮기기 때문에 해체와 운반, 조립이 간단한 '겔'이라는 집에서 산다.

시간이 아무리 흘러도 중앙아시아에 대한 이미지는 변하지 않는 듯하다. 척박한 대지, 부족한 물자, 정착하지 못하는 삶, 약탈 민족……. 대부분의 사람들 머릿속에 그 땅에 사는 사람들은 예전에도 그랬고 지금도 약탈자에서 침략자로 방랑객으로 남아 있다. 물론 그 옛날 어느 한순간엔 이 부정적인 이미지가 사실이었던 때도 있었다.

세월이 흘렀다. 끊임없이 전쟁을 해야 했던 중원의 역사에서 유목민들은 항상 악당이었다. 그러나 더 이상 중원을 위협하던 유목민들은 없다. 우리가 중원의 후손이 아님에도 불구하고, 유목민에게 가지는 이 반감의 정체는 도대체 무엇일까?

동서고금을 막론하고 북방 유목민족에 대한 시선은 곱지 않았다. 우선, 가장 가까이 있다는 이유로 이래저래 접촉이 많았던 한족은 유목민족에 대해 어떻게 생각했을까? 중국 최고의 역사가 사마천^{司馬遷}은 《흉노전》에서 유목민을 이렇게 묘사했다.

> 문자가 없어 말로써 서로 야곡하고……
> (사정이) 괜찮으면 가축을 따라다니고
> 사냥을 하여 금수禽獸를 잡는 것을 생업으로 하지만,
> 급해지면 사람들은 싸우고 공격하는 것을 익혀
> 침략하는 것이 그 천성이다.
> (중략)
> 이익이 있는 곳이라면 예의를 알지 못하고……
> 건장한 사람이 좋은 음식을 먹고, 늙은 사람은 그 나머지를 먹는다.
> 젊고 튼튼한 것을 귀하게 여기고, 늙고 쇠약한 것을 천하게 생각한다.
>
> 김종래, 《유목민 이야기》

그나마 이 정도의 표현은 부드러운 편에 속한다. 사마천의 《사기》를 잇는 중국 역사서 《한서漢書》의 저자 반고는 북방 유목민을 가리켜 '인간의 얼굴을 하고 있지만 금수의 마음을 가진 존재'라고 기록했다. 한족과 유목민이 워낙 오랜 세월 동안 얼굴 마주보기 바쁘게 싸웠던 앙숙이라 그러려니 할 수도 있지만 유목민을 비하하는 기록은 멀리 떨어진 중동에서도 발견된다. 중동 이슬람 사학자들의 기록은 너무 직접적이어서 이 글을 읽고 나면 유목민이 악당이라는 데 서슴없이 한 표를 던질 것이다.

초자연적인 힘이 아니고서야 이런 대 격변은 있을 수 없다. 명백히 인류의 종말이 다가오는 듯싶었다. 몽고인들은 파괴와 살육을 일삼았다. 이

모든 것이 끝났을 때, 그들은 약탈한
것들을 싣고 떠났다.

구종서, 《칭기스칸에 관한 모든 지식》

중앙아시아의 유목민에 대한 범세
계적인 반감은 오래도록 지속됐다.
1998년 화려한 색채와 동양적인 여백
의 미, 그리고 중국의 구국소녀 목란*
蘭에 대한 설화를 소재로 만들어진 월
트 디즈니의 애니메이션 〈뮬란〉에서
도 유목민이 맡은 역할은 언제나 그랬
듯이 악당이었다.

중국의 구국소녀인 목란에 대한
설화를 각색한 애니메이션 영화
〈뮬란〉.

〈뮬란〉은 훈족의 침입으로 군대에 가게 된 아버지를 대신해 '파' 가 남
장을 하고 전쟁에 나가 나라를 구하고 공을 세운다는 이야기다. '파' 가
정의를 위해 싸우는 주인공이라면 조연으로 등장하는 악당은 바로 '훈
족' 이다. 사실 실제로 생김새를 보면 누가 악당인지 구분되지 않지만,
애니메이션에 묘사된 훈족은 누가봐도 한눈에 악당임을 알 수 있다. 누
구 하나 선한 모습이 없는 것이 신기하기까지 하다.

허무하게 잊혀지는
승자의 기록

그렇다면, 중앙아시아의 유목민족에게 역사는 왜 이리 인색한 것일
까? 그들은 정말 침략과 전쟁을 좋아하고 약탈과 살인을 즐기는 야만적

인 민족일까?

흔히 역사는 승자의 기록이라고 하지만 유목민의 경우엔 조금 다르다. 역사 속 유목민은 대체로 승자였다. 그들이 패자였던 적은 그다지 많지 않았다. 그들은 유목민으로 중원에 요·금·원·청 같은 왕조를 세웠다. 수적으로 문화적으로 열세인 그들이 거대한 한족을 상대로 한 번도 아닌 여러 번 강력한 왕조를 세웠으니 이들을 어찌 패자라고 말할 수 있을까……. 그러니 승자인 유목민에 대해 당연히 좋은 글귀 하나쯤은 나와야 마땅하지 않을까?

하지만, 유목민에겐 오랜 세월 동안 문자가 없었다. 기록이라는 면에서 유목민은 패자였다. 역사는 문자를 가지고 끝까지 기록한 사람들의 승전문이다. 문자는 한곳에 정착하면서 농사를 짓고 문화를 이루었던 사람들의 기록이고, 소유물이었다. 끊임없이 이동하던 유목민에겐 입에서 입으로 전하는 구비문학과 구전기록만이 있을 뿐이었다. 7세기 말에서 8세기 초기에 만들어진 돌궐문자와 12세기에 접어 들어 위구르Uighur로부터 차용한 몽골문자가 있으나 사료로 쓸 만한 기록은 13세기 몽골제국이 건설되면서부터 시작되었다.

앞으로 시간이 계속 흘러가면 어느 민족의 기록이 더 오래 남을까? 한쪽은 기록에 대해 그다지 큰 관심도 없고 그나마 기록도 늦게 시작한 거북이가 있다. 다른 한쪽은 눈만 뜨면 기록해대는 수십 마리의 거북이가 있고 대를 이어 같은 이야기를 계속 기록한다. 시간이 지날수록 기록에 대해 관심 없는 느린 거북이의 기록은 사라진다.

유목민의 상황도 이와 다르지 않았다. 상황이 이러하다 보니 이전의 기록은 대부분 침략당한 민족의 기록을 토대로 유목민들을 유추할 수밖에 없게 된 것이다. 침략당한 민족이 유목민에 대해 침략자나 약탈자로 기록한 것은 당연한 일이다. 엄밀한 의미로 그들은 약탈자라기보다는 약탈자로 기록된 것이다.

역사의 기록이야 그렇다 치더라도 없던 일을 만들어낸 것이 아니라면 유목민들이 수많은 침략전쟁을 감행했다는 것은 부인할 수 없는 사실인 듯하다. 왜 그들은 호시탐탐 전쟁과 약탈을 일삼았던 것일까?

바람의 종족이
살아가는 법

가장 큰 이유는 척박한 자연 환경 때문이라고 할 수 있을 것이다. 그들의 터전이었던 시베리아의 바이칼 호수에서 중앙아시아의 카스피해까지의 지대는 초원과 사막 황무지와 산악이 펼쳐지는 곳이다. 얼핏 보아도 인간이 살 수 있는 환경이 별로 없다. 유목민에게 그 무엇도 베풀어주지 않는 초원의 자연은 종종 그들을 극한의 상황으로 몰아넣곤 했다.

초원의 가뭄과 추위는 모든 생명을 위협하는 재해다. 가뭄이 오면 초가을부터 풀이 마르고 덩달아 겨울을 이겨낼 양분을 충분히 섭취하지 못한 가축들이 말라 죽고, 가뭄 뒤 몰아치는 강추위는 그나마 풀 한 포기조차 나지 않은 대지를 얼려놓고 만다. 이쯤 되면 가축이 먹을 풀은 고사하고 사람이 마실 물조차 구하기 어렵다. 게다가 겨울이 되어 영하 40~50도까지 내려가는 혹한이 몰아치면 가축들이 하룻밤 사이에 모두 동사하기도 한다.

가혹하리만큼 척박한 자연에서 살아가는 유목민에게 땅과 가축은 생사가 걸린 문제다. 초원에선 한 마리 말을 1년 동안 키우기 위해서, 6만여 평의 초원이 필요하다. 또 한 마리의 양을 키우기 위해선 1만2천~3만6천여 평의 초원이 필요하다. 문제는 유목민들이 살고 있는 땅에 초원지대가 그렇게 넉넉하지 않다는 점과 잦은 자연 재해 때문에 가축을 방목할 수 있는 초원이 극히 제한되어 있다는 것이다. 때문에 전쟁에서 승리한 부족은 15~20킬로미터만 이동해도 가축을 키울 수 있는 초지를 차지할 수 있는 반면 패배한 부족은 수백 킬로미터를 이동해도 가축을 키울 만한 초지를 구할 수 없어 생명을 위협당하곤 했다.

김종래, 《유목민 이야기》

유목민에게 가축을 키울 수 있는 초원은 생존을 의미한다. 유목민들은 살아남기 위해서 선택을 해야 했을 것이다. 하나는 방목할 수 있는 초원을 얻기 위해 어쩔 수 없이 전쟁을 하는 것이고, 또 하나는 인접 국가와 교역을 하는 것, 마지막 하나는 교역도 할 수 없고 방목도 할 수 없을 때 살아남기 위해 약탈을 해야 했을 것이다. 과거에는 국제적인 구제활동도 없었을 것이고 일단 귀찮은 존재로 규정하고 어떻게 해서든 그들을 막기 위해 높은 성을 쌓는 것이 최선이었을 테니 유목민들이 전쟁과 약탈을 하는 것은 농경사회의 정착민들이 생존을 걸고 성을 쌓는 것과 마찬가지로 생존을 건 투쟁이었을 것이다.

그렇다고 해서, 유목민들이 무조건 약탈과 살인을 감행한 것은 아니었다. 그들에게도 일정한 규칙이 있었다. 그들의 천성이 사악해서 약탈을 아무런 죄책감 없이 습관처럼 행한 것은 아니었다. 약탈이 유목민의 천성이라면 학자들이 입에 침이 마르도록 말하는 동서양의 무역통로인

비단길은 어떻게 유목민의 땅을 가로질러 생겼던 것일까? 약탈을 본성으로 타고난 이들이 왜 이 통로로 지나가는 값비싼 물건들을

몽골의 가축떼. 몽골은 전통적인 유목국가로, 축산업이 국내 총생산의 16퍼센트를 상회한다.

그냥 놔두었단 말인가? 유목민에게도 약탈은 비정상적인 상황에서 벌어지는 비정상적인 행위였다. 오히려 이들은 종족과 부족 간 약탈로 발생하는 불화는 척박한 대지에서 유목민의 생존을 위협하는 요소로 작용할 수 있기 때문에 금지했다.

또, 단순히 재물을 많이 갖기 위해 저질러지는 여타의 약탈을 유목민에게 적용하긴 어려울 듯싶다. 그들에게 필요 이상의 재물을 소유하려는 욕심은 필요하지 않았다. 필요 이상의 많은 재물은 이동을 불편하게 했기 때문이었다. 그들은 이동의 편리함을 위해 자신들에게 알맞은 재물과 식량과 가축만을 소유했다. 유목민의 가장 큰 미덕은 검소와 간결함이었다. 이런 유목민을 단순히 '약탈자'로 치부해버렸던 것은 한곳에 정착해 더 많은 부를 축적하는 것이 당연했던 정착민들의 오해 때문이었을 것이다. 유목민은 생존을 위협받을 때만 침략하고 약탈을 감행했기 때문이다.

물론 예외도 있었다. 정복을 위한 전쟁에선 생존의 문제는 한참 뒤의 것이다. 유목민들에게도 대제국을 건설하던 시기가 있었다. 하지만 이때도 약탈 시에는 그들 나름대로 규율과 규칙이 있었다. 침략지에서 개인적인 약탈은 금지되었다. 몽골의 칭기즈칸은 개인적인 약탈을 군율로 다스렸다.

"적을 일시적으로 제압했더라도 전투 중에는 전리품 때문에 멈춰서지 마라. 적을 완전히 무력화하면 그 전리품은 우리 모두의 것이다. 그때 같이 나눈다."

구종서, 《칭기스칸에 관한 모든 지식》

칭기즈칸은 군율을 어겼을 때는 이들이 약탈한 것을 모두 몰수하고 엄한 징계를 내렸다. 가까운 친인척일지라도 예외는 없었다.

약탈이 생존을 위한 절대적인 방법이라는 것이 아니다. 침략전쟁과 약탈이 이유 불문하고 비난받아야 할 것이라면 역사 속 어떤 민족과 영웅도 이 비난을 피해갈 순 없을 것이다.

하지만 우리가 지금까지 알던 역사는, 유독 유목민에게만은 다른 잣대를 대고 평가해왔다. 세계사에서 가장 위대한 왕 중 하나로 알려져 있는 알렉산더 대왕도 사실은 침략전쟁을 감행했고, 약탈을 수시로 일삼았음에도 불구하고 역사는 그를 약탈자라고 비난하지 않았다.

약탈을 생존의 수단으로 삼는 특이한 민족은 없다. 따라서 약탈을 즐기는 민족도 없다. 유목민에게 약탈은 선택의 문제가 아니라 필요의 문제였다.

정착민이 이해할 수 없는
'정복'의 의미

우리들의 선입견과는 달리 유목민들의 침략 과정을 보면 비겁하거나 무자비하지는 않다. 침략이라는 문제가 도덕적인 면에서 정당성을 인정받을 순 없지만, 그래도 유목민들은 최소한 침략할 대상에게 예고를 했고 항복할 기회를 주었다. 두말할 것도 없이 항복한 나라와 성들은 안전을 보장받을 수 있었다. 정복지는 생명과 재산, 종교, 심지어 정치적, 사회적인 체계도 보장받았다. 유목민들은 항복한 나라에 대해 아무런 제재를 가하지 않고 성을 지나가기도 했다. 유목민들은 정복자의 규율을 지키고 조공만 바치면 정복지에 대해 아무런 해를 가하지 않았다.

한 예로 몽골이 이슬람세계를 정복하기에 앞서 불교국가였던 서요를 점령했을 때도 기독교의 탄압을 받던 이들에게 종교의 자유를 보장했다. 단, 저항하는 나라와 성은 끔찍한 대가를 치러야 했다. 저항하는 성과 도시는 불을 질러 잿더미로 만들었고, 주민들을 학살하고 약탈했다. 심지어 주변의 강물을 끌어들이거나 수원을 파괴해 도시와 성을 침수시켜 지하나 동굴에 숨어 있을지 모르는 사람들을 모조리 익사시키기도 했다.저항을 뿌리부터 근절시키는 이들의 방법은 소수민족이 점령 국가를 통치하는 방법이었다. 점령지의 주민들에게 종교와 자유를 주어 반감을 줄이는 대신 저항은 절대 용납하지 않았고 관용도 베풀지 않았다.

유목민족에 대한 우리의 알 수 없는 반감과 폄하된 시선은 어쩌면 우리의 역사관이 자주적이기보다는 사대주의에 길들여져 있기 때문일지도 모른다. 중원을 중심으로 한 역사관, 서양이 동양을 보는 시각, 기

술의 발전이 자연에 순종하는 것보다 월등하다는 생각, 우리가 깨닫지 못하는 사이에 우리의 머릿속에 박혀 있는 이 같은 고정관념으로는 유

몽골 초원의 양. 몽골에서는 소, 양, 염소, 말, 야크를 오축(다섯 가지 가축)이라고 해서 방목하는데 여기에서 나는 젖과 고기로 생활한다.

목민의 역사와 문화를 올바르게 이해하기 힘들다.

자연에 절대 순종하며 살아가는 삶, 그들이 살고 있는 땅조차 영원히 소유하는 것이 아니라 하늘로부터 잠시 빌려 쓰는 것이며 그 땅에 살고 있는 모든 사람들의 것이라는 생각, 지배 민족으로 군림한 순간조차 한 곳에 정착하는 것을 경계했던 민족 근성, 다른 문화와 다른 종교를 존중할 줄 아는 다문화적인 관점 등 우리가 유목민에게 배워야 할 지혜는 수없이 많다. 그리고 우리가 유목민의 역사를 보며 참고해야 할 것은 우리와 다르다는 이유로 경계하고 두려워하고 평가절하할 것이 아니라 다른 민족의 관점에서 세계사를 보는 또 다른 눈을 키워야 하고, 역사를 자주적인 시각으로 보는 관점을 키워야 한다는 것이다.

13

승자보다 더 멋진
어떤 패자?

21세기 첫 10년간 미국에서 가장 높이 날아오른 승자와 가장 깊이 추락한 패배
자는 누구일까. 미 외교전문지 포린폴리시(FP)는 30일 인터넷 판에서 미 최초의
흑인 대통령 버락 오바마 현 대통령을 최고의 승자로, 이라크 및 아프가니스탄
전쟁을 일으킨 조지 W. 부시 전 대통령을 최악의 패자로 꼽았다. 또 부시를 대
통령으로 뽑은 '미국 국민들' 전체를 패자 2위에 올렸다. (중략) FP는 최악의 패
배자로 꼽힌 부시 대통령에 대해 "재정 흑자와 밝은 미래를 물려받고도 9·11
테러 이후 재앙과 같은 선택만 했다"며 "부시는 10년간 최악의 패자일 뿐만 아
니라, 미 역사상 최악의 대통령으로 기록될 만하다"고 밝혔다.

2009년 12월 30일 〈한국일보〉

스포츠 경기를 제외하고 승자와 패자를 가리는 것은 생각보다 어렵다. 특히 역사 속 승자와 패자는 그들에 대한 평가가 시시각각 달라지기 때문에 누가 패자고 누가 승자라고 단정짓기 애매하다. 다만 역사 속 승자들의 공통점이 있다면 '강한 자가 살아남는 것이 아니고 살아남은 자가 강한 것이다'라는 말처럼 살아남아 자신의 이야기를 남겼다는 것이다. 그리고 그들은 그렇게 남긴 이야기들로 세상의 논리를 만들어 갔다. 하지만 한 가지 아이러니한 것은 승자도 패자 없이는 존재하지 않는다는 것이다.

우리는 역사를 승자의 기록이라 말하지만 그것은 또 다른 패자의 역사이기도 하고, 같은 논리로 패자들의 역사를 본다는 것은 승자들이 기록한 역사에 가려져 보이지 않는 역사를 보는 것과 같다. 역사엔 비록 패자로 기록되었지만 너무나 매력적이고 심지어 승자들보다 더 빛나는 패자들도 있다. 지금부터 승자보다 더 멋진 패자였던 한 남자의 이야기를 들어보자.

처칠의 1급 재앙,
사막의 여우

제2차 세계대전의 영웅 에르빈 롬멜Erwin Johannes Eugen Rommel 장군, 그는 누가 보아도 명백한 패자지만, 멋진 승부사였고 신사였으며 적군도 존경해 마지않던 인물이었다. 롬멜은 히틀러의 사령관으로 분명 전쟁에서 진 패장이지만 연합군과 처칠에겐 두려움과 경외의 대상이었다. 처칠은 수에즈운하를 두고 벌인 독일과의 전투에서 롬멜에게 처절하게 패했다. 롬멜은 상부의 명령을 어기면서까지 이집트에서 기습공격을 단행했고 영국을 순식간에 이집트에서 몰아냈다.

이 전투로 영국은 치명적인 타격을 입었다. 처칠

제2차 세계대전 당시 천재적인 지략과 지휘로 북아프리카 전투를 승리로 이끌어 '사막의 여우'라는 별명을 얻었던 에르빈 롬멜.

은 이 전투를 '1급 재앙'이라고 불렀고, 언론은 롬멜을 '사막의 여우'라고 불렀다. 영국은 대규모 반격을 가했으며 롬멜을 처치하기 위해 안간힘을 썼다. 그러나 대공세를 시작한 영국의 전차들은 빈 적진에서 갑자기 나타난 롬멜의 전차에 무참히 패배하고 말았다.

롬멜은 영리하고 민첩했으며 속임수도 잘 썼다. 속도전에선 그를 따라잡을 장수가 없었다. 늘 적이 예상하지 못한 곳에서 나타나 상대를 깜짝 놀라게 했고 도주 방향을 미리 예측해서 적의 사기를 반토막 내곤 했다. 그는 이러한 별동부대 형식의 전투뿐 아니라 전면전에서도 항상 적보다 많은 전차를 투입하는 엄청난 집중력으로 승리를 거머쥐었다.

롬멜에게 있어 패배란 단어는 존재하지 않았다. 롬멜이 독일군의 전폭적인 지지와 사랑을 한 몸에 받은 건 당연했다. 적의 공중 시찰을 피해 한밤중이나 모래폭풍, 새벽안개를 틈타 군대를 이동했고 군의 규모를 속이기 위해 모래 위에서 화물차들을 급발진시키는 전략을 구사하며 모든 전투에 선봉에 서서 지휘하는 그를 어찌 사랑하지 않을 수 있겠는가! 롬멜과 함께 있으면 사막을 마음대로 휘저으며 가는 곳마다 승리의 기쁨을 만끽할 수 있었다.

독일군이 롬멜을 사랑하는 이유는 충분했다. 그런데 롬멜은 아군뿐 아니라 적군의 사랑도 한 몸에 받는 특이한 인물이었다. 드라마처럼 적이지만 사랑할 수밖에 없는 롬멜의 전설적인 이야기는 제2차 세계대전 중의 아프리카 땅에서 발생했다.

롬멜이 진두지휘하던 전장에선 전투가 끝나면 잠시 총부리를 거두고, 적군과 아군이 부상자를 구해내는 시간이 주어졌다. 저녁이면 양쪽 진영에선 당시 유행하던 가요가 흘러나왔다. 생명보다 인간에 대한 존엄과 애정이 더 빨리 사라지는 전쟁터에서 휴머니즘이 존재할 수 있었던 건 롬멜이라는 장군이 있었기 때문이었다. 그는 영국군 야전병원에 식수가 떨어졌다는 소식을 듣고 식수 차에 백기를 꽂아 적에게 물을 공급하기도 했다. 영국군은 그 보답으로 위스키와 콘비프를 화물차에 실어 보냈다.

볼프 슈나이더, 《위대한 패배자》

전쟁의 참상을 떠나 롬멜 아니면 불가능했던 일들을 직접 경험하고 들은 사람들은 그를 군인으로서 인간으로서 사랑하지 않을 수 없었다.

부끄럽지 않은
'패자의 전설'

그러나 제2차 세계대전은 우리가 익히 알고 있듯이 독일이 패배한 전쟁이다. 제아무리 적군과 아군에게 존경과 사랑을 한 몸에 받는 인물이라고 해도 롬멜이 패전국의 장군이라는 사실이 바뀌진 않는다. 제2차 세계대전이 독일의 생각과 달리 후반으로 치달을수록 패전의 기미가 짙어지자 독일에게 남은 희망은 롬멜뿐이었다. 당시 독일에선 러시아 침공 실패 이후 영국의 무차별한 폭격

버나드 몽고메리 장군. 1942년 북아프리카 작전을 지휘하여 독일의 전쟁 영웅 롬멜 장군이 이끌던 독일군을 엘 알라멩에서 격파하여 제2차 세계대전에서의 승리의 기틀을 마련하였다.

이 연일 계속됐다. 실제로 5월 31일엔 영국 공군이 독일 퀼른에 1천46발의 폭탄을 투하해서 도시를 풍비박산 낸 적도 있었다. 이 기록은 전쟁사의 기록에 남는 대단위 폭격이라고 한다. 이런 상황에 아프리카에서 계속 들려오는 롬멜의 승전보는 독일인에겐 유일한 위안이었고 히틀러에겐 유일한 자존심이기도 했다.

하지만 이 전쟁 영웅에게도 위기가 찾아왔다. 롬멜을 무찌르라는 처칠의 명령을 받은 몽고메리 장군이 독일군의 여섯 배에 해당하는 군을 이끌고 롬멜의 군대에 무차별 폭격을 날렸던 것이다. 롬멜은 히틀러의 명령을 어기고 퇴각할 수밖에 없었다. 물론 그 사이에도 롬멜은 여섯 배나 많은 적을 상대로 4개월 동안 기습공격을 하며 적의 전차를 40대나 파괴하는 저력을 보였다. 하지만 월등한 숫자의 적의 공세에 맞서기엔 역부족이었다. 결국 롬멜은 히틀러에게 아프리카에서 철수하자고

제안했다. 롬멜의 제안을 들은 히틀러는 격분하며 롬멜을 비관론자라고 비난하고 본국으로 소환했다. 그럼에도 불구하고 롬멜은 히틀러 사단의 최고 장군이자 전쟁 영웅이었고, 독일의 마지막 희망이었다. 연합군의 마지막 공격을 막을 수 있는 사람은 누가 봐도 롬멜밖에 없었다. 롬멜은 복직되었고 이탈리아 전선에 이어 프랑스 전선에 투입되었다. 그러나 연합군의 공세가 워낙 심했고 전세는 이미 기울어진 상태였다. 게다가 연합군의 독일 상륙이 멀지 않았다는 소문이 돌았다.

롬멜은 연합군이 상륙하기 전에 저지해야 한다고 주장했다. 해안선부터 철저하게 막기 위해 지뢰 수백만 개를 묻고 콘크리트 방어막을 설치해야 한다는 것인데, 만약 상륙작전이 감행된다면 연합군을 막아낼 다른 방책이 없었기 때문이다. 그러나 독일 사령부는 그의 주장을 받아들이지 않았다. 1944년 6월 6일 롬멜이 우려하던 일이 현실로 일어나고야 말았다. 미·영 연합군이 노르망디 해안에서 상륙작전을 성공시킨 것이었다. 독일군 장성들은 이제는 더 이상 가망이 없다고 판단, 전쟁을 끝내야 한다고 생각했다. 그러나 이 의견을 누가 히틀러에게 전할 것인가는 상당히 민감한 문제였다. 장성들은 히틀러와 대중의 총애를 한 몸에 받는 롬멜을 선택했다. 물론 히틀러는 롬멜의 말을 새겨듣지 않았다.

역사는 히틀러의 손을 잡아주지 않았지만 롬멜의 손도 잡아주지 않았다. 히틀러의 암살이 실패하고 거사를 도모한 자들이 붙잡히고 만 것이다. 이들 중 고문을 받던 한 사람이 롬멜의 이름을 거론한 것이 문제가 되었다. 히틀러는 당연히 롬멜을 향한 복수를 다짐했다. 그러나 독일인들의 사랑을 한 몸에 받고 있는 롬멜을 처치하는 것은 상당히 신중을 기해야 하는 문제였다. 히틀러는 롬멜에게 사람을 보내 군사 법정에 서서 수모를 당하며 가족과 재산을 모두 잃을 것인지 아니면 스스로 자결할 것인지 선택하라고 했다. 롬멜은 청산가리를 먹고 자살하는 길을 선택했다. 롬멜은 그렇게 패배자의 길을 스스로 선택했다.

하지만 사람들은 그를 패배자라고 생각하지 않았다. 아마도 그를 패배자라고 생각한 것은

아돌프 히틀러. 게르만 민족주의와 반유태주의를 내걸어 총통의 자리에 올랐다. 이탈리아, 일본과 손잡고 제2차 세계대전을 일으켰지만 패색이 짙어지자 스스로 목숨을 끊었다.

히틀러 한 사람뿐일지도 모른다. 그에게 최고의 찬사를 보냈던 것도 다름 아닌 적군들이었기 때문이다. 독일의 평론가인 토머스 만은, 몽고메리가 롬멜의 사진을 가지고 다니며 그를 꼭 만나보고 싶어 했고 스포츠맨십을 중요하게 생각하는 영국인들은 롬멜을 적이지만 강인하고 대담하고 기민한 사람으로 예찬했다고 밝혔다.

지금도 그의 묘지에선 퇴역한 영국 병사들이 거수경례를 하는 장면을 볼 수 있다고 한다. 그는 비록 독일군으로 패배의 쓴잔을 마셔야 했지만, 죽은 뒤에 오히려 많은 사람들에게 영웅으로 기억됐다. 객관적으로 볼 때 그는 부정할 수 없는 패자이지만 모두의 기억 속에는 승자로 남아 있다.

14

아니 땐 굴뚝에 연기 난다?
마리 앙투아네트에 대한 오해

"자신들의 불행에도 불구하고 우리에게 매우 잘 대해주는 사람들을 보면 우리가 그 어느 때보다도 그들의 행복을 위해 열심히 일해야 한다는 사실이 너무 분명해집니다. 왕은 이 진실을 이해하고 있는 것처럼 보입니다. 저는 대관식 날을 평생(제가 백 년을 산다 하더라도) 잊지 못할 겁니다."

안토니아 프레이저, 《마리 앙투아네트》

18세기 프랑스, 성난 군중들이 궁으로 몰려왔다. 굶주림에 시달린 백성들은 빵을 달라고 거칠게 항의했다. 그때, 한 도도한 여인이 이 상황을 깔끔하게 한마디로 정리했다. "빵이 없으면 과자를 드세요!" 들을수록 명쾌하고 깔끔한 문장이다. 어찌나 과감하고 깔끔한지 감히 그다음 리액션

루이 16세의 왕비로 악의적인 소문에 시달렸던 마리 앙투아네트. 프랑스혁명 후 시민의 감시 아래 생활하다 국고 낭비와 반혁명을 시도했다는 죄로 처형되었다.

이 생각나지 않는다. 이 과감한 말을 용기 있게 내뱉었다고 알려진 이는 프랑스 역사상 나폴레옹만큼 유명한 왕가의 일원이며, 사치와 허영의 대명사, 마리 앙투아네트Marie-Antoinette 왕비다.

그녀의 사치가 얼마나 심했는지 국고가 바닥날 정도였다고 한다. 제아무리 국고를 바닥낼 만큼 써대는 개념없는 왕비라도 최소한의 배려조차 없는 이 언행을 어떻게 받아들여야 하는 것일까? 그녀는 우리가 소위 말하는 그런 '무개념녀'였을까?

굶주림에 시달려 빵을 달라고 아우성치는 백성에게 빵 대신 과자를 운운하는 무개념의 여왕, 사치와 허영으로 국고를 바닥낸 지름신 여왕,

타고난 스캔들의 여왕 마리 앙투아네트! 그녀를 묘사하고 있는 이 수식 어들은 과연 사실일까?

만약, 이 모든 것이 사실이라면 마리 앙투아네트는 어떤 왕비였을까? 혹 그녀에 대한 선입견을 지우고 객관적인 입장에서 다시 바라보면 달라지는 게 있을까? 그렇다면 선입견 없이 마리 앙투와네트에 대해 알아보기로 하자.

'마리 앙투아네트'
다시 보기

마리 앙투아네트는 자신이 탄 마차가 소작인의 옥수수 밭을 짓밟고 지나가는 것을 거부한 유일한 프랑스 왕가의 일원이었다. 대관식이 끝나고 어머니에게 보낸 편지에서 대관식을 환대해주던 가난한 국민들을 위해 열심히 일하겠다고 했던 마리 앙투아네트였다. 그렇다면 빵이 없으면 과자를 먹으라고 하는 여인과 가난한 백성을 아끼는 여인 마리 앙투아네트, 이 둘 중 마리 앙투아네트의 진짜 모습은 무엇일까?

그녀는 프랑스의 왕비였음에도 불구하고 공공연하게 귀족과 왕족들에게 따돌림당했고 매국노 내지는 스파이 취급을 받았는데 그녀가 오스트리아 출신의 게르만족이었기 때문이었다. 프랑스는 게르만족 왕비를 바라지 않았고 당사자들 역시 원치 않았던 일일지도 모른다. 그런데도 그녀는 전략적 이유 때문에 프랑스의 왕비가 될 수밖에 없었다.

그녀의 결혼에는 수많은 전략과 계산이 밑바닥에 깔려 있었다. 그러다 보니 손익분기점이 맞지 않는 순간이 오면 덜컹거릴 위험이 다분했

프랑스혁명. 자유 · 평등 · 박애를 기치로 내건 프랑스혁명을 통해 프랑스의 절대 왕정 체제가 무너지고 공화정이 들어서면서 민주주의가 진일보하게 되었다.

다. 불행히도 마리 앙투아네트에겐 그 순간이 너무 빨리 왔다. 오스트리아가 슐레지엔 지역을 되찾기 위해 시작한 7년 전쟁엔 유럽 대부분의 열강이 참전했다. 200여 년 동안이나 앙숙이었던 오스트리아와 프랑스가 마리 앙투아네트와 루이 16세의 결혼으로 동맹국이 되면서 자연스럽게 프랑스도 이 전쟁에 참여하게 되었다. 그러나 오스트리아가 패배하여 슐레지엔 지역을 찾지 못하고 덩달아 프랑스 역시 패전국이 되면서 프랑스는 식민지에 대한 영향력을 거의 상실했다.

화려한 궁중생활과 끊이지 않은 전쟁으로 국제적인 입지까지 축소되자 국민들의 원성이 하늘 높은 줄 모르고 치솟았다. 프랑스 국민들은 모든 악재가 마리 앙투아네트 때문에 생긴 것이라고 생각했다. 그도 그럴 것이 프랑스가 오스트리아와의 동맹으로 입은 손해가 생각보다 심각했기 때문이다.

다이아몬드 목걸이 사건은 마리 앙투아네트와 직접적인 관련이 없었음에도 그녀의 명성에 큰 상처를 입혔다.

이렇게 해서 본의 아니게 오스트리아의 스파이라는 오해까지 뒤집어쓴 그녀의 스트레스는 이루 말할 수 없었을 것이다. 거기에 후사 문제까지 겹쳐 그녀의 스트레스는 상상을 초월할 수준에 이르렀다. 마리 앙투아네트의 사치는 아이가 없었던 시절에 절정에 달했는데, 역사가들은 그녀가 스트레스를 쇼핑으로 해결했을 것이라고 추측하고 있다. 우리가 알고 있는 그녀의 사치와 허영은 아이가 없던 몇 년의 세월에 집중됐다. 그러나 아이를 낳고 난 후 마리 앙투아네트는 완전히 변했다.

마리 앙투아네트는 첫 딸을 낳은 후, 딸과 함께 베르사유 궁전의 트리아농Trianon관에서 살았으며, 목가적인 생활을 했다. 소문과 달리 마리 앙투아네트는 소박하고 자비로운 면모를 보였는데, 공주 마리 테레즈를 빈민가에 데리고 가서 그곳 아이들과 어울리게 했으며 먹을 것, 입을 것, 하다못해 불 피울 장작조차 없는 이들을 위해 돈을 쓰는 바람에 딸의 신년 선물을 사지 못한 적도 있다고 한다.

이상하지 않은가? 아무리 한 사람을 향한 시선이 다르다 해도 이처럼 극과 극을 향할 순 없는 일이다. 한때 무분별하게 사치스러운 생활을 했다는 '적자부인'과 딸에게 신년 선물도 못 사줄 정도로 자비를 베푸는 왕비의 이미지는 달라도 너무 다르지 않은가? 이건 마치 마리 앙투아네트라는 동명이인의 이야기를 듣는 기분이다. 사실 마리 앙투아네트의 사치와 허영은 그 전 왕비들과 비교하면 처형당할 만큼 심했다고 보기는 어렵다.

시들기 시작한
베르사이유 장미

그녀를 둘러싼 비호감이 민중의 분노와 증오로 뒤바뀐 결정적 사건은 불행히 그녀와 아무런 관련이 없는 한 백작부인의 사기 사건에서 발생했다. 한 백작부인이 왕비의 이름을 빌려 값비싼 다이아몬드 목걸이를 중간에 횡령한 사기 사건을 시작으로 마리 앙투아네트는 '사치의 여왕'이라는 스캔들에 휘말리게 된 것이다.

애초에 사기를 치려고 작심한 라모트 백작부인은 왕가의 총애를 받으려던 추기경에게 마리 앙투아네트 왕비가 540개 다이아몬드가 박힌 값비싼 목걸이를 욕심내고 있다는 말을 흘렸고 추기경에게 돈을 받은 백작부인은 다이아몬드를 중간에 가로챘다. 다이아몬드의 대금을 받지 못한 보석상의 고발로 추기경이 재판에 서게 됐으나 무죄판결을 받았고 백작부인은 국외로 추방당했다. 밝혀진 대로 마리 앙투아네트는 이 사건에 아무 관련이 없었지만 사람들은 왕비가 얼마나 보석을 좋아하면 그런 일에 연류되었겠느냐고 쑥덕거렸다. 여기에 그녀와 스페인의 한 귀족이 그렇고 그런 사이라는 스캔들까지 터지면서 귀족은 물론 시민들의 불만이 폭발했다.

성난 군중 앞에 선 마리 앙투아네트. 마리 앙투아네트는 절대 군주제 타도를 위한 혁명 속에 분노의 표적이 되었다.

설상가상으로 1789년 7월, 새로운 시대를 외치며 발생한 프랑스혁명으로 루이 16세와 마리 앙투아네트, 그리고 그녀의 아이들은 혁명군에게 포로 신세가 되었다.

1792년 프랑스혁명 전쟁이 발발하면서 왕비가 적군에게 프랑스의 정보를 흘리고 있다는 소문이 돌았고 루이 16세가 처형당하고 얼마 지나지 않아 국고를 바닥낸 죄와 오스트리아와 공모하여 반혁명을 시도한 죄, 심지어 아들과 근친상간했다는 죄까지 뒤집어쓴 마리 앙투아네트는 형장의 이슬로 사라지게 되었다.

그녀를 둘러싼 루머 중 상당 부분은 고의적이고 악의적인 면이 없지 않다. 아이들에게 헌신적이라고 알려진 그녀가 아들과 근친상간을 맺었다는 허무맹랑한 소문은 진상 파악이 되지 않았고, 오스트리아와 공모하여 반혁명을 도모하였다는 점 역시 명백히 밝혀지지 않았다. 게다가 그녀가 내뱉지도 않은 '빵 대신 과자' 발언은 아직도 그녀에 대한 진실을 왜곡시키고 있다.

《고백론》을 쓴 장 자크 루소.

"빵이 없으면 과자를 드세요."라는 말은 장 자크 루소의 《고백론Les Confessions》에 나오는 말인데, 1766년에서 70년 사이에 《고백론》이 집필됐을 당시 마리 앙투아네트는 어린아이였고 프랑스엔 오지도 않았다. 일각에서는 이 말의 주인공이 루이 14세의 아내인 마리 테레즈였다는 설도 있고, 한 백작부인이라는 설도 있다. 루소의 《고백론》엔 젊은 공주가 농부들이 먹을 빵이 떨어졌다고 하자 브리오슈brioche를 먹으라고 했다는 말이 적혀 있을 뿐이다.

마리 앙투아네트는 부풀려진 소문과 이방인에 대한 불신, 그리고 자비조차 베풀 여지가 없는 민심의 부재로 극단적인 결과를 맞이한 불운의 왕비였을 뿐이다.

'빵 대신 과자? 케이크? 고기?' 가 아니라

"빵 대신 브리오슈를 드세요!"

브리오슈.

"빵 대신 과자를 드세요."는 사실 "빵 대신 브리오슈를 드세요." 라고 한다. 브리오슈는 프랑스에서 많이 먹는 빵으로, 다른 빵에 비해 버터와 달걀이 많이 들어가 맛이 고소하고 부드럽다. 주로 아침 식사로 먹거나 식사 전 간식으로 먹는데, 예전에는 버터나 설탕이 귀해 왕족이나 귀족들만 먹을 수 있었다고 한다. 때문에 프랑스혁명 당시 마리 앙투아네트가 빵 대신 케이크, 과자를 먹으면 되지 않겠느냐고 했던 말은 우리말로 번역되면서 바뀐 것으로 보인다.

패션 스캔들!

"속옷이 아니라 원피스랍니다"

르브룅이 그린 마리 앙투아네트의 초상화 〈슈미즈 차림의 마리 앙투아네트〉는 세상에 공개되자마자 일대 파란을 몰고 왔다. 그림 속의 그녀는 당시의 신상 중에 신상인 흰 모슬린 원피스에 금색 리본을 두르고 한 손엔 자신을 닮은 장미를 들고 있다. 비단옷에 치렁치렁한 장신구를 걸치고 나타난 것보다 얼마나 소박한가! 화가 역시 왕비의 여성적이고 소박한 인간적인 면을 강조하려 했으며 굴곡된 시선으로 보지만 않는다면 그림 속 여인은 충분히 우아하고 아름다워 보인다.

그러나, '한 번 밉상은 영원한 밉상'이라는 비호감 공식에 의해 작품 속 마리 앙투아네트의 검소한 패션은 속옷 패션으로 추락하고 말았다. 당시 모슬린 원피스는 값비싼 면직물로 심플한 멋을 살려 영국 상류 사회에서 가장 핫(HOT)한 스타일로 각광받고 있었다. 그러나 일부 프랑스인들에겐 이 드레스가 속옷으로 밖에 보이지 않았던 것이다. 아니 '왜 왕비가 속옷에 밀짚모자를 쓰고 장미를 들고 있지?' 사람들은 왕비가 미쳤거나 노출증이 있거나 저속하다고 생각했다.

이 작품은 두고두고 가십거리가 되었지만, 정작 주인공인 마리 앙투아네트는 이 작품과 화가를 무척 좋아했다고 한다. 있는 그대로의 '마리 앙투아네트'를 그리기 위해 고민했던 화가 엘리자베스 르브룅은 여왕의 공식 초상화가로 활동했다.

자, 이제 마리 앙투아네트에 대한 오해를 풀고 그림 속 모슬린을 입은 여인을 바라보자. 평화롭고 기품 있는 표정, 우아한 몸짓, 절제된 의복……, 이만하면 사랑스럽지 않은가?

르브룅, 〈슈미즈 차림의 마리 앙투아네트〉.

15

치명적이어서 아름다운
뱀파이어의 역사?

Q: 무려 10여 년 동안 《히스토리언》을 썼는데 그동안 알게 된 사실 중 가장 충격적인 것이 있다면?

A: 말뚝왕 블라드가 생전에 악명이 높았던 탓에 중세의 다른 지배자들보다 기록이 잘 보존되어 있는 것은 사실이다. 하지만 실제로는 수많은 미스터리에 싸여 있는 인물이다. 그의 최종 매장지와 시신의 행방이 가장 큰 미스터리였고, 소설에서도 그 점을 깊이 다루고 싶었다. 또 하나, 조사를 하는 도중에 알아낸 놀라운 사실은, 작은 영지의 미미한 영주에 지나지 않은 블라드가 강력한 오스만제국을 실제로 심각한 궁지에 몰아넣었다는 점이다. 그의 악명은 왈라키아에서 수백 킬로미터나 떨어진 이스탄불 시민들에게도 공포의 대상이었다. 심지어 블라드가 도시를 침공할 것이라는 소문이 나돌았고, 그 때문에 거의 공황 상태에 빠졌다고 한다. 이스탄불의 엄마들은 아이가 떼를 쓸 때면 블라드가 잡아갈 것이라고 엄포를 놓았다고 한다. 아마도 이런 분위기가 드라큘라를 역사상 가장 장수한 괴물로 만들어놓은 것 같다.

엘리자베스 코스토바, 《히스토리언》

죽은 자임에도 불구하고 인간의 피를 마시며 불멸의 영생을 사는 뱀파이어. 뱀파이어는 인류 역사상 가장 매력적이며 아름다운 캐릭터다. 때문에 뱀파이어는 많은 문학 작품의 소재가 됐다. 지금도 뱀파이어를 소재로 한 수많은 작품이 쏟아져나오고 있고 블록버스터 영화도 제작되고 있다. 이제는 뱀파이어를 소재로 한 작품이 너무 많아 실제로 뱀파이어가 존재하고 있다는 착각을 불러일으킬 정도다. 이렇게 뱀파이어가 다른 여타의 호러 주인공보다 리얼하게 느껴지는 이유는 오랜 세월 뱀파이어에 대한 민담이나 설화, 루머가 대중에게 강하게 인식됐기 때문이다.

흥미로운 점은 설화와 민담이 국가마다 조금씩 다르지만 뱀파이어에 대한 이야기는 일정한 패턴이 존재한다는 것이다. 그리스 로마 신화에 등장하는 악몽, 몽마夢魔는 인간의 피를 탐하지는 않지만 한밤중 깊은 잠에 빠진 사람과 은밀한 성관계를 맺는다는 점에서 뱀파이어의 에로틱한 속성을 닮았다.

그런가 하면 제우스와의 관계 때문에 헤라의 저주를 받은 '라미아Lamia'는 어린아이를 유괴해 피를 빨거나 잡아먹는 괴물로 변신했다는 점에서 뱀파이어와 비슷하다. 이밖

헤라의 저주를 받은 라미아.

에도 죽은 뒤 다시 살아나 인간을 잡아먹는 뱀파이어류의 전설은 서양과 동양을 가리지 않고 수없이 나타났다.

수많은 뱀파이어 민담 중에서 우리에게 익숙한 이야기는 뱀파이어의 원조 국가라고 할 수 있는 루마니아에서 유래됐다. 험준한 산악지대로 비잔틴 정교회의 영향을 받고 있던 이 지역에서는 민간에 떠도는 미신과 민담이 유난히 많았다. 루마니아에서는 스트리고이Strigoii라는 악마 이야기가 유명한데 이 스트리고이는 '올빼미 울음소리'란 뜻으로 뱀파이어의 직계라고 보기는 힘들지만 뱀파이어와 공통점이 많은 악마다.

> 스트리고이는 억울하게 비명횡사를 했거나, 자살한 자, 범죄자, 마법사, 사생아 등이 죽어서 되는 존재로 스트리고이를 물리칠 수 있는 방법에 마늘과 들장미가 사용된다. 또 시체의 심장에 말뚝을 박고 머리를 절단한 뒤에 시체 발 밑에 머리를 두거나 태워버리면 퇴치할 수 있다.
>
> 한혜원, 《뱀파이어 연대기》

루마니아 외에도 동유럽에는 현대적인 뱀파이어와 비슷한 요괴들이 많았다. 러시아와 우크라이나 민담에 등장하는 우피르Upyre는 뱀파이어처럼 이빨로 사람을 물어 피를 빨았다고 알려져 있다. 특히 우피르는 불가리아나 체코슬로바키아 등 슬라브 문화권에서 뱀피르Vampyre라고 불렸다. 따라서 루마니아를 비롯한 동유럽권에서 떠돌던 여러 가지 민담들이 세월이 지나면서 하나로 통합돼 하나의 뱀파이어의 이야기로 응집됐을 가능성이 높다.

게다가 중세시대에는 영국과 루마니아 등지에서 일명 뱀파이어 증후군이라고 알려진 포르피린증이 발생하면서 뱀파이어 공포가 민심 깊숙이 침투했다. 포르피린증은 루마니아 지역에서 자주 발생하는 유전적 질병이다. 포르피린증이 뱀파이어 증후군이라 불리는 이유는 이 병에 걸리면 빛에 민감해지기 때문이다. 그래서 낮에 외출을 할 때는 온몸을 가리고 눈이 예민해져 눈동자가 빨갛게 보이는 경우도 있고 입안 조직에 문제가 생기면서 잇몸이 주저앉아 송곳니가 돌출되기도 한다. 특히 이 병을 앓고 있는 환자는 헤모글로빈이 제대로 생성되지 않기 때문에 수혈을 받아야 한다. 가뜩이나 뱀파이어에 대한 민담이 많은 지역에 이런 질병까지 생기다 보니 루마니아가 자연스럽게 뱀파이어의 본고장이 되었던 것이다.

실제로 존재한 **뱀파이어의 원조**, 블라드 체페슈

뱀파이어가 민담이기만 했다면 이토록 오랜 세월 회자됐을지 의문이다. 사람들이 뱀파이어 이야기에 리얼리티를 느끼는 이유는 미스터리한 이야기에 어느 정도 역사적인 맥락이 존재하기 때문이다.

'드라큘라Dracula'라고 알려진 블라드 체페슈블라드 3세는 흡혈귀가 아니다. 우리에게는 악마로 유명하지만 루마니아에서 블라드 체페슈는 오스만 제국을 물리친 국민적 영웅이다.

블라드 체페슈는 루마니아의 트란실바니아 지방 왈라키아 공국의 영주인 블라드 2세 드라쿨의 둘째 아들로 태어났다. 그의 아버지 블라드 2세 드라쿨을 악마왕이라고도 하는데, 루마니아어로 드라쿨이 용과 악마의 뜻을 가진 동음이의어이기 때문이다. 그의 아버지는 블라드 체페

블라드 체페슈는 오늘날 루마니아의 독립을 위해 싸운 영웅으로 재평가받고 있다.

슈가 태어나던 해에 신성로마제국으로부터 용의 기사단 기사로 임명받았다. 블라드 2세가 드라쿨이란 이름을 사용한 것이 용의 기사단 때문인지 블라드 가문의 문장이 용이기 때문인지는 밝혀진 바가 없다. 아무튼 블라드 2세는 슬하에 세 아들을 두었는데 첫째 아들은 할아버지의 이름을 따 미르체아, 둘째는 자신의 이름을 물려주어 블라드, 그리고 막내를 라두라고 불렀다.

블라드 2세는 엄청난 기세로 팽창하는 오스만제국에 대항하여 전쟁을 일으켰지만 패배하고 오스만제국과 동맹을 맺기로 결심했다. 그러나 오스만제국은 블라드 2세를 믿지 못한다는 이유로 블라드 체페슈와 라두를 인질로 삼고 블라드 2세를 석방했다. 고향으로 돌아간 블라드 2세는 장남과 함께 전쟁 패배를 이유로 처형당했다. 오스만제국에서 16년 동안 감금되었던 블라드 체페슈는 고향으로 돌아와 공작 직할 군대를 편성하고 극도의 공포정치를 시작했다. 블라드 체페슈에 대한 괴담은 이때부터 유명해졌다. 그는 아버지와 형의 죽음에 가담한 귀족들을 모아 그들의 가족이 서로의 인육을 먹게 했고, 말뚝이나 꼬챙이로 사람들을 꽂아 죽이는 처형을 했다. 체페슈란 이름은 처형도구인 쩨뻬쉬^{루마니아어로 꼬챙이를 쩨뻬쉬라고 한다}에서 유래했다고 한다.

정권을 잡은 블라드 체페슈는 오스만제국에 공납을 바치지 않고 정면 대결을 준비했다. 오스만제국은 사절을 파견해 블라드 체페슈에게 공납을 요구했지만, 블라드 체페슈는 이 사절들을 꼬챙이에

말뚝 처형 광경. 블라드 체페슈는 재위 기간 동안 극도의 공포정치를 했다.

끼워 처형시켰다. 블라드는 전쟁이 시작되자 때를 만난 듯 잔인한 행동들을 저질렀다.

오스만제국은 침략이 예상되는 지역을 초토화시켜 현지에서 식량 조달을 불가능하게 만들었고, 전염병 환자들에게 오스만제국 군복을 입혀 잠입시켜 세균전을 감행하는가 하면 전쟁포로와 정적을 말뚝과 꼬챙이에 끼워 죽인 시체를 보란 듯이 오스만제국의 행로에 전시했다.

이와 같은 공격에 전면전으로는 승산이 없다는 것을 깨달은 오스만제국의 술탄은 결국 후퇴하고 대신 왈라키아의 정치적 상황을 이용해 블라드 체페슈를 축출하는 데 성공했다. 친 오스만 노선을 걷고 있던 동생 라두와 그의 공포정치를 견디지 못한 귀족들의 배신으로 추방당한 블라드 체페슈는 헝가리에 유폐되었지만 로마 가톨릭으로의 개종을 조건으로 다시 복권되었다. 그러나 1476년 치러진 오스만제국과의 전쟁에서 죽고 말았다.

블라드 체페슈가 전사한 것이 아니라 귀족들에 의해 암살되었다는 설

도 있다. 항간에는 블라드 체폐슈를 죽인 오스만의 군사들이 그의 목을 절단해 소금에 절여 이스탄불로 가져와 햇볕에 말렸다고도 한다. 머리가 절단된 그의 시신은 스나고프의 수도원에 매장되었다는데 훗날 그의 무덤을 파보니 관 속이 텅 비어 있었다고 한다. 그래서 실제로 그의 시신이 안치된 곳과 무덤이 다를 가능성, 그가 실제로 죽지 않고 살아서 후일을 도모했을 가능성 등이 제기되기도 했다. 이 모든 이야기는 그의 무덤 위치가 확실하게 밝혀지지 않았기 때문에 발생했다.

오스만제국이 블라드 체폐슈의 잔인한 처형에 대해 충격을 받았으며 그의 처형과 공포정치가 많은 이들에게 깊은 인상을 남긴 것은 사실이나, 이것만으로는 블라드를 흡혈귀로 규정하긴 어렵다.

블라드 체폐슈가 흡혈귀 드라큘라의 대명사가 된 결정적 사건은 브람 스토커가 블라드 체폐슈를 모델로 《드라큘라》라는 소설을 발표하면서부터다. 우연히 블라드 체폐슈의 이야기를 듣게 된 스토커는 민간에 떠돌던 각종 뱀파이어 설화를 집약해 매력적인 드라큘라 백작을 만들어냈다. 스토커의 소설 《드라큘라》는 설화와 역사적 사실들을 편지와 일기 산문 형식으로 전개시켜 드라큘라를 실제 보고 느낀 것 같은 착각을 불러 일으키게 했다.

브람 스토커의 소설 《드라큘라》에 등장하는 드라큘라 백작은 실제 인물인 블라드 체폐슈에 뱀파이어 옷을 입혀 만든 리얼리티가 강한 캐릭터다. 그 이후 등장하는 뱀파이어의 모델은 브람스 소설 속 드라큘라를 모방한 이유도 바로 이런 리얼리티 때문이다.

항상 삶과 죽음의 문제에서 자유로울 수 없었던 인간에게 영생을 누리는 뱀파이어는 두려움의 대상인 동시에 동경의 대상이었다. 그래서 시대가 달라져도 뱀파이어에 대한 인간의 두려움과 호기심은 사라지지 않았다. 그리고 그에 대한 관심이 꺼지지 않는 한 뱀파이어는 인간의 상상력과 공포심을 먹고 시대를 넘나들며 살아갈 것이다.

드라큘라 백작. 영국 소설가 브람 스토커는 블라드 체페슈를 모델로 뱀파이어 설화를 엮어 드라큘라 백작을 탄생시켰다.

　사람들의 입에서 입으로, 또는 소설 속 주인공으로, 그리고 어느 나라에서는 실제 역사적 인물에 투영돼 존재했던 뱀파이어. 뱀파이어를 두려워하는 인간의 두려움만큼 그의 매력은 더욱 크게 발산된다. 어쩌면 뱀파이어의 역사는 인간이 공포에서 벗어나고 싶은 욕구만큼 공포를 즐기는 욕구가 존재하는 한 영원히 지속되지 않을까?

16

모든 것을 극복하는
사랑의 역사는 없다?

1948년 1월 7일 미국의 생물학자 알프레드 킨제이가 《남성의 성적 행동》이라는 책을 출간했을 때 세상은 경악했다. 인디애나대학에서 현실적인 성교육을 바라는 학생들의 요구에 따라 부부의 성행위를 다루는 '결혼강좌' 강의를 맡게 된 그는 섹스에 관한 임상적인 데이터가 전무하다는 것을 알고 학문적 미개척 분야인 섹스에 관한 연구를 시작했다. 그는 개인의 은밀한 성생활 습관과 방식 등을 조사하기 위해 남녀 1만2천 명을 대상으로 인터뷰를 진행했다.

2009년 1월 6일 〈경향신문〉

킨제이 등급

0 - 절대적인 이성애자.
1 - 이성애자에 가깝지만, 부분적으로 동성애적 기질을 나타냄.
2 - 이성애자에 가깝지만, 동성애적 기질이 1등급보다 큼.
3 - 양성애자.
4 - 동성애자에 가깝지만, 이성애적 기질이 5등급보다 큼.
5 - 동성애자에 가깝지만, 부분적으로 이성애적 기질을 나타냄.
6 - 절대적인 동성애자.
X - 성적 지향성을 가지지 않는 사람.

킨제이 등급은 킨제이 보고서(《남성의 성적 행동 Sexual Behavior in the Human Male, 1948》과 《여성의 성적 행동 Sexual Behavior in the Human Female,1953》의 통계자료)에서 제시된 등급으로 숫자가 높을수록 동성애자에 가까워진다는 의미다.

동물학자 킨제이[Alfred Charles Kinsey]는 한 편의 보고서로 하루아침에 음란한 성 전문가(?)로 추락하고 말았다. 현대인의 성생활에 관한 연구를 토대로 발표된 킨제이 보고서에 따르면 조사 대상 중 무려 37퍼센트의 남성들이 쾌락을 동반한 동성애 경험을 최소한 1회 이상 가졌다고 한다. 이는 동성애자가 극소수일 것이라는 고정관념을 깨며 엄청난 파장을 몰고 왔다.

킨제이 보고서가 새삼 새로울 것은 없었다. '동성애' 키워드가 오랜 세월 금기시되었던 반면, 동성애에 대한 역사적 증거는 의외로 많기 때문이다.

동성애의 역사는 우리가 알고 있는 것보다 훨씬 오래되었다. 오랜 시간 동안 동성애, 특히 남성 동성애는 성장 과정의 일부분으로 인식될

킨제이와 동료 연구원들. 인디애나대학 동물학 교수를 지낸 킨제이는 록펠러재단과 국가과학위원회의 후원으로 인간의 성적 행동을 연구하였으며, 동성애에 관한 연구결과를 담은 킨제이 보고서를 발표했다.

만큼 흔한 일이었다. 그리스시대 동성애자들의 사랑에는 스승과 제자, 가르침을 전하는 사람과 받는 사람의 관계까지 넓게 포함됐다. 그러나 14세기에 들어서면서 동성애에 대한 기존의 관대함이 사라지기 시작

했다. 15세기 초 이탈리아의 한 성직자는 남자 아이의 부모들이 곱상하게 차려입힌 자신의 아이가 성인 남성들에게 주목받는 것을 좋아한다며 분개하기도 했다. 사회적인 관대함이 사라지면서 제도적인 압박도 거세졌다. 그런데 이상한 점은 대부분의 재판에서 피해자는 하층민 소년들이었다는 점이다.

그렇다면 동성애는 일부 하층민에게만 나타는 독특한 성문화였을까? 물론 남아 있는 문헌상으로는 동성애의 절대 다수가 하층민인 것으로 보인다. 동성애를 다룬 재판 기록 중 피해자 대부분이 하층민이기 때문이다. 그렇다면 가해자는 어디 있을까? 이 재판의 이상한 점은 피해자는 있는데 가해자가 없다는 것이다. 가해자는 문서에 남지 않을 만큼 부와 권력이 있는 계층이었다는 것을 추측할 수 있을 뿐이다. 그다지 많지 않으나 꽤 저명한 인사(?)들의 담소나 편지 속에서 동성애에 대한

미묘한 뉘앙스를 찾아볼 수 있다.

그런데 이 일부 계급들의 동성애는 재판에 고발되는 동성애와는 양상이 조금 달랐다. 그들은 동성애를 진정한(?) 남자가 되는 과정에서 겪는 통과의례쯤으로 생각했다. 물론 이 통과의례에 대한 개념은 권력층의 전유물이었다. 동성애를 다룬 재판에서 가해자인 상류층에 대한 처벌은 거의 없었는데 피해자인 하층민이 극형을 받는 일이 허다했기 때문이다. 하층민이 아님에도 극형에 처해지는 경우는 성인 남성이 동성애 행위 중 수동적인 역할을 하다가 적발됐을 때였다. 하층민의 경우는 그렇다 치고 성인인 남자가 수동적인 여성의 역할을 맡는 것을 극형으로 다스린 이유는 무엇일까?

당시엔 동성애를 수동적인 입장에서 주도적인 역할을 맡는 남성의 과도기 행동으로 생각했다. 따라서 어려서는 여성적인 역할을 맡았다 할지라도 성인이 된 후에는 남성의 역할을 맡아야 하는 것이 당연했다. 사람들은 동성애 자체보다도 다 큰 성인이 아이들이나 여자들이 맡아야 하는 수동적인 역할을 맡는 것을 더 금기시했다. 남성의 권위에 대한 도전과 위협이라고 생각했기 때문이다.

동생애도 남녀차별!
사랑과 우정 사이?

그렇다면 여성들의 동성애는 어떻게 다루어졌을까? 당연히 남성의 역할을 하려는 여성 또한 처벌받아야 마땅하지 않았을까? 그러나 이 문제는 조금 다르게 해석됐다. 남성애와 달리 여성애는 레즈비언을 처벌

동성 간 결혼 합법화 시위. 현재 벨기에·네덜란드 등 몇몇 국가에서는 동성 간의 결혼이 합법화되었다. 미국의 경우 메사추세츠 주에서 가장 먼저 동성 간의 결혼이 합법화된 이래 최근에는 워싱턴 주까지 점차 합법화되는 추세다.

하는 법 규정조차 존재하지 않았다. 1777년에 이루어진 한 재판에서 한 여성이 남장을 하고 여러 여자와 결혼을 한 사건이 다뤄졌다. 그런데 놀랍게도 이 재판에서 남장을 했던 여성은 사기죄로 기소되었다.

'풍기 문란 죄'도 아니고 '계간죄'도 아닌 '사기죄'로 기소된 이유는 가해자가 남성의 권위에 도전할 의사가 없으며 단지 피해자들의 재산을 노린 것으로 간주했기 때문이었다. 이 재판에선 여자들의 동성애에 대한 문제는 거론조차 되지 않았다. 당시엔 삽입과 정액의 사정만이 쾌락이라고 믿었다. 당연히 이 두 가지가 없는 레즈비언의 성행위는 쾌락과 상관없는 것이기 때문에 처벌할 이유가 없었던 것이다. 이 얼마나 남근 중심의 성 인식인가!

하지만 오랜 세월 남성의 성적 우월성을 강조한 규범과 인식은 우리

호주 시드니 마디그라스. 매년 시드니에서 열리는 동성애 축제로, 1978년 6월 시드니의 동성애자와 성전환자들이 동성애 차별법에 대항하기 위해 행진한 것에서 시작되었다.

의 머릿속에 거의 세뇌수준으로 작용했다. 심지어 19세기 중반까지 이루어졌던 상류층의 레즈비언 문화는 낭만적인 우정으로 간주됐다.

남색은 권력층과 상류층의 비호 아래, 여색은 사랑도 아닌 우정이라는 명목 아래 이리저리 명맥을 유지해오던 동성애가 철퇴를 맞기 시작한 것은 산업혁명 전후였다. 일찌감치 동성애에 대해 엄격하게 규제했던 영국은 18세기 프랑스와 전쟁을 치루면서 남성성을 강조하기 시작했다. 대제국으로 거듭나는 영국의 입장에선 공격적이고 주도적인 남성의 이미지가 절대적으로 필요했으며, 때문에 남성성을 해치는 어떠한 동성애도 용납하지 않았다. 19세기 산업혁명이 시작되면서부터는 사회적 혼란을 잠재우기 위한 마녀사냥의 일환으로 동성애에 대한 처벌이 횡행했다. 오늘날의 남성 중심의 가부장제의 기반은 거의 이 시기에 만들어졌다고 해도 과언이 아니다.

동성애의 옳고 그름에 대한 판단은 매우 어렵다. 사실 동성애의 문제를 거론하기에 앞서 우리가 논해야 할 것은 아직도 지극히 남성 중심의 성 인식과 문화가 많이 남아 있다는 것이다. 실제로 강간을 처벌할 때조차 피해자인 여성의 반항 여부가 기준이 되던 시기가 바로 얼마 전이다.

성은 마치 우리가 먹고 마시며, 자고 즐기는 것처럼 자연스러운 욕구이며 역사적으로 당연히 이루어져야 하는 생산적인 욕구다. 성 문화가 많이 개방되었다고 하지만 성과 사랑, 욕망에 대한 편견은 그 어떤 사회적 도덕적 편견보다 확고하다. 그래서 우리에겐 모든 것을 뛰어넘는 사랑의 역사는 아직 존재하지 않는다.

17

백년전쟁은
프랑스의 자존심 전쟁이다?

프랑스는 와인 천국이다. 얼마 전 야후닷컴이 전 세계 국가별로 연상되는 단어를 설문 조사한 결과 '와인=프랑스'였다. 사실상 프랑스 전역이 포도밭이지만 그중에서 보르도는 프랑스 와인의 역사이자 심장부다. 부르고뉴라는 강력한 경쟁자가 있지만 생산량이나 브랜드 가치 면에선 보르도에 미치지 못한다. 보르도는 프랑스를 떠나 하나의 와인 브랜드로 커졌으며 토착 포도 품종인 카베르네 소비뇽, 카베르네 프랑, 메를로, 소비뇽 블랑, 세미용 등도 덩달아 전 세계로 팔려나가고 있다. 물론 국내에서도 보르도 와인이 가장 많이 팔리고 있다

2009년 1월 15일 〈한국경제매거진〉

프랑스의 보르도 지방은 세계 최대 고급 와인 산지다. 1152년 보르도 지역의 공작 딸과 영국 황태자의 결혼을 계기로 보르도 와인이 영국에 수출되어 체계적인 생산이 이루어졌다.

"프랑스에서 와인을 만드는 것은 하나의 특권이다." 이 말은 '샤토 몽브리종'이라는 메독 와인의 소유주, 로랑 본데 헤이든의 말이다. 목에 힘이 잔뜩 들어간 그의 어조에서 느낄 수 있듯이, 와인은 오랫동안 프랑스인에게 자존심 그 자체였다. 오죽하면 보르도 지방 와인의 우수성을 알리기 위해 선정한 5대 샤토를 프랑스인의 자존심이라 하겠는가!

그러나 자존심은 자존심일 뿐. 자존심에 상처받았다고 전쟁을 일으키는 무모한 인사는 많지 않을 것이다. 게다가 와인은 주식도 아닌 주류일 뿐이다. 그러니 영국과 프랑스가 100여 년에 걸쳐 싸운 '백년전쟁'의 원인이 한낱 주류에 불과한 와인 때문이라면 얼핏 이해가 가지 않을 것이다. 사실 이해가 가지 않는 것이 정상이다. 우리가 서민의 자존심, 소주를 가슴 깊이 사랑하지만 그렇다고 이것 때문에 전쟁을 하진 않을 테니 말이다.

그렇다면 와인 때문에 백년전쟁이 일어났다는 것은 거짓일까? 정말 그 술 하나 때문에 그토록 오랜 전쟁을 할 수 있는 것일까? 자, 이쯤해서 쏟아내고 싶은 모든 궁금증을 잠시 접어두고 냉정하게 생각해보자. 와인 때문에 벌어진 전쟁이라면 왜 '와인전쟁'이라고 하지 않고 '백년 전쟁'이라고 했을까? 보르도 와인이 세계 최상의 품질이라고 하더라도 100여 년에 걸친 국고 낭비와 수많은 희생을 치를 만큼 가치 있는 것이 었을까? 차라리 다른 곳의 와인을 가져다 마시는 것이 합리적이 지 않 았을까? 결론부터 말하자면 백년전쟁은 와인이 결정적인 화근이 되어 발발한 전쟁은 아니었다. 하지만 와인이 전쟁 발발에 기폭제가 되었던 것만큼은 사실이다. 한 마디로 백년전쟁은 잉글랜드가 프랑스의 자존 심에 이리저리 상처를 입혔기 때문에 발발했으며, 그 안엔 당연히 경제 적인 계산이 깔려 있었다.

백년전쟁의 화근, 꼬인 족보

혹자들은 백년전쟁의 화근으로 잉글랜드의 헨리 2세와 결혼한 프랑스의 왕비, 엘레오노르를 지목한다. 물론 그녀의 이혼과 재혼이 빌미가 되어 백년전쟁이 일어난 것은 사실이다. 그러나 백년전쟁의 대의명분은 그야말로 꼬인 족보와 그

퐁테브로 수도원에 있는 헨리 2세와 엘레오노르 다 키텐 조각 모형.

봉건 국가의 기초를 다진 정복왕 윌리엄 1세.

족보만큼 이해하기 힘든 주종관계 때문에 발생했다. 잉글랜드의 왕이 프랑스 왕의 친척이 되어 서로 왕권을 주장할 수 있었고 그도 모자라 잉글랜드의 왕이 프랑스의 공신이 되는 이상한 주종관계는 윌리엄 1세의 잉글랜드 정벌부터 시작됐다.

윌리엄 1세는 프랑스의 센 강 하류 지역에 위치한 노르망디 공국을 다스리는 공작으로, 왕위 다툼과 분열로 혼란에 빠진 잉글랜드를 정벌하여 스스로 잉글랜드의 왕이 되었다. 평생 잉글랜드보다 프랑스에서 사는 시간이 길었으며, 윌리엄 1세는 영어는 한 마디도 못했지만 잉글랜드에서 벌어진 크고 작은 반란을 성공적으로 진압했다.

문제는 그의 사후에 벌어졌다. 프랑스 노르망디 공이 잉글랜드의 왕이라는 이상한 타이틀도 문제였지만 그가 맏아들에게는 노르망디 공의 지위를, 셋째 아들 윌리엄에게는 잉글랜드 왕위를 물려주면서 일이 꼬이기 시작했다. 아무리 형제지간이라고 하나 한 사람이 두 가지 역할을 하는 것과 다른 사람이 각각 이 역할을 나눠 갖는 것은 여러 면에서 다르다.

세월이 흐르면서 윌리엄 1세가 정복한 잉글랜드는 국력이 신장되어 제법 나라다운 면모를 갖추어, 통째로 정벌한 일은 벌어지지 않았다.

반면, 잉글랜드는 프랑스 내 노르망디 공국에 대한 지배권을 행사하면서 프랑스 내 잉글랜드의 영토를 보유할 수 있었다. 때문에 백년전쟁 전에도 프랑스와 잉글랜드는 왕위와 영토를 놓고 크고 작은 전쟁을 치러야 했다.

여자 때문에 발발한 전쟁?
전쟁의 씨앗을 뿌린 엘레오노르

프랑스 영토 내에 잉글랜드 왕의 실질적인 영토가 있다! 당연히 프랑스 왕의 입장에선 꽤 신경 쓰이는 문제였다. 게다가 헨리 2세에 이르러서는 양국 귀족과 왕가의 결혼 등으로 '앙주' 까지 잉글랜드 왕의 영토로 편입되었다. 시간이 지날수록 프랑스 내 잉글랜드 왕의 영토가 점점 넓어졌고, 급기야 프랑스 왕보다 잉글랜드 왕의 영토가 더 넓어진 순간도 있었다. 양국이 이 문제로 심각한 갈등을 빚을 것이라는 것은 불을 보듯 뻔했다.

아나나 다를까 프랑스와 잉글랜드가 영토 때문에 한판 붙는 일이 벌어졌다. 잉글랜드의 헨리 2세와 결혼한 왕비가 지참금으로 가져온 프랑스 땅이 문제가 된 것이다. 헨리 2세와 결혼한 왕비는 이미 결혼 전에 프랑스의 왕비였다. 유럽 사상

엘레오노르 다키텐. 당시 유럽에서 가장 영향력 있는 여성으로 프랑스 루이 7세의 왕비였으며, 잉글랜드 헨리 2세의 왕비이기도 했다.

최초로 프랑스의 전 왕비이자 잉글랜드의 왕비였던 여인, '엘레오노르 다키텐'. 그녀는 이혼이 금지되었던 중세에 결혼 무효 재판을 벌이면서까지 이혼을 감행, 재혼에 성공한 여장부였다.

헨리 2세와 결혼할 당시 37세이었던 엘레오노르는 프랑스에서

아키텐. 프랑스의 남서부에 위치한 곳으로 포도밭이 유명한 보르도가 이곳의 중심지다.

가장 영향력 있는 아키텐 공국의 유일한 상속녀였다. 그녀의 가장 큰 매력은 당연히 경제력이었다. 때문에 첫 번째 결혼에서도 프랑스 왕비라는 타이틀을 가볍게 거머쥘 수 있었다.

루이 7세와 결혼한 엘레오노르는 십자군 원정에 함께 참여하는 등 활발한 정치 활동을 펼쳤다. 그러나 비용 대비 별다른 성과가 없었던 십자군 원정 때문에 부부 사이가 소원해지고 설상가상으로 엘레오노르의 간통 스캔들이 꼬리에 꼬리를 물면서, 결국 1152년 루이 7세와 이혼하고 말았다. 이 부부의 공식적인 이혼 사유는 '너무 가까운 친척 관계' 때문이었지만, 사람들은 엘레오노르의 간통이 결정적인 원인이라고 수군거렸다. 아니나 다를까 이혼 서류에 잉크가 마르기 무섭게 바다 건너

잉글랜드 왕과 재혼한 그녀가 아닌가!

> 말도 많고 탈도 많은 엘레오노르의 이혼을 두고 소문도 많았다. 그중에
> 선 엘레오노르가 루이 7세와 이혼한 이유가 수염 때문이라는 주장도
> 있었다. 루이 7세가 수염이 거추장스럽다며 깎아버리자 매력이 없어졌
> 다며 다시 기를 것을 권유했지만 루이 7세가 거절해 헨리 2세와 바람
> 이 났다는 것이다. 루이 7세가 부인을 돌려달라고 부탁했지만 헨리 2세
> 는 손안에 날아든 참새라며 부탁을 거절했고, 루이 7세가 분을 참지 못
> 해 전쟁을 일으켰다는 것이다.
>
> 박철규, 《역사의 뒷담화》

엘레오노르의 이혼과 재혼을 두고 수많은 이야기가 오갔지만 모두 명
확한 증거가 없는 그야말로 '소문' 일 뿐이었다. 결혼은 환상이 아니고
현실이라고 문제는 왕실 간의 복잡한 애
정문제가 아니라 경제적인 측면에서 발
생했다.

루이 7세와 결혼할 때처럼 헨리 2세
와 재혼한 엘레오노르는 아키텐 공국의
영지를 지참금으로 가져갔다. 아키텐
공국 영지엔 대대로 프랑스 최고의 와
인 생산지인 보르도도 있었다. 오염된
식수 때문에 스페인 등에서 비싼 세금
을 내며 와인을 수입하던 잉글랜드가
이를 마다할 리 없었다. 얼마 지나지 않

엘레오노르와 이혼해 백년전쟁
의 원인을 제공한 루이 7세.

아 잉글랜드는 보르도 와인의 최대 수입국이 되었다. 그런데 보르도에서 아무리 와인을 많이 팔아도 그곳의 수입은 프랑스의 것이 아니었으니, 프랑스가 최대 와인 생산지임과 동시에 막대한 이익이 발생하는 보로도를 되찾고 싶어한 건 당연한 일이었다.

역사적으로 의미 있고 사회에 큰 영향을 미친 집단 광기를 설명한 《대중의 미망과 광기》의 저자 찰스 맥케이는 "그녀^{엘레오노르}는 프랑스의 영토를 잉글랜드에 선사함으로써 두 나라가 수 세기에 걸쳐 기나긴 혈전을 벌이는 계기를 만들었다"고 주장했다. 역사가들 역시 엘레오노르의 무모한 이혼과 재혼이 백년전쟁의 암묵적인 원인이라고 주장하고 있다.

와인 + 모직 + 왕관 = 백년전쟁

1337년부터 1453년까지 116년 동안 계속된 백년전쟁! 잉글랜드가 프랑스를 침공하면서 벌어진 이 전쟁은 이상하게 프랑스 본토에서만 전쟁이 벌어졌다. 명분은 잉글랜드의 왕 에드워드 3세가 공석이 된 프랑스의 왕좌에 대해 권리가 있다는 것이었다. 어머니가 프랑스의 공주였던 에드워드 3세는 아들 없이 사망한 필리프 3세의 뒤를 이을 가장 가까운 친척이었다. 하지만 잉글랜드의 왕이 프랑스의 왕이 된다면 프랑스의 운명은 어찌된단 말인가?

잉글랜드의 입장에선 절호의 기회였고 프랑스의 입장에서 보자면 빨리 묘책을 내놓아야 할 위기 상황이었다. 만약 잉글랜드의 왕이 프랑스 왕좌에 오르게 되면 어찌되었든 프랑스는 잉글랜드의 영향력 아래 놓이는 게 아닌가! 하지만 잉글랜드의 에드워드 3세는 끝내 프랑스의 왕이 되지 못했다.

우여곡절 끝에 프랑스 왕이 된 필리프 6세는 눈엣가시 같던 잉글랜드를 견제하고자 아키텐 지역을 무력으로 점령하고 이곳을 몰수한다고 선언했다. 그러자 에드워드 3세는 모직 산업으로 유명한 프랑스의 플랑드르에 양모 수출을 빌미로 근처 지방 도시들의 종주권을 주장, 동맹을 맺어

에드워드 3세. 재위 중 백년전쟁에서 승리를 거두어 서남 프랑스와 칼레의 영유권을 인정받았다.

프랑스를 압박했다. 플랑드르는 프랑스의 영토였지만 경제적 지배권은 잉글랜드에 있었다. 보르도 지방에 이어 플랑드르까지 잉글랜드의 손아귀에 들어갈 상황이 되자 프랑스는 불안해졌다. 에드워드 3세가 걸고넘어진 왕위 계승 문제는 명분에 불과할 뿐, 백년전쟁은 보르도와 플랑드르를 다시 탈환하기 위해 시작되었다고 보아야 한다.

딱히 무엇이 결정적인 원인이 되었다고 말하기 어려운 백년전쟁은 이래저래 100여 년이 넘도록 휴전과 전쟁을 반복하며 계속됐다. 그리고 1453년 잉글랜드의 거점인 보르도가 함락되면서 전쟁이 종결되었다.

싸우고 휴전하기를 반복했다고 하지만 전쟁은 초기 10년, 후반기 30여 년을 빼면 대부분 양국의 내부적인 문제나 전염병 때문에 휴전 상태였다. 백년전쟁이라는 타이틀이 무색하게 싸움 한 번 거창하게 하지 못

백년전쟁. 잉글랜드와 프랑스 간에 벌어진 전쟁으로 1337년 발발해 무려 116년 동안
여러 차례 휴전과 전쟁을 되풀이했다.

했지만 전쟁이라는 오랜 대치 상황은 양국에 많은 영향을 미쳤다.

일단 이 백년전쟁을 끝으로 잉글랜드는 유럽 대륙에 대한 야망을 버리고 자국의 발전에 매진하게 되었다. 게다가 백년전쟁 뒤 발발한 귀족 간의 내전^{장미전쟁}으로 중앙 집권화의 발판을 마련할 수 있었다.

프랑스의 경우 오랜 전쟁으로 기사와 귀족의 세력이 약해지면서 봉건 제도가 무너지고 신흥 부르주아 계급이 성장하기 시작했다. 그리고 전쟁으로 국왕의 상비군이 강화되면서 왕권이 더욱 강화되었다.

가깝지만 먼 이웃, 영국과 프랑스. 이 두 나라에 아직도 남아 있는 민족감정은 이와 같은 역사적인 배경으로 설명할 수 있을 것이다. '프랑스인'이라는 국민 감정도 반영 감정에서 시작되었다고 볼 수 있다. 이 두 나라가 서로 화해하며 손을 잡게 된 것은 1854년 크림전쟁을 기점으로 보고 있으니 오랜 세월 양국이 얼마나 앙숙이었는지 짐작할 만하다. 후에 유럽 대륙의 문제아 독일이라는 공동의 적이 없었다면 이 두 나라의 동맹과 화해는 더 늦게 이루어졌을지도 모른다. 지금은 서로가 사이좋게 보르도 와인을 마시면서 옛날이야기를 하는 사이라도 말이다.

너무 어려운 와인 용어 '빈티지'와 '샤토'

와인은 친숙하지만, 알기 어려운 술이다. 종류도 너무 많을 뿐만 아니라 용어도 어렵기 때문이다. 그냥 이것저것 섞어 마시고 취하는 목적으로 마시는 일부 주당들에겐 그다지 좋은 술이 아닐 수도 있다. 도대체 와인은 왜 이렇게 어려운 걸까? 와인을 어렵게 만드는 용어들 중 들어도 아리송한 대표적인 용어 두 가지를 살펴보자.

'빈티지'를 라벨로 알고 있는 사람들이 의외로 많은데, 라벨과 빈티지는 다르다.

라벨은 한 마디로 그 와인에 대한 정보를 집약적으로 요약해놓은 이름표다. 누가 언제 어떤 포도로 만들었는지를 한눈에 볼 수 있는 '종이 표'라고 할 수 있다.

반면 빈티지는 와인의 원료인 포도를 수확한 해를 의미한다. 그야말로 풍작인 해와 그렇지 않은 해를 가리는 일종의 표시일 뿐, 정확하게 좋은 와인을 뜻하는 말은 아니다. 흔히 좋은 와인을 가리켜 빈티지 와인이라 하는데, 오랜 시간이 지난 후에도 멋스러운 복식을 뜻하는 '빈티지'한 용어가 시간이 지날수록 숙성되어 그윽한 맛과 향을 풍기는 와인을 뜻하는 말로 굳어졌기 때문이다.

자, 그럼 흔히 말하는 '샤토'는 또 무슨 말일까? 샤토(Chateau)란 단어는 원래 성곽이나 요새를 뜻하는 말인데, 와인에서는 포도원이나 양조장을 가리키는 말이다. 샤토는 와인 중에서도 프랑스 보르도 지방의 와인 이름에 붙어 있다. 이는 보르도 지방의 포도밭이 매우 넓기 때문에, 그 밭에서 생산된 와인의 종류가 많아, 밭에 따라 구분하기 위해 '샤토'라는 이름을 붙이게 된 것이다.

18

자원을 둘러싼 공식, 세계사 – 석유 = 평화?

열매가 많이 열린 나무가 한 그루 있다. 예전에는 키가 닿는 정도의 높이에서도 열매를 쉽게 딸 수 있었다. 그런데 열매를 계속 따다 보니까 이제는 키보다 높은 곳에 있는 열매를 따야 하는데, 맨손으로는 역부족이다. 사다리도 놓아보고 다른 사람도 불러야 한다. 열매 따기에 그만큼 비용이 증가하는 것이다. 원유도 마찬가지다. 피크 오일 이론이 설득력을 갖는 이유 중 하나는 우리가 채굴하기 쉬운 원유는 이미 다 캐서 앞으로는 채굴하기 어려운 원유밖에 남지 않았다는 주장들 때문이다.

최진기, 《최진기의 생존 경제》

* 피크 오일 이론 : 원유 생산량이 기하급수적으로 확대되다가 정점에서 급격히 줄어드는 현상으로 석유 매장량이 아닌 석유의 채취 여부와 관련이 있다.

인류의 역사를 돌이켜보면 석유만큼 우리에게 정치적, 경제적, 군사적으로 막대한 영향을 끼친 자원은 없었다. 그리고 인류를 이처럼 두려움에 떨게 한 자원도 없었다. 우리는 항상 석유가 고갈될 것을 염려하며 에너지 대란에 대해 끊임없이 걱정한다. 이제는 석유가 없으면 인류의 운명도 끝날 것 같은 세상이 왔지만, 그리 멀지 않은 과거에는 그렇지 않았다. 석유가 등장하기 이전에도 사람들은 별 무리 없이 잘 살았다. 농업사회에서 공업사회로 이전하게 된 산업혁명도 석유가 아닌 석탄이 그 중심에 있었다. 그런데 어쩌다가 인류는 석유에 모든 운명을 걸게 된 것일까?

석유가 오늘날처럼 광범위하게 쓰이게 된 것은 사실 얼마 되지 않았다. 석유가 폭발적으로 쓰이게 된 것은 엔진의 발명 때문이었다. 디젤과 가솔린 같은 원료가 사용되는 엔진은 인류 역사를 완전히 뒤바꿔놓았다. 엔진을 사용하는 자동차가 등장하면서 공간과 시간의 제약은 더 이상 무의미해졌다. 인류는 더 빠르고 더 편리하게 이동할 수 있는 편리함을 얻은 대신 빠르게 석유 에너지 시대를 향해 돌진했다.

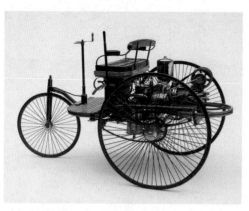

가솔린 엔진을 부착한 최초의 3륜 자동차.

엔진은 편리한 만큼 위험했다. 내부 연소 엔진을 장착한 대형 선박은 많은 물건을 보다 빠르고 안전하게

이동시키기도 했
지만 전쟁에도 이
용됐기 때문이다.
석유가 없었다면
세계대전은 불가
능했을지도 모른
다. 아마도 이동의
한계 때문에 대부
분 국지전으로 끝

해저유전에서 원유를 뽑아올리고 있다. 해저유전은 해안에서 바다에 걸친 비교적 수심이 낮고 경사가 완만한 대륙붕에 매장되어 있다.

났을 것이다. 이가 없으면 잇몸으로 산다고 석유가 없으면 석탄으로 엔진을 돌리면 되지 않느냐는 의문을 제기할 수도 있을 것이다.

석탄과 석유는 같은 화석 연료지만 석유는 석탄에 비해 훨씬 사용하기 쉽고 편리하다는 장점이 있다.

석탄은 항해 도중에 반드시 석탄을 공급받을 수 있는 항구에 들러야 하는 반면 석유는 항해 도중에도 연료를 공급받을 수 있었다. 또, 석유를 사용하면 더 멀리 이동할 수도 있었다. 석유는 석탄보다 저장과 운송이 간편하고 비용 절감에도 유리했다. 석유는 속도전에 있어서 없어서는 안 될 중요한 요소였다. 때문에 많은 강대국들은 석유를 국가 안보와 직결시켜 생각하곤 했다.

한 예로, 1913년 해군 연료를 석탄에서 석유로 바꾸는 법안을 승인받은 처칠은 "석유를 구하지 못한다면 옥수수도, 면화도 구할 수 없다. 대영제국의 경제적인 에너지 보존을 위해 필요한 상품도 구입할 수가

석탄을 운송하는 트레인. 석탄을 이용한 증기기관차가 개발되면서 산업혁명이 시작된 이래, 석탄은 인류의 중요한 에너지원이었으나, 석유가 등장한 1910년대부터는 여러 장점으로 인해 석유의 중요성이 부각되었다.

없다"며 석유의 중요성을 강조했다.

시간이 지나 제1차 세계대전이 끝나자 국가 안보 차원에서 석유의 중요성이 더욱 부각되었다. 나프타, 가솔린, 그리고 디젤이 항공기, 해군 선박의 주 연료로 사용되기 시작했기 때문이다. 더 많은 석유를 보유한 국가가 전쟁에서 승리하는 건 당연한 일이었다.

제1차 세계대전이 끝나고 석유가 중요한 이슈가 되면서 대두된 문제는 석유가 생각만큼 충분하지 않다는 것이었다. 제1차 세계대전 이후 미국에서는 자국 내 유전이 최고 생산기를 지나 감소 추세라는 우려가 쏟아져나왔고 상원은 조만간 미국 내 석유가 고갈될 것이라는 보고서를 발표했다. 의외로 석유의 고갈이 빨리 올 것이라는 보고에 미국은 호들갑스럽게 국가 안보를 운운하며 대처했다.

이제 세계는 새로운 대륙을 찾아 망망대해를 떠돌아다니며 침략을 일삼던 1차 제국주의 시대에서, 어느 땅에 묻혀 있을지 모를 석유를 찾아다니며 침략전쟁을 해야 하는 2차 제국주의 시대에 접어들었다. 물론 예전과 같은 직접적인 침략전쟁은 통하지 않는다. 침략은 가진 거라곤 석유밖에 없는 나라에 필요 이상의 관심과 제재를 통해서 이루어졌다.

보이지 않는
침략전쟁

이미 영국은 오래전부터 중동, 이라크의 석유를 손에 넣기 위해 많은 사건을 벌였다. 후세인에게 아랍 연합의 설립 지원을 약속했고, 1916년 영국과 프랑스가 후세인에게 보상으로 허용한 영토를 분할하는 데 비밀 합의를 함으로써 메소포타미아와 팔레스타인에 대한 소유권을 인정받는 데 성공했다. 지구상의 어디에 얼마만큼 묻혀 있는지 알 수 없는 석유 때문에 중동은 열강들의 전쟁터 한가운데에 놓이는 신세가 되었고 열강들의 힘겨루기가 계속될수록 중동 지역의 문제는 복잡하게 꼬여갔다.

현재 석유가 가장 많이 매장되어 있으며 석유를 가장 많이 생산하고 있는 검은 황금의 땅 중동의 복잡한 문제는 여러 가지 원인이 복합적으로 얽혀 있다고 봐야 맞다. 하지만 이곳에 석유가 대량으로 매장되

사우디아라비아 석유화학 산업단지. 사우디아라비아는 세계 최대 석유 매장량을 보유한 산유국이다.

어 있지 않았다면, 그래서 이곳이 열강들의 절대적인 석유 공급지가 아니었다면 오늘날처럼 분쟁 지역이 되지 않았을지도 모른다.

열강들이 석유에 목숨을 걸자 석유를 가진 나라들은 이것이 큰 무기가 될 수 있음을 깨달았다. 처음 석유를 무기로 사용해 성공을 거둔 나라는 이집트였다. 1954년 36세의 젊은 나이로 정권을 잡게 된 나세르라는 인물은 이집트 민족주의자였지만 통일된 아랍 국가를 세우겠다는 목표를 가진 야심가이기도 했다.

나세르는 석유가 서방의 열강 국가에 맞설 수 있는 아랍 국가들의 효과적인 무기이므로 자원에 대한 권리를 아랍 국가들이 가져야 한다고 주장했다. 페르시아 석유 분야에 일하던 노동자들은 그의 주장을 바탕으로 아랍 민족주의 회복을 외치며 파업을 일으켰는데, 중동 내 나세르의 영향력을 저지하려는 영국과 프랑스의 움직임이 오히려 아랍 국가들의 단결을 몰고 왔다. 나세르의 석유를 무기로 한 아랍 민족주의는 순풍에 돛단 듯이 술술 풀려나갔고, 결국 세계에서 가장 큰 석유 매장지인 사우디아라비아가 아랍 연맹 결성을 주도하면서 열매를 맺게 되었다.

1956년 나세르는 미국과 영국이 아스완댐 건설 원조를 취소하자 자금 마련을 위해 수에즈운하를 국유화해 수에즈 전쟁이 일어났으나 국제 여론의 지지를 받아 해결했다.

나세르의 주도로 시작된 아랍 민족주의는

걸프전 당시의 모습. 이라크의 쿠웨이트 침공이 계기가 되어 미국 · 영국 · 프랑스 등의 다국적군이 이라크를 상대로 벌인 전쟁이다. 다국적군의 일방적인 승리로 끝나 이후 중동은 미국의 절대적인 영향 하에 새로운 질서로 재편되었다.

뜻밖의 결과를 가져왔다. 이전까지는 석유를 발굴하고 판매하는 데 발생했던 이익은 대부분 발굴에 성공한 열강들 차지였다. 그러나 상황이 바뀌었다. 석유 보유국들은 석유로 발생한 이익의 50대 50 배분 방식을 요구했다. 예전처럼 손 놓고 당하던 '대놓고 식민지' 들이 아니었다. 그들은 자신들의 요구가 당연하다는 것을 깨달았고 심지어 연합을 통해 열강들을 위협하기까지 했다. 결국 리비아가 55대 45로 이윤을 배분하는 계약을 체결하면서 아랍 국가들은 열강을 상대로 자신들의 자원에 대한 권리를 찾는 데 어느 정도 성공했다.

그러나 문제는 자원에 대한 권리는 찾았다 해도 그들은 고래 싸움에 낀 새우라는 것이다. 전쟁은 아랍 국가들의 의지와는 별개로 수시로 일어났다. 사막의 폭풍이라 불렸던 걸프전도, 석유를 확보하기 위한 노력의 일환으로 이란을 견제하기 위해 이라크를 느슨하게 풀어주었던 미국이 벌인 전쟁이었다.

현재도 인류는 석유가 바닥나는 그날까지 석유의 고갈과 석유에 얽힌 전쟁, 여기에 테러라는 위험까지 걱정해야 한다. 석유를 이용하는 편리함만큼 불안한 미래를 짊어져야 하는 운명은 어쩔 수 없는 것이다. 어쩌면 현대 역사에서 석유를 쏙 빼버리면 평화라는 단어가 빼꼼히 나올지도 모를 일이다. 자, 이쯤 되면 인류에게 있어 석유는 평화보다는 분쟁을 더 많이 가져다주었다고 말할 수 있지 않을까?

석유를 둘러싼 흥미로운 진실

'석유'는 과연 고갈될까?

세계 굴지의 에너지 회사 개발 담당 수석 부회장이었던 레오나르도 마우게리는 《당신이 몰랐으면 하는 석유의 진실》을 통해 석유의 위기는 오지 않을 것이라고 주장했다. 어느 누구도 석유가 어디에 얼마나 매장되어 있는지 알지 못한다는 것이다.

그렇다면 우리는 석유가 어디에 얼마나 매장되어 있는지 정말 모르는 것일까? 실제 그 누구도 아라비아반도에서 지금과 같이 엄청난 원유를 얻을 수 있을 것이라고 생각하지 못했다. 현재 아라비아반도의 사우디아라비아의 '알 가와르'라는 유전에서만 하루 약 550만 배럴이 생산되고 있다. 이곳은 세계에서 현재까지 가장 큰 유전이며, 사우디의 유전은 현재 절반 정도 개발됐다.

비관론자들의 주장과는 반대로 지구엔 아직도 꽤 많은 석유가 매장되어 있을지 모를 일이다. 다만 그것을 알아낼 과학적, 기술적인 발전이 우리에게 없을 뿐이다. 실제로 지구에 매장된 석유를 1백이라고 가정했을 때, 현재 우리 기술력으로 30퍼센트 정도밖에 채취할 수 없다고 한다. 그렇다면 기술이 발전할수록 채취량도 증가할 수 있는 것이 아닐까?

석유의 진실을 폭로한 저자는 사람들이 항상 석유가 부족하다고 생각하지만, 석유가 풍족한 시대를 살아왔다고 주장하고 있다. 사실 석유의 공급은 항상 수요를 넘어섰다. 생각해보면 가격 폭락이나 전쟁 같은 이유만 아니라면 석유는 중동에서만 생산되는 것이 아니기 때문에 의외로 초과 공급 상태일 수도 있다.

물론 석유는 한정된 자원이고 얼마나 묻혀 있는지 알 수 없기 때문에 석유의 미래가 불확실한 것만큼은 사실이다. 하지만 그 미래가 불확실하다는 근거 또한 없다.

19

아프리카엔
역사가 없다?

아프리카의 초원에는 야생이 살아 숨 쉰다. 기린과 같은 약한 동물에게는 푸른 초원에서 보내는 때가 평화롭기 그지없는 시간이다. 사자와 같은 맹수에게 쫓기는 시간은 그래도 곧 다가온다.

2010년 9월 1일 〈국민일보〉

"당신이 이곳에 처음 왔다면 입이 아니라 두 눈을 열어라."

아프리카 속담

식물과 초식동물, 육식동물이 상호 연결되어 절묘하게 균형을 이루고 있는 아프리카의 세렝게티.

자, 이제 눈을 활짝 뜨고 아프리카를 보자. 여러분이 본 아프리카는 과연 어떤 모습인가? 아니 그 전에 여러분의 머릿속에 각인된 아프리카는 어떤 모습인가? 드넓은 초원에 펼쳐진 야생동물의 세계인가? 아니면 불쌍하고 굶주린 아이들의 세계인가? 어린 시절 미국 흑백 드라마를 보고 자란 성인이라면 밀림의 왕 타잔을 떠올릴 수도 있을 것이다. 그리고 이 드라마를 기억하는 사람들은 대충 이런 공식을 머리에 새겨놓고 있는지도 모르겠다.

"아프리카 = 밀림 = 타잔의 고향"

아프리카엔 밀림만 있는 게 아니다. 더욱 기가 막힌 건 밀림이 타잔의 고향이 맞을지는 모르겠지만 타잔의 고향이 아프리카는 아니라는 것이다. 백인 남자가 가죽 팬티만 입고 식스팩을 거리낌 없이 매회 보여주기에 적절한 장소가 밀림이고 사람들이 잘 알지 못하는 곳을 생각하다가 아프리카까지 왔을 것이다. 그렇다면 우리가 아는 또 다른 아프리카의 모습은 무엇일까? 혹시 동물의 왕국 속 아프리카?

물론 야생동물을 다룬 다큐멘터리가 아프리카에서만 촬영된 것도 아니고 아프리카가 동물의 왕국이라고 말한 적도 없다. 하지만 아프리카의 야생동물을 소재로 한 다큐멘터리를 무수히 많이 봐온 우리는 매일같이 죽어나가는 아프리카의 에이즈 환자를 떠올리기보다 오늘 내일 멸종 위기에 처한 동물들의 생존을 더 걱정한다.

뿐만 아니라 우리는 아프리카의 역사에 대해서도 알고 있는 것이 거의 없다. 그나마 알고 있는 북아프리카 이집트의 역사에 대해서도 세계사는 아프리카 역사라고 말하기보다는 오리엔트 문명이라며 아시아 역사에 구겨 넣기 바빴다. 이집트는 아프리카 대륙에 있는데 왜 오리엔트 역사로 구분되는 것일까? 왜 우리는 아프리카 역사에 대해 이토록 알고 있는 것이 없을까? 다른 나라는 사정이 좀 다를까?

아시아 다음으로 큰 대륙이자 오랜 역사를 간직한 아프리카. 그런데도 알려진 것이 거의 없다.

불행히도 다른 어느 나라를 보아도 우리와 별반 다를 게 없다. 아프리카 역사에 대해 친절하고 호의적으로 기술한 이들은 그다지 많지 않다.

때문에 제대로

된 아프리카의 역사를 만나기 위해선 우리의 고정관념이 무참히 깨지는 과정과 우리의 인식을 분해 해체하는 과정을 거쳐야 한다. 마치 유목민의 역사를 알기 위해 정착민인 우리의 고정관념을 과감히 버려야 하는 것처럼……. 그래야만 아프리카에 살고 있는 다양한 민족을 '부족'이라 낮춰 부르지 않고, 그들이 변변한 글자가 없고 역사가 없고 그래서 중앙 집권 국가 하나 없이 문명이 뒤떨어진 곳이라고 생각하는 과오를 범하지 않을 것이다.

문자도 국가도 없는
아프리카 역사?

아프리카에 처음 도착한 유럽인들은 아프리카를 이해할 수 없었다. 이해가 불가능했다. 그곳에는 글자도 없었고 문화도 없었다. 으레 있어야 할 정부도 없었다. 적당한 그룹으로, 어쩌다 거대한 그룹으로 모여 살긴 했지만 국가란 시스템은 찾아볼 수가 없었다. 설상가상으로 유일신인 하나님도 몰랐다. 이럴 수가! 다른 건 몰라도 어찌 신성한 종교를 모르고 살 수 있단 말인가! 아프리카인들이 유럽인들보다 열등한 건 당연했다. 최소한 유럽인들의 입장에선 그랬다. 그래서 유럽인들은 아프리카에 개화가 필요하다고 생각했다. 그렇다면 정말 아프리카엔 역사가 없는 것일까? 아프리카는 시간이 멈춘 땅일까? 아프리카에 처음 발을 디딘 이방인의 눈에 비춰진 것처럼 글자가 없고, 기록한 역사가 없다고, 그 땅에서 살아온 이들의 시간들이 다 무의미한 것일까?

아프리카의 많은 역사는 그곳을 지나간 정복자들에 의해 무참히 삭제

되고 왜곡됐다. 그리고 철저히 짜맞춰 놓은 유럽 사관의 세계사에서 텅 빈 공간으로 남았다. 많은 역사 교과서는 코에 커다란 링을 걸고 머리는 산발이 된 채 퀭한 눈으로 카메라를 보고 있는 피그미족의 사진을 턱하니 실어놓고 아프리카를 설명하거나 두려움에 가득찬 커다란 눈으로 입에 빵조각을 집어넣고 있는 아이들의 사진을 보여주며 이것이 아프리카라고 말한다.

아프리카의 대부분 민족은 역사를 문헌으로 남겨놓지 않았다. 때문에 객관적인 사료만으로 역사를 연구하고 말하려는 사람들에게 아프리카는 미지의 대륙이며 연구할 가치가 없는 곳이다. 하지만 남겨진 사료가 언제나 믿을 만했던가를 생각해보면, 사료에만 의지해 역사를 말하는 것이 얼마나 위험한 것인가를 알게 될 것이다.

아프리카는 문자가 없는 곳이 태반이었다. 이집트엔 상형문자가 있었지만 대부분의 지역에선 자료로 남겨진 역사는 없고 구술 전승된 역사만이 있을 뿐이었다. 상황이 이렇다 보니 글로 남긴 역사를 연구하고 말하려는 사람들의 입장에서 보면 암흑 대륙으로만 남아 있는 실정이다.

우리 교과서 역시 아프리카 역사에 대해 실수를 범하고 있다. 중학교 사회 과정에선 중·남부 아프리카를 소개하는 장을 시작하면서 타잔과 제인이 때묻지 않은 자연에서 사랑을 나누던 곳이라고 묘사하고, 아프리카인들은 기쁠 때나 슬플 때나 노래와 춤으로 감정을 표현한다고 써놓았다.

이희수 외 6인, 《세계사 교과서 바로잡기》

서양인의 상상력이 집약된 드라마를 빗대어 아프리카를 묘사하고, 세계 어느 민족이나 희로애락을 춤과 노래로 표현하는데 유독 아프리카 민족은 항상 춤추고 노래하고 제사 지내는 사람들로 설명하고 있다.

우리는 인류의 어머니라고 알고 있는 이브에 대해서도 잘못 알고 있다. 우리는 인류의 어머니가 흰 피부를 가진 백인이라고 알고 있지만 사실은 다르다. 인간의 유전자를 연구하는 과학자들은 많은 혈통 중 유일하게 한 여성의 혈통이 오늘날까지 전해져오는 것을 발견했다. 그리고 학자들은 그 혈통이 아프리카 대륙에서 최초로 다른 지역으로 떠나갔던 한 여성의 혈통이라는 것도 발견했다. 과학자들은 그녀에게 '이브'라는 이름을 지어주었다.

인류 최초의 문명이라고 하는 4대 문명 중 하나인 이집트 문명도 아프리카 땅에서 시작됐다. 태양신 '라'를 섬기며 나일 강의 범람으로 비옥한 토지를 소유했던 이집트 문명은, 오늘날 우리가 쓰고 있는 달력인 태양력으로 1년을 365일로 기록해 사용했고 의학, 농업, 건축 분야에서 눈부신 발전을 거두었다. 그들이 건설한 피라미드는 현재 과학으로도 풀 수 없는 미스터리로 이집트 피라미드는 세계 불가사의에 속한다.

아프리카엔 이집트를 제외하고 오랜 세월 '국가'라는 개념이 모호했지만 대신 그들에겐 가족이라는 울타리가 있었다. 사실 아프리카 사람들은 국가보다 가족 단위의 결속력을 중요하게 생각한다. 중앙아프리카에 살고 있는 피그미 민족은 중앙 집권 국가가 없지만 가족 단위의 체계가 이를 대신한다. 그들의 언어에는 전쟁과 투쟁 같은 단어가 없다고 한다. 그들은 사사롭게 개인들이 재산을 축적하지도 않으며 가족 비슷한 공동체를 이루며 아이들도 모두 공동으로 양육한다.

루츠 판 다이크, 《처음 읽는 아프리카의 역사》

탄자니아의 독립운동가이자, 초대
대통령인 줄리어스 니에레레.

아프리카인들의 *끈끈한* 가족 공동체 개념은 국가에도 적용된다. 탄자니아 연합공화국의 초대 대통령이었던 줄리어스 니에레레 는 탄자니아 국가 이념에서 가장 중요한 것이 바로 가족 공동체라고 밝혔다. 민족과 성별, 사회적인 출신 성분에 상관없이 자유롭고 평화롭게 농사를 짓고 사는 '우야마^{가족 공동체}'는 그 대표적인 사례다. 줄리어스 니에레레는 탄자니아 우야마에서 가족이란 개인과 종족, 국경, 나라, 대륙을 뛰어넘는 개념이라고 했다. 우야마 안에서 가정이란 인류애를 실천하는 곳인 것이다.

아프리카가 발전이 없는 곳이고, 문명의 진화가 없기 때문에 역사가 없는 땅이라고 말하는 것은 누구의 생각일까? 무엇을 기준으로 그렇게 말할 수 있는 것일까? 거창한 문명이 시작되고, 문자로 역사를 기록하고, 중앙 집권 국가가 발생하고, 계급이 생겨나고, 다른 지역을 점령하고 착취하고, 기계 문명을 발전시키는 것……. 이것이 역사와 진화라면 아프리카에는 역사와 진화가 없다. 그리고 그런 기준으로 아프리카를 본다면 아프리카 역사에선 단 한 줄도 배울 것이 없다. 하지만 아프리카는 전혀 불행하지 않다. 오히려 아프리카 사람들은 '지배'를 위한 발전이 역사라고 말하는 사람들에게 *뼈아픈* 충고를 한다.

아프리카 인권 운동의 정신적인 지주이자 남아프리카공화국의 양심이라 불리는 데스몬드 투투 주교Archbishop Desmond Mpilo Tutu는 인종차별 철폐 운동가로서 전 세계에서 존경받는 교회 지도자 중 한 명이다. 그의 끊임없는 평화와 자유 의지는 1984년 노벨 평화상을 수상하면서 세상에 널리 알려졌다. 어느 날 투투 주교는 인터뷰를 하던 중 기자로부터 '아프리카 대륙의 평화와 정의를 위해 노력을 했

인종차별 철폐 운동가로 존경받고 있는 데스몬드 투투 주교.

음에도 불구하고 여전히 아프리카 대륙에 갈등이 난무하는 것이 실망스럽지 않느냐?' 라는 질문을 받았다. 그에 대한 투투 주교의 답변은 다음과 같았다.

"그래요. 당신 말이 맞습니다. 유럽 대륙이 그곳에서 시작된 두 번의 세계대전에서 거의 아무것도 배우지 못한 것 같아 이따금 몹시 슬퍼집니다. 유럽은 대체 어떻게 될까요? 아일랜드나 스페인의 바스크 지역 문제 등을 보십시오. 옛 유고슬라비아 지역 국가(세르비아, 크로아티아, 슬로베니아 등)들은 말하지 않더라도 말이죠. 유럽은 대체 언제쯤 역사에서 배우게 될까요?"

루츠 판 다이크, 《처음 읽는 아프리카의 역사》

20

매력적인 그녀를
조심하세요

팜 파탈(femme fatale)의 femme은 '여자', fatale은 '치명적인, 운명적인'이라는
뜻이다. 19세기 낭만주의 작가들의 작품에서 남성을 죽음에 이르게 만드는 치
명적인 매력을 지닌 여성으로 등장했고, 범죄와 폭력을 다룬 필름 누아르에서
는 남자 주인공을 타락시키는 여성으로 묘사됐다.

양귀비 같은 그녀,
팜 파탈

양귀비가 야릇하게 매력적인 이유는 다른 꽃보다 더 아름다워서가 아니라 위험하기 때문이다. 장미가 가시 때문에 아름다운 것처럼 양귀비는 소유할 수 없는 금기 때문에 매력적인 것인데, 마치 돌아보지 말라고 하면 더 돌아보고 싶고, 먹지 말라고 하면 더 먹고 싶은 것처럼 소유할 수 없기 때문에 더 간절해지는 것이다.

사람도 마찬가지다. 가까이하면 분명히 위험할 것 같은 사람은 이상하리만큼 매력적이다. 그런 면에서 남성을 압도하는 매력으로 끝내 죽음에 이르게 만드는 팜 파탈은 양귀비의 이중적인 매력을 지니고 있는 여성상이라고 할 수 있다. 우리는 팜 파탈과 만나게 되면 운명처럼 그녀들의 매력에 빠지게 될 것이라고 생각한다. 그런데 실제 역사 속에 등장하는 팜 파탈은 '운명적'이기보다는 '개인의 취향적'이고, '치명적'이기보다는 '개성적'이다. 한 마디로 영화 속에 등장하는 전형적인 팜 파탈과는 다르다는 말이다.

춤추는 팜 파탈?
춤추는 미녀 스파이?

시대를 아울러 미녀 스파이의 대명사로 불리는 '마타 하리Mata Hari'. 어쩌면 미녀 스파이라는 글만 보고도 그녀를 떠올리는 예리한 분들도 있을 것이다.

1876년 네덜란드 출생, 본명은 마르가레타 G. 젤러Margarete Gertrude Zelle.

어머니가 자바계 혼혈이었던 그녀는 어린 시절부터 올리브색 피부와 풍성한 검은 머리카락, 이국적인 외모로 주위의 시선을 끄는 아이였다. 부유한 환경에서 자랐던 그녀는, 아버지의 사업이 파산하자 난관에 부딪혔다. 난생 처음 겪어본 가난을 참지 못한 마르가레타는 한 네덜란드 장교가 낸 구혼 광고를 보고 결혼을 결심했다.

마타 하리와 그녀의 남편인 네덜란드 해군 장교 C. 맥클라우드.

해군 장교였던 남편을 따라 자바로 떠난 마르가레타는 그곳에서 두 아이의 엄마가 되었다. 그러나 행복할 것 같았던 결혼 생활도 잠시, 남편의 잦은 외도와, 갑작스러운 아들의 죽음을 견디지 못했던 마르가레타는 짧았던 결혼 생활을 정리하고 파리로 거처를 옮겼다. 이국적인 외모와 파격적인 노출, 그리고 신비한 동양의 춤을 곧잘 추었던 마르가레타는 이때부터 '마타 하리' 라는 이름으로 유명해졌다.

대중 앞에서 서슴없이 과감한 노출을 불사했던 그녀는 파리에서 무희로서뿐 아니라 유럽의 유명 인사들과의 스캔들 메이커로도 유명했다. 알려진 바에 의하면, 그녀와 관계 있던 남자들 중 상당수가 장교였으며, 고위층은 물론 왕족도 있었다고 한다.

진위를 떠나 소문 자체가 그녀를 더욱 신비롭게 보이게 했고, 루머가 많아질수록 그녀는 더 유명해졌다. 자고로 스파이란 은밀한 존재여야 하지만 마타 하리의 경우엔 조금 달랐다. 그녀가 유명한 무희였기 때문에 고위층과 쉽게 접촉할 수 있었고, 깊은 관계로 발전할 기회도 많았다. 특히, 마타 하리는 연합군 장교들과 친밀한 관계를 맺고 있었는데

마타 하리. 제1차 세계대전 당시 이중 스파이 혐의로 처형된 팜 파탈의 대명사이자 미녀 스파이의 대명사.

이를 유심히 살피던 독일군이 그녀를 스파이로 고용했다. 그러나 마타 하리는 독일측의 스파이뿐만 아니라, 연합군의 스파이로 독일측의 정보를 빼돌리는 역할도 담당했다. 이중 첩자로 활동했던 마타 하리는 그녀의 행동을 수상하게 여긴 독일군이 알기 쉽도록 해독된 암호문을 흘려 결국 연합국에 체포, 1917년 10월 15일 프랑스에서 총살됐다.

춤추는 **팜 파탈**의
죽음 뒤 밝혀진 **진실**

그런데 마타 하리가 총살로 죽은 뒤 80여 년의 세월이 지난 1999년, 영국 정보기관의 한 보고서가 공개되면서 그간 마타 하리의 스파이 행적이 사실과 다를 수 있다는 의견이 제기됐다. 영국 정보기관은 마타

하리가 독일군에게 중요한 군사 정보를 제공한 사실을 자백했다고 했지만, 이를 뒷받침할 수 있는 증거는 찾지 못했다고 밝혔다.

영국 정보기관의 발표 전부터, 마타 하리가 스파이가 아니었다는 소문이 있기는 했다. 왜냐하면 그녀가 독일에 전해줬다고 알려진 정보가 전세를 뒤집을 만한 결정적인 것이 없었기 때문이다. 그 정보가 얼마나 소소한 것들이었는지, 독일이 원한 것은 고위층의 가십이었다는 말이 나돌 정도였다. 때문에 마타 하리가 처형된 것은 스파이로 활동한 죄목이 아니라 전쟁에 대한 비판 여론을 무마시킬 희생양으로 선택된 것이라는 말도 있었다. 마타 하리는 독일군에게 돈을 받긴 했어도 어떠한 정보도 독일에게 제공한 적이 없다고 항변했고, 처형을 감행한 프랑스는 마타 하리가 스파이로 활동했음을 자백했다고 주장했다. 도둑이 자신의 모든 범행을 순순히 자백할 리 없지만, 본인이 시종일관 아니라고 하는데 어떻게 처형까지 갈 수 있었을까? 이 풀리지 않는 일의 전모는 이러했다.

그녀를 죽음으로 몰고간 사건은 1914년 유럽 한가운데서 터졌다. 알려진 바에 의하면 전쟁이 발발했을 당시 베를린에 있었던 마타 하리는 2만 마르크를 받는 조건으로 연합군의 정보를 독일 정보기관에 제공했다고 한다. 그리고 프랑스에서도 독일 고위층에 대한 정보를 수집해야 하는 스파이 역할을 제안받았다고 한다.

그런데 전쟁 당시 스파이 문제에 매우 민감했던 영국이 마타 하리를 스파이로 지목해 감시하고 있었고, 영국은 마타 하리를 자국은 물론 프랑스에 입국조차 할 수 없도록 조치했다. 이 상황에서 프랑스행을 감행했던 마타 하리는 프랑스에 입국하기 위해 독일군의 정보를 제공할 수밖에 없었다. 이 사건으로 마타 하리는 독일군에게도 스파이로 의심받게 됐다. 그녀가 이러한 위험을 감수하면서까지 프랑스에 입국하려 했던 이유는 프랑스에 있는 애인이 부상당했다는 소식을 들었기 때문이었다.

독일군의 암호문 때문에 이중 첩자의 혐의를 받게 된 마타 하리는 자신의 결백을 주장했지만 그녀의 항변은 받아들여지지 않았고, 프랑스 재판관은 마타 하리가 독일군에게 전달한 군사기밀이 연합군 5만 명을 죽일 수 있는 가치가 있다는 이유로 사형선고를 내렸다. 마타 하리는 1917년 10월 15일 차가운 바람이 부는 가을 외투를 벗고 나체로 사형장에 들어섰고 그녀의 시신은 해부용으로 넘겨졌다.

41세라는 젊은 나이에 생을 마감한 마타 하리는 오랜 시간이 흐른 뒤에도 여전히 시대의 팜 파탈, 미녀 스파이의 대명사로 남아 있다. 그녀가 유럽 사교계를 휘어잡는 인기 스타로 군림한 기간은 고작 7~8년에 불과했지만 그 기간에 발생한 수많은 스캔들과 소문, 수수께끼는 여전히 그녀를 더욱 신비롭고 매혹적으로 포장하고 있다.

21

20세기
최고의 스캔들 메이커?

"The loveliest girl in Vienna was Alma
The smartest as well.
Once you picked her up on your antenna
You'd never be free of her spell."
비엔나에서 가장 사랑스러웠던 알마,
가장 스마트하기도 하지요.
당신의 안테나에 그녀가 포착되면
그녀의 마력에서 절대 벗어날 수 없지요.

톰 레러, 〈알마〉

20세기 가장 유명한 팜 파탈이자, 유럽 저명인사들의 여신으로 알려진 알마 신들러Alma Schindler. 그녀의 본명은 알마 마리아 신들러, 별칭은 알마 그로피우스, 알마 베르펠이었다. 구스타프 말러, 발터 그로피우스, 프란츠 베르펠은 모두 그녀의 남편들이자, 위대한 예술가였다.

시대의 예술가들과 사랑하고 결혼하며 이별했던 알마. 이름만 들어도 그녀의

유명한 예술가들과의 관계로 이름을 알린 팜 파탈 알마 신들러.

연애사가 남다르다는 걸 알 수 있을 것이다. 그러나 이름에서부터 느껴지는 그녀의 굴곡 많은 연애사를 단순히 세 번의 결혼만으로 설명하긴 힘들다. 세 명의 남편 외에 수많은 예술가들의 사랑을 한 몸에 받았던 알마 신들러는 양다리의 고수였다. 그녀의 연애 생활에 공백기라는 건 존재하지 않았다. 알마 신들러의 사랑은 거의 대부분 양다리였으며, 그녀의 입장에서 보면 상대만 바뀌었다 뿐이지 항상 현재진행형이었다.

자, 이쯤 되면 그녀가 얼마나 매력적인 여인인지 무척 궁금할 것이다. 독자를 실망시키고 싶지 않지만 알마의 외모만 놓고 보면, 도대체

구스타프 말러. 웅대한 교향곡과 수많은 가곡을 작곡한 보헤미아 태생의 오스트리아 작곡가.

그녀의 어떤 매력에 수많은 남자들이 빠졌는지 이해하기 힘들다. 마타 하리처럼 섹스 어필한 것도 아니고 보는 순간 숨이 '턱' 하고 막힐 만큼 매력의 미모도 아니다.

그러니 오늘날과 같은 외모 지상주의에 좌절하는 분들이 있다면 그녀를 보면서 조금은 위안을 삼아도 될 듯싶다. 그녀의 외모는 언뜻 봐도 너무나 평범하기 때문이다. 그럼에도 불구하고 그녀를 팜 파탈로 꼽는 이유는 무엇일까?

시작부터 남다르다!
클림트의 연인

자신의 본명보다 천재 작곡가 구스타프 말러Gustav Mahler의 부인으로 알려진 알마 신들러. 그녀는 구스타프 말러를 신경쇠약에 걸리게 만든 장본인이다. 구스타프는 그녀를 다른 남자에게 빼앗길지도 모른다는 극한의 두려움 때문에 프로이트의 자문을 받을 정도였다고 한다.

1879년, 화가 에밀 신들러Emil Schindler의 딸로 태어난 알마 신들러는 어린 시절부터 예술가들과 어울리며 자랐다. 그녀는 아버지의 영향으로 미술은 물론 음악에도 천부적인 재능을 보였던 다재다능한 여인이었다. 그녀는 화가인 구스타프 클림트^{Gustav Klimt}의 친구이기도 했으며, 연인이기도 했다. 구스타프 클림트는 연인인 알마를 주인공으로 작품을 남기기도 했는데, 확실히 밝혀지지는 않았지만 〈키스〉의 여주인공이 알마라는 이야기가 있다.

클림트, 〈키스〉. 실제로 금박과 금색 물감을 자주 사용했던 '황금시기(golden period)'의 대표작 중 하나로 관능적인 에로티시즘의 걸작이다.

수많은 스캔들의 주인공이었던 알마는 22세가 되던 해 드디어 한 남자의 여인이 되었다. 그녀가 선택한 첫 남편이자 운명의 상대는 구스타프 말러였다. 20살이나 어린 신부를 맞이한 구스타프는 진심으로 그녀를 사랑했다. 구스타프는 그녀를 〈교향곡 6번〉으로 묘사하기도 했고, 1910년 9월 뮌헨 박람회장에서 1천 명이 연주한 〈교향곡 8번〉을 알마에게 헌정하기도 했다. 자신의 음악 세계 전부를 그녀에게 바친 구스타프는 아내를 향한 사랑을 편지로 남기기도 했다.

"나의 사랑하는, 미치도록 사랑하는 알므쉬(알마). 나는 지금 사랑으로 몸살을 앓고 있습니다. (중략) 만약 당신이 나와 일주일을 떨어져 지낸다면 나는 아마 죽을 것입니다. 내가 당신의 황홀한 편지를 얼마나 사랑하는지……. (중략) 지휘 도중 문득 멈추고, 그때마다 나의 여신이 이곳에 서 있다면 얼마나 좋을까 상상하곤 합니다. 그리고 중간 중간 그대의 작고 귀여운 얼굴을 훔쳐볼 수만 있다면, 그렇다면 내가 사는 이유와 이 모든 일을 행하는 이유를 발견할 텐데……."

1910년 9월 4일 구스타프 말러

구스타프 말러의 알마에 대한 사랑은 전혀 의심할 여지가 없어 보인다. 그런데 문제는 알마가 이 결혼을 구스타프 말러만큼 만족스러워하지 않았다는 것이다. 예민한 말러 때문에 자신의 모든 음악 활동을 그만두고 남편의 그림자로 살아야 했던 알마는 결혼에 회의를 느껴 다른 남자를 만나기도 했다. 이를 알게 된 구스타프 말러는 알마가 혹시 그대로 떠나버리는 것이 아닌지 마음을 졸였다고 한다.

그녀가 떠날지도 모른다는 두려움에 떨던 구스타프는, 그녀를 잡기 위해 창작 활동을 적극 지원하여 작품을 공식적으로 발표해주기도 했다. 구스타프의 노력에도 불구하고 그들의 결혼은 오래 지속되지 못했다. 알마가 작품을 발표한 지 1년 만에 구스타프가 심장질환으로 돌연히 세상을 떠나버렸기 때문이다.

자유 부인의
파란만장 연애사

미망인이 된 알마는 코코슈카^{Oskar Kokoschka}와 2년간의 짧고 굵은 연애를 즐긴 뒤, 그에게 일방적으로 이별을 통보해버렸다. 그러나 그녀의 변심에도 불구하고 코코슈카는 '바람의 신부'라는 작품으로 그녀에 대한 사랑이 식지 않았음을 보여주었다. 문제는 코코슈카의 사랑이 지나치다 못해 병적이라는 데 있었다. 코코슈카가 알마에게 얼마나 집착했는지를 잘 보여주는 일화가 있다.

코코슈카는 〈바람의 신부〉에서 알마와의 강렬한 사랑을 거친 붓터치와 어두운 색채를 통해 격정적으로 표현했다.

1914년 제1차 세계대전이 발발하자 장교로 전쟁에 참전했던 코코슈카가 큰 부상을 입었을 때 알마를 그리워하며 그녀를 닮은 인형을 만들어 함께 지냈다고 하는데, 그 인형이 얼마나 노골적이었는지 보는 이들이 모두 부끄러워 고개를 돌릴 정도였다고 한다. 이런 코코슈카에게 매몰차게 이별을 통보한 알마는 구스타프 말러와의 결혼 중 잠깐 만났던 그로피우스와 결혼해버렸다.

1915년 '바우하우스Bauhaus'의 초대 교장으로 유명한 발터 그로피우스Walter Adolph George Gropius와 결혼한 알마는, 14년 뒤 소설가 프란츠 베르펠Franz Werfel을 만나 세 번째 결혼식을 올렸다. 첫 번째 결혼에선 20살이나 많은 남자와 결혼한 알마는 두 번째엔 6살 연하와, 세 번째엔 20살 연하의 남자와 결혼했다.

정리하자면 구스타프가 사망한 뒤 알마는 그로피우스와 두 번째 결혼을 했고, 얼마 못가 이혼하고 프란츠 베르텔과 세 번째 결혼을 했다. 놀라운 사실은 알마의 두 번째 남편과 세 번째 남편이 서로 잘 아는 사이였다는 것이다. 제1차 세계대전이 끝난 후 오스트리아가 혼란에 빠졌을 때 혁명 세력으로 경찰에게 쫓기던 베르펠을 도와준 사람이 알마의 두 번째 남편인 그로피우스였다. 그로피우스는 베르펠에게 오스트리아 공화국 경찰이 뒤쫓고 있다는 사실을 알려주며 몸을 숨길 것을 권하기도 했다. 그런데 알마의 두 번째 남편 그로피우스는 알마의 외도 상대가 베르펠이라는 것을 전혀 몰랐다는 것이다. 알았다면 베르펠을 피신시키진 않았을 테지만……

유럽 대륙 한가운데서 제2차 세계대전이 터지자 알마와 베르펠은 미국으로 피난갔다. 미국으로 거처를 옮긴 베르펠과 알마는 이곳에서 여생을 보냈는데 망명한 베르펠은 프랑스의 한 수녀에게서 영감을 받아 《베르나데트의 노래Das Lied von Bernadette》라는 소설을 집필했고, 이 소설은 곧 할리우드 영화로 만들어져서 그해 오스카상 4개 부분을 휩쓸며 유명해졌다. 베르펠이 사망하고 난 뒤에도 알마는 여전히 사교계의 여왕으로 군림하다 1964년 런던에서 화려한 생을 마감했다.

뮤즈Muse에서
불멸의 **스캔들 여왕**까지

그녀의 드라마 같은 인생 때문인지, 화려한 스캔들 때문인지 그녀가 죽고나서도 그녀에 대한 관심은 수그러들지 않았다. 1965년 알마의 사망 소식을 들은 톰 레러Tom Lehrer라는 시인은 알마를 풍자하는 시를 썼고,

1996년 비엔나의 한 극장에선 3시간에 걸쳐 각각 다른 층에서 알마의 다른 이야기를 공연하는 특이한 작품이 발표되기도 했다. 그리고 2009년엔 코코슈카가 그린 알마의 유일한 누드 그림이 재판에 휩싸이는 일이 벌어지기도 했다. 제2차 세계대전 중 나치에게 그림을 강제로 빼앗겼다고 주장한 베르펠의 가족들이 그림의 소유권을 주장하고 나섰던 것이다.

발터 그로피우스. 근대 건축의 4대 거장 중 하나다. 바우하우스의 창립자이며, 1919년부터 1928까지 초대 교장을 맡았다.

알마는 20세기 최고의 팜 파탈로 알려져 있지만 그녀를 사랑한 남자들은 그녀를 '여신'으로 기억했다. 여자들이 자신들을 함부로 대하는 나쁜 남자에게서 묘한 매력을 느끼듯이 남자들 역시 도저히 통제가 불가능해 보이는 팜 파탈에게서 매력을 느끼는 모양이다. 그들이 가진 매력은 두려움에서 나오는 것이 아니라 그것을 극복하고 정복하고자 하는 반대 심리는 아닐까? 하긴 우리의 지나간 시간 속에 지고지순한 사랑만 있다면 세상이 너무 지루할지도 모른다. 그러나 이들의 위험천만한 사랑 때문에 순애보가 빛을 발하고, 한쪽만 바라보는 답답한 순애보 때문에 이들의 사랑이 회자가 된다. 역사에 빛과 그림자가 있는 것처럼, 또 진실과 소문, 거짓이 난무하듯이 말이다.

'뮤즈'를 아시나요?

오드리 헵번,

한 시대를 풍미했던 예술가들에게 영감을 제공했던 알마 같은 여인을 흔히 뮤즈(Muse)라고 한다. 예술가들이 '오나의 뮤즈~'라 칭송하는 여인들은 예술가나 작품만큼 화제가 되기도 하는데, 그렇다면 뮤즈는 과연 무슨 뜻일까?

뮤즈의 사전적 정의는 그리스신화에 나오는 학예의 여신이다. 여기저기 남심을 흘리고 다니던 제우스는 므네모시네 사이에서 딸을 9명이나 낳았다. 그들은 다양한 범위에서 활동하는 여신이 되었는데, 이들은 시인·음악가·철학가 등 영감이 필요한 이들에게 인기가 높았다. 9명 각각에 대한 자세한 신화는 거의 남아 있지 않으나 음악 (music)이나 미술관(museum)의 어원이 될 만큼 예술 쪽에서는 각광받던 여신들이었다.

오늘날에는 많은 음악가나 디자이너들이 유명한 연예인들을 뮤즈로 꼽는다. 세계적인 디자이너 지방시(Givenchy)는 자신의 디자인을 완벽하게 소화해내는 오드리 헵번을 뮤즈로 꼽으며 그녀만을 위한 향수를 만들었다. 오드리 헵번은 '금지'라는 의미가 포함된 이 향수를 자신이 죽을 때까지 아무도 쓰지 못하게 했다고 한다. 그런가 하면 구두 하나를 만들기까지 50개의 공정이 필요하다는 마놀로 블라닉은 최근 한국의 여배우 김혜수를 뮤즈로 선정하기도 했다.

시대가 흐르면서 뮤즈의 대상도 바뀌기 마련이다. 그러다 보면 아름다움의 가치가 바뀌기도 한다. 하지만 미인을 사랑하는 예술가들의 짝사랑은 변하지 않을 듯싶다.

22

인류 역사엔
재앙 보존의 법칙이 존재한다?

"질병, 특히 역병은 개개인뿐만 아니라 민족과 국가의 운명을 좌우해왔고, 문화
와 문명에 넓고도 뿌리 깊은 영향을 미쳐왔다. 질병에 의해 사회가 무너지고 가
치관이 붕괴되고, 종래의 생활양식이 모두 박탈되어 의미가 없어져버렸다. 질병
은 문명에 의해 만들어지고, 문명은 질병을 만들어왔다."

윌리엄 맥닐, 《전염병과 인류의 역사》

부스럼으로 시작되어 피부가 검게 변하며 사망하는 흑사병. 1347년에 유럽에 전파되어 당시의 유럽 인구가 크게 줄었을 만큼 치사율이 높다.

인류에게 질병은 넘기 힘든 장벽이다. 유하게 표현해서 장벽이지 인류 역사를 이리저리 헤집어놓은 훼방꾼이라고도 볼 수 있다. 그러나 질병 입장에서 보면 어이 없는 주장이다. 질병의 역사는 인간의 역사보다 오래됐다. 질병의 역사로 따지면 인간은 새로운 숙주에 불과하다.

만약 세상에 질병이 없었다면 역사는 많이 달라졌을 것이다. 질병은 사회 구조와 역사를 바꿀 만한 저력이 있기 때문이다. 그리고 이것은 이미 역사가 증명하고 있다. 1346년, 지중해로부터 시작해 유럽을 강타한 질병은 서양사를 바꿔놓았다. 고열과 함께 고약한 악취가 나는 이 질병에 걸린 사람들은 피부가 검게 변하면서 죽어가거나 50퍼센트의 생존율에 자신의 운을 실험해야 했다. 이 병이 발생한 지 4년 만에 유럽 인구 3분의 1이 줄었다. 파리에선 하루에 8백여 명이 죽었고, 비엔나에서는 하루에 6백여 명이 죽어나갔다. 묘지엔 시체들이 가득차서 강에 버려졌고, 길거리에도 여기저기 시체가 쌓여갔다.

브린 바너드, 《세계사를 바꾼 전염병들》

사람들은 이 질병을 흑사병^{페스트}이라고 불렀다. 흑사병은 유럽의 인구를 눈 깜짝할 사이에 감소시키면서 역사를 바꿔놓았다. 흑사병으로 많은 사람들이 사망하면서 노동자의 수도 자연스럽게 줄었다.

노동력의 부족은 곧 임금 인상으로 이어졌고 노동자와 농민들의 지위는 예전에 비해 높아졌다. 흑사병으로 수많은 지주들이 죽어나간 탓에 농민들은 임금을 많이 주는 곳으로 자유롭게 이동했다. 몇 년 사이 이 위기를 기회로 잡은 새로운 세력들이 등장했고, 그들은 땅이 아닌 돈으로 자신의 지위를 쌓아갔다. 이들에게 봉건귀족은 더 이상 위협적인 존재가 아니었다.

질병은 종교의 영역에도 침투해 수많은 가톨릭 사제들의 목숨도 거둬갔다. 전쟁에서 승리해 살아남은 기사도 흑사병과의 싸움에선 패자였다. 이렇게 중세의 봉건제도는 흑사병으로 무너졌다.

인구 증가율과
질병 발생률은 비례한다?

역사를 순식간에 바꾸어버린 질병은 오랜 시간 인간과 생존경쟁의 과정을 거치며 인류와 공생해왔다. 풍토병의 형태로 남아 시시때때로 인류 역사를 바꿀 기회를 호시탐탐 노려왔던 것이다.

질병은 인간보다 어떤 면에선 우월하기까지 하다. 바이러스는 빨리 진화하며 놀라운 속도로 정보를 교환하고 진화한다. 인간이 바이러스

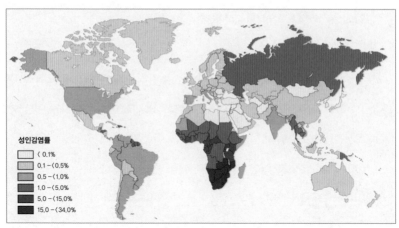

2006년 전 세계 에이즈 감염 분포도. 에이즈 환자의 대부분이 제3세계, 특히 사하라 이남 아프리카에 집중되어 있음을 알 수 있다.

의 진화를 따라가기란 거의 불가능하다. 에이즈만 보더라도 HIV바이러스human immunodeficiency virus는 아프리카의 영장류에서 인간으로 이동하면서 수많은 변화 과정을 거쳤다. 때로는 한 사람이 수천 가지의 변형 숙주가 됐다. 효과를 본 약물의 내성은 몇 달, 빠르면 며칠 만에 HIV바이러스 정보망에 걸렸다. 바이러스는 서로 정보 교환을 하며 약물을 피해 재빨리 진화해 내성을 키웠다.

윌리엄 맥닐. 바이러스가 숙주인 인간과 숨박꼭질하며 끊임없이 자신을 변이시켜 새로운 바이러스성 질병이 발생한다는 재앙 보존의 법칙을 제시했다.

바이러스만 진화한 것이 아니다. 박테리아 역시 항생제에 내성을 갖추며 진화했다. 이 무서운 상황을 시카고대학 질병 생태학자 윌리엄 맥닐William McNeill은 '재앙 보존의 법칙'으로 설명했다.

바이러스는 숙주 집단이 증가하면 복제

와 돌연변이, 재조합의 기회가 증가하므로 변이 가능성이 높아진다는 것이다. 이는 곧 인구가 증가할수록 새로운 질병이 발생할 확률도 높아진다는 것을 의미한다. 질량 보존의 법칙도 아니고 재앙 보존의 법칙이라니 이 얼마나 무시무시한 말인가! 어떻게 우리가 이 엄청난 질병들과 싸워 이길 수 있단 말인가!

우리가 이 엄청난 집단과 싸워 생존하는 방법은 단 하나, 뭉치는 수밖에 없다. 질병의 원인을 찾아내기 위해 힘을 모으고, 아주 기본적인 위생부터 다시 점검해야 한다. 공중위생은 이 점에서 아주 중요하다. 한 사람만 청결을 유지한다고 해서 살아남을 수 있는 세상이 아니다. 우리는 어차피 집단생활을 하고 있고 질병은 인간의 집단생활에 맞추어 진화해왔기 때문이다.

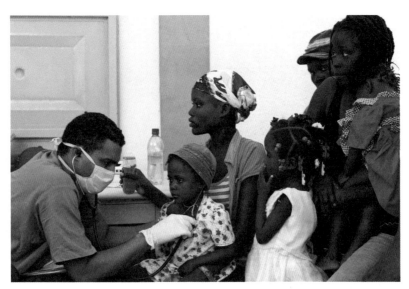

질병을 치료하는 의사. 최첨단 과학과 의료 기술에도 불구하고 사라졌다고 생각했던 전염병이 새로운 형태로 다시 인류를 위협하고 있다.

한때 많은 국가에선 감염성 질병이 조금 수그러지는 듯하자 곧바로 공공보건자금을 삭감했다. 그리고 백신 연구를 게을리했다. 인간이 이렇게 틈을 보이자 질병은 다시 등장했다. 디프테리아, 홍역, 황열병이 다시 등장해 곳곳에서 활동하기 시작했다. 예전보다 더 강력해진 모습으로 재등장한 질병들은 인간을 다시금 생존 위기에 몰아넣고 있다.

역사가 증명했듯이 질병은 자본가와 비자본가, 빈민층과 부유층을 가리지 않는다. 제아무리 의료 기반이 탄탄한 부유층이라고 해도 질병을 피할 순 없다. 공중보건과 공공위생에 세금을 낭비하는 것이라고 생각하며 아까워하는 사람들 때문에 열악한 환경은 사라지지 않는다. 당연히 천혜의 조건이 갖춰진 곳에서도 질병은 사라지지 않을 것이다.

23

모든 것은
우연이었다?

1782년 영국의 도공 조사이어 웨지우드는 러시아 예카테리나 여제에게 식기세트를 납품하고 있었다. 웨지우드는 물량이 늘어나자 공장 기계라인에 증기기관을 도입했다. 공장의 현대화는 지인의 소개로 스코틀랜드 출신의 기계기술자 제임스 와트와 그의 동업자 매슈 볼턴을 만나면서 가능했다. 산업혁명이 시작되는 순간이었다. 이처럼 산업혁명은 영국이라는 특정 장소, 18세기 중후반이라는 특정 시기에 우연히 촉발된 것이다.

인류의 역사, 2010년 1월 16일 〈동아일보〉

역사는 우연의 연속일까? 필연의 결과일까? 어떤 이들은 '역사는 우연처럼 보이지만, 사실 필연적인 원인의 결과물'이라고 말한다. 하지만 역사가 우연한 사건에 의해 진행된 것인지 필연적인 요구로 진행된 것인지는 불분명하다. 우연이 필연을 만들기도 하고 필연이라고 생각했던 것들이 사실은 한낱 해프닝에 지나지 않은 것들도 많으니까 말이다. 그럼에도 불구하고 사람들은 우리의 삶에 운명적인 것들을 기대한다. 적잖은 우연과 행운을 포함해서 말이다. 그렇다면 재미삼아 한 사건을 통해 역사의 '우연'과 '필연'을 가늠해보자. 이 사건은 과연 필연이었을까? 우연이었을까?

1989년 11월 9일, 동독 공산당 대변인의 엉뚱한 브리핑과 이탈리아 기자의 오보로 미국, 그리고 서독까지 '동독이 국경을 개방했다'는 뉴스가 보도됐다. 뉴스를 시청한 동독 사람들은 베를린 장벽으로 몰려가 장벽을 무너뜨렸고, 동독 탈출을 감행했던 사람들이 모여 있던 한 난민수용소까지 몰려왔다. 그들은 가족을 만나기 위해 혈안이 돼 있었다. 그러나 난민수용소의 철문은 굳게 닫혀 있었고 이 수용소의 한국인 야간 경비원은 문을 열어주기를 거부했다. 그는 끝내 권총의 위협까지 받았는데, 결국 총 앞에서 삼십육계 줄행랑을 쳤고 다음 날로 야간 경비원직에서 해고당했다.

이 내용들은 《나는 아내와의 결혼을 후회한다》의 저자 김정운의 경험담이다. 그는 베를린 장벽이 무너진 것은 정말 우연한 사건에 의해 발생했다고 주장했다. 정말 그럴까?

사람잡는 '설마'
이번엔 통일까지?

이 일이 일어나기 얼마 전, 소련은 개혁과 개방의 원칙을 전 세계에 선포했다. 꽁꽁 닫혀 있던 세계의 문이 열리는 것은 이제 시간 문제였다. 소련이 개혁과 개방을 선포하자 헝가리와 체코슬로바키아가 오스트리아와의 국경을 개방했고, 동독 사람들은 이 통로를 통해 오스트리아로의 탈출을 감행했다. 동독 정부는 휴가를 빌미삼아 타국으로 탈출하려는 사람들을 저지했고, 동독 주민들은 여행의 자유를 달라고 시위를 벌이기 시작했다. 한때 잠깐 일어났다 수그러질 줄 알았던 시위는 계속되었고, 결국 동독 정부는 여행 자유화 정책을 재검토하기로 결정했다.

새로운 여행 자유화 정책을 맡은 게르하르트 라우터는 여권만 있으면 해외여행 허가를 신청할 수 있고, 정부는 그것을 즉시 허가한다는 초안을 작성해 공산당 중앙위원회에 보냈다. 초안대로라면 동독 시민들은 다른 나라를 거치지 않고 바로 서독을 방문할 수 있었다.

얼떨결에 '여행 개방'을 선포해 독일 통일의 계기를 만든 동독 공산당 대변인 귄터 샤보브스키.

브란덴부르크 문. 베를린의 중심가인 파리저 광장에 있다. 독일 분단 시절 동·서 베를린의 경계였으며, 독일의 통일과 함께 베를린의 상징이 되었다.

그러나 이 초안을 작성한 게르하르트 라우터는 개정안이 너무 획기적이기에 일정 기간 동안 발표해서는 안 된다는 주의 사항을 달았다. 그런데 어쩐 일인지 동독과 서독의 자유 왕래를 뜻하는 이 초안은 단 한 차례의 논의도 없이 통과되었다. 의원들이 다른 사안들을 검토하느라 가벼운 여행 개정안까지 신경 쓰지 않았던 것이다. 그러나 이 가벼운 개정안은 '통일'이라는 거대한 사건으로 발전했다.

개정안이 통과되자 정부는 곧 여행 자유화 정책의 수정안을 발표했다. 아무것도 모르고 기자회견을 나간 대변인의 입을 통해서 말이다. 그러자 한 이탈리아 기자가 새로운 수정안이 언제부터 유효한 지 물었고 처음부터 이 정책에 대해 무지했던 대변인은 아무 생각 없이 "지금부터!"라고 외쳤다. 그런데 독일어에 서툴렀던 이탈리아 기자가 이 말을 잘못 알아듣고 베를린 장벽이 무너졌다는 속보를 내보냈고, 이 속보를 들은 미국은 동독 주민들이 베를린 장벽을 통과할 수 있다고 보도했다. 그리고 이를 그대로 받아들인 서독 언론은 동독이 국경을 개방했다는 애매한 보도를 내보냈다.

독일이 동독과 서독으로 분리된 이래, 7만

1989년 무너진 베를린 장벽에서 환호하는 군중들.

여 명의 동독 주민이 베를린 장벽을 넘으려다 구속되었는데, 이 보도로 이날 수천 명이 군대의 제지를 뚫고 장벽을 넘기 시작했다. 일부 사람들은 장벽을 타고 넘고, 또 일부 사람들은 장벽을 부수기 시작했다.

이렇게 베를린 장벽은 한 대변인의 어설픈 기자 회견 때문에 어이없이 무너지고 말았다.

헝가리의 국경이 뚫리고 베를린 장벽이 무너지기까지 4개월 정도의 시간밖에 걸리지 않았다. 그리고 베를린 장벽이 무너지고 완전한 통일이 이뤄지기까지는 약 1년의 시간밖에 걸리지 않았다. 우리 민족만 성격이 급한 것이 아니다. 독일 국민도 '빨리! 빨리!'의 분야에선 탁월한

현재 베를린 장벽의 모습.

능력을 보이는 듯하다. 서독은 통일을 앞두고 준비과정인 조약 공동체를 두려고 했다. 그러나 동독 주민들이 이를 거부했다. 그들은 서독 중심으로 서독 체제로의 편입을 원했다.

다른 중요한 사안들을 검토하느라 주의 사항을 읽지 않았던 의회 의원들의 실수와 아무런 준비도 없이 본인의 역할에 충실한 나머지 정책을 술술 읽어내린 대변인의 실수로 엄청난 일이 벌어진 것이다. 우연이라고 하기엔 너무 기막힌 우연들의 조화가 놀라울 따름이다.

역사는 필연적인 계기나 욕구 때문에 점점 진화한다는 주장도 있다. 물론 이것도 맞는 말이다. 그러나 어떤 일이든지 계획한대로만 진행된다면 예상치 못한 일이 일어나지도 않을 테고, 그렇게 되면 우리가 살아가는 재미가 덜하지 않을까? 역사가 진화한다는 의견에 내심 동의하고 싶지만, 역사가 우연치 않은 사건으로 변화되는 것을 지켜보는 재미가 쏠쏠하기에 앞으로도 더 많은 우연이 일어났으면 하는 바람이 있다.

24

로마의 악당,
3인방을 위한 변명?

흔히 선의는 반드시 보답을 받고 악의는 응징을 당한다고 하지만, 실제 인간의 역사를 살펴보면 정반대의 경우도 많다. 진실과 선의는 종종 패배한다. 수많은 인명을 해치고도 제 수명대로 잘살다가 간 사람이 있는가 하면, 학살이라고 부를 수준의 악행을 하고도 후대의 존경과 추앙을 받는 인물도 있다. 아메리카 대륙의 인디언들을 학살의 역사 속으로 몰아넣은 콜럼버스, 아프리카 대륙을 제국주의의 희생양으로 만든 스탠리, 그리고 홀로코스트라는 현대사의 가장 비극적 페이지를 연 히틀러는 어떤가? 그들의 발견, 그들의 탐험, 그들의 통치는 인류의 역사에 기나긴 비극을 심어두었다.

이종호, 《세기의 악당》

폭군의 대명사로 불리는 네로 황제. 그가 이런 오명을 얻게 된 원인은 실제로 폭군이었다기보다는 귀족이나 기독교인들과의 대립에 있었다고 볼 수 있다.

본디오 빌라도는 초기 로마제국 시대인 티베리우스 황제 때 유대 지방의 로마 총독이다. 예수 그리스도에게 십자가형을 언도한 사람으로 알려져 있다.

사람들은 악당을 사랑하진 않더라도 그들이 매력적이라는 데는 충분히 동의한다. 그렇다고 해서 그들에 대한 평가가 달라지는 건 아니다. 하지만 왜 악당이 되었는지 과정을 살펴보면 그들을 조금은 이해할 수 있다. 그럼, 핑계 없는 무덤 없다고 이름난 악당들의 핑곗거리를 찾아 나서보자.

역사에서 가장 유명하고 포악한 악당 중 한명은 로마의 네로$^{Nero\ Claudius\ Caesar\ Augustus\ Germanicus}$ 황제다. 하지만 역사의 한 페이지를 장식한 로마시대엔 네로 외에도 악당이 많았다. 예수를 십자가에 못 박혀 죽게 만들었다는 본디오 빌라도$^{Pontius\ Pilatus}$, 카프리섬 관광객의 입에 한 번씩 오르내리는 변태 왕, 티베리우스$^{Tiberius\ Caesar\ Augustus}$가 바로 그들이다. 그들 셋은 로마 역사에서 꽤 유명한 악당 3인방이다.

이 악당 3인방이 유명해진 계기는 각기 다르다. 네로는 로마의 화제로 유명세를 탔고, 본디오 빌라도는 예수 때문에 유명해졌는데, 티베리우스는 조금 다르다. 티베리우스의 경우 카프리섬이 세계적인 관광지로 각광받게 되면서 유명해졌다.

가출이 취미인 비행非行 황제,
티베리우스

아우구스투스Augustus 황제를 비롯 수많은 로마 황제들의 휴양지였고, 영국의 찰스 황태자와 다이애나비의 신혼여행지였던 카프리섬은 티베리우스 황제가 말년에 로마를 떠나 별장을 짓고 거처했던 곳이기도 했다. 문제는 황제 티베리우스가 왜 로마 시내가 아닌 카프리섬에 있었느냐는 것인데 언뜻 생각해봐도 잘 이해가 되지 않는 그의 행보 때문에 말이 많았다.

그중엔 티베리우스가 카프리섬에서 마음에 들지 않는 사람을 벼랑 아래로 떠밀어버리고, 미소년·미소녀들을 모아 변태적인 성행위를 즐긴다는 소문도 있었다. 소문이 사실이라면 티베리우스는 악당 중의 악당일 것이다. 그런데 티베리우스를 둘러싼 이 소문이 진실이었을까?

결론부터 말하자면 그가 노년에 공포정치를 일삼았다는 것과 그의 공포정치가 카프리섬에 은둔했을 때 정점에 이르렀다는 점은 사실이다. 그런데 여기엔 몇 가지 오해가 있었다. 공포

티베리우스 황제. 아우구스투스 황제의 뒤를 이어 즉위해, 제국의 기반을 공고히 하였으나 반대자에 대한 잔인한 처벌과 좋지 않은 소문으로 부정적인 평가를 받고 있다.

이탈리아 남부 소렌토반도 앞바다에 있는 카프리섬. 티베리우스는 20년 통치 기간 중 마지막 10년을 이곳에서 보냈다.

정치란 사전적인 의미로 정적을 탄압하며 극도의 공포 분위기를 조성하는 정치를 뜻한다. 한 마디로 말해 정권을 유지하기 위해 대중에게 공포감을 조장한다는 말이다. 그런데 이상하지 않은가? 왜 공포정치의 중심지가 로마가 아닌 카프리섬이었을까?

티베리우스가 정권 유지를 위해 공포정치를 하려 했다면 수도인 로마에 있었어야 했다. 안방을 차지하고 앉아 감시의 눈을 떼지 않고 정적을 신속하게 제거해야 하는 것이 당연하다. 안 그래도 왕권에 대항하는 세력이 시시때때로 나타나는 판에 반대 세력을 원격조정으로 제거한다는 것이 아무래도 이상하지 않은가? 그렇다면 우리가 쉽게 도출할 수 있는 결론은 하나다. 티베리우스가 카프리섬에 은둔해야 했던 이유는 따로 있었다는 것이다.

티베리우스는 카프리섬으로 외도하기 전에 이미 로도스섬으로 가출

자신의 의지와는 상관없이 결혼한 율리아의 좋지 않은 행실로 부부 사이가 악화되자 티베리우스는 로도스섬에서 은둔 생활을 했다고 전해진다.

을 시도한 적이 있었다. 티베리우스가 이렇게 자주 가출하는 데는 그만한 이유가 있었다. 첫 번째 로도스섬으로의 가출 사건은 황제가 되기전, 결혼 생활의 불화 때문이었다고 한다. 알려진 바에 의하면 아우구스투스가 티베리우스를 본처와 이혼시키고 자신의 딸 율리아와 강제로 결혼시켰는데, 율리아의 품행이 좋지 않아 부부 사이가 원만하지 않았다고 한다. 이런 이유로 티베리우스는 로마를 떠나 로도스섬으로 도망쳤다는 것이다. 또 다른 설도 있는데, 티베리우스가 아우구스투스 이후 후계자 문제에 얽히지 않기 위해 피신했다는 것이다. 이유야 어쨌든 티베리우스는 율리아가 간통죄를 선고받고 로마에서 추방당한 후에야 로마로 되돌아왔다.

두 번째 카프리섬으로의 가출은 첫 번째 가출보다 좀 더 극적인 이유가 있었다. 티베리우스는 후계자로 자신의 아들인 드루수스^{Nero Claudius}

Caesar Drusus Germanicus를 생각하고 있었는데 드루수스가 35세 나이로 돌연 사망하고 말았다. 아들의 죽음에 슬픔과 환멸을 느낀 티베리우스는 로마를 버리고 카프리섬으로 들어가버렸다.

하지만 그는 카프리섬에서도 로마를 통치했다. 그는 근위병인 세야누스에게 권력의 많은 부분을 위임했는데 그의 횡포가 심해지자, 세야누스를 교수형에 처하고 로마의 재정 위기를 극복하기도 했다.

아우구스투스 황제. 고대 로마의 초대 황제로 본명은 옥타비아누스다. 로마 원로원으로부터 '존엄한 자' 라는 뜻의 아우구스투스라는 칭호를 받았다.

티베리우스는 아우구스투스에 이어 로마의 2대 황제로 등극한 인물이다. 그는 아우구스투스가 이뤄놓은 로마를 반석 위에 올려놓은 인물로 세금을 동결시켜 시민들의 부담을 줄여주는 한편, 긴축재정의 일환으로 잔인한 검투사 경기를 금지하고 사치와 향락을 억제하는 정책을 폈으며 가난한 자들에게 식량을 공급하기도 했다. 그리고 원로원 의원들이 그를 위한 신전을 세우고 싶다고 했을 때, 자신은 언제고 죽어야 할 나약한 인간일 뿐이라며 이 제의를 거절하기도 했다. 티베리우스에게 신전이란 제국의 평화를 지키고, 국익을 생각했던 왕으로 자신이 오래도록 기억되는 것이었다. 때문에 19세기 역사가이며 노벨 문학상 수

상자인 크리스티안 몸젠[Christian Matthias Theodor Mommsen]은 티베리우스를 '로마의 가장 훌륭한 황제 중 한 명'이라고 평가했다. 그럼에도 불구하고 티베리우스가 변태 폭군 황제로 알려진 이유는 혹시 몇몇 역사가에게 이유 없이 밉보였기 때문은 아닐까?

세기의 악당,
본디오 빌라도

그래도 티베리우스는 이 사람에 비하면 세기의 악당이라는 누명에서 이래저래 빠져나갈 구멍이 있는 편에 속한다. 그러나 아무리 빠져나갈 구멍을 찾아보려 해도 좀처럼 빈틈이 보이지 않는 이가 있으니 그가 바로 '본디오 빌라도'이다.

지금도 매일 수많은 사람들이 아침, 저녁으로 그가 악당임을 입에서 입으로 증언하고 있다. "본디오 빌라도에게 고난을 받으사 십자가에 못 박혀 죽으시고 장사한 지 사흘 만에 죽은 자 가운데 살아나시며……." 본의 아니게 사도신경에 이름을 올린 본디오 빌라도는 전 세계적으로 예수만큼 유명한 인사다. 하나님의 아들 독생자[獨生子] 예수 그리스도를 죽인 장본인이니 그나마 악당이라는 칭호가 애교 있는 별명쯤으로 느껴질 판국이다.

사도신경은 기독교인이 믿어야 할 기본적인 교의[教義]를 간결하게 요약한 신앙고백이다. 여기에 예수에게 고난을 주고 죽게 만든 장본인이라고 적혀 있으니 누가 그를 쉽게 용서할 수 있겠는가! 그렇다면 본디오 빌라도는 자신이 한 일이 이렇게 엄청난 결과를 가져올 것이라는 것을

본디오 빌라도는 예수에게 십자가형을 선고해, 현재까지 사람들의 입에 가장 많이
오르내린 로마인이 되었다.

예상이나 했을까?

단언컨대 본디오 빌라도는 자신의 이름이 이렇게 후세에 날마다 불리
게 될 것을 생각조차 못했을 것이다. 어쩌면 그는 기독교가 지금처럼
엄청난 힘을 발휘하는 종교로 성장하리라는 것, 아니 로마가 국교로 선
포할 만큼 막강한 종교가 되리라는 것조차 짐작하지 못했을 것이다.

로마는 황제의 통치를 받아들이는 모든 이들에게 오픈되어 있던 사회
였다. 때문에 황제의 권위를 침해하지만 않는다면 관습이나 종교의 차
이는 문제 되지 않았다. 로마에는 이미 여러 신이 있었고, 여기에 기독
교의 신을 하나 더 추가한다고 해서 큰 문제가 일어날 것은 없었다. 그
러나 문제는 종교적인 문제가 아닌 정치적인 문제에서 불거졌다.

일단 기독교에서 주장하듯 복음서의 기록을 보면 예루살렘의 유대인

대제사장들은 예수를 곱게 보지 않았다. 그들은 예수를 제거하기 위해 당시 지역 총독이었던 본디오 빌라도에게 예수가 자칭 '유대인의 왕'이라 말하고 다니면서 민중을 선동한다고 고발했다. 그런데 유대인 대제사장들의 말과는 달리 예수는 로마에 상당히 순종적인 자세를 취하고 있었다.

예수가 만약 대제사장들의 모함처럼 유대인의 왕이 되고자 했다면 바리새인Pharisee들이 로마에 세금을 내야 하느냐고 물었을 때 황제의 얼굴이 새겨진 동전을 보여주며 "황제의 것은 황제에게 주고, 하나님의 것은 하나님께 드려라"(마태복음 22장 21절)라고 말할 수 있었을까? 예수는 이 대답을 통해 자신의 왕국이 이 세상의 것이 아님을 밝혔다.

> 황제가 영혼의 나라에 대한 권리를 주장하고 나설 이유가 없듯이 하나님의 아들이며 하늘의 왕국을 가진 이가 이 땅의 왕국을 자기 것이라고 말할 이유가 없었다. 당연히 예수는 황제에게 반기를 들 이유도 필요도 없었다.
>
> 안토니 파그덴, 《전쟁하는 세상》

누군가에게 죄를 물어야 하는데 증거가 명백하지 않을 땐 자백밖에 길이 없다. 그런데 주변에서 예수를 향해 뭐라고 하던 예수 본인이 이 세상의 왕이 아니고 이 땅의 왕국에 권리를 행사할 생각도 없다는데 본디오 빌라도가 누명을 뒤집어씌워 사형시킬 수도 없는 일이었다.

때문에 유대인 지도자들은 종교적인 이유가 아니라 정치적인 이유를 내세워 예수를 제거하려고 했다. 바로 예수가 선동가라고 주장한 것이다. 종교적인 선지자와 선동가는 상당히 다르다. 하나님의 아들이 아닌 유대인의 왕은 곧 반란의 주동 세력이므로 처벌받아야 마땅했다. 그렇다고 묻지도 따지지도 않고 그냥 처형시킬 순 없었다.

왜냐하면 로마는 시민사회였기 때문이다. 예수는 로마 시민으로 재판을 받을 수 있었다. 그런 사회에서 본디오 빌라도가 유대인 지도자들의 모함이나 시민들의 못 박으라는 윽박지름 하나로 예수를 십자가에 못 박는 섣부른 행동을 했을 확률은 희박하다.

당연히 예수에 대한 재판이 열렸다. 그 재판에서 예수가 자신의 무죄를 주장했다면 상황은 달라졌을지도 모른다. 하지만 예수는 침묵을 선택했다. 법을 집행해야 하는 본디오 빌라도는 침묵을 긍정으로 받아들일 수밖에 없었을 것이다. 그에게 죄가 있다면 자신의 임무를 성실히 수행한 것밖에는 없었던 것이었다. 그렇다면 예수의 처벌에 얽힌 본디오 빌라도에 대한 평가는 인색한 면이 없지 않다. 본디오 빌라도가 자진해서 예수를 죽이자고 나선 건 아니니까 말이다.

인기 황제와 미친 황제
사이에 선 네로

네로는 참으로 흥미로운 인물이다. 사람들은 네로를 떠올릴 때 로마에 불을 지른 미친 황제쯤으로 알고 있다. 사실 네로에겐 대도시에 불을 질러 영감을 떠올릴 만큼 대단한 예술가적 기질이 없었다. 다만 네로 자신만이 예체능에 꽤 소질이 있다고 믿었다.

자칭 예체능계의 천재 네로는 A.D. 66년, 올림픽이 열리는 해도 아닌데 올림픽을 열어야 한다고 주장했고 그렇게 해서 열린 네로제전에서 총 4개의 금메달을 땄다. 그는 하프 연주와 비극 연기를 올림픽 종목에 넣어 자신이 금메달을 받고, 수레 경기에 참가했다가 수레가 넘어졌으나 다른 선수들이 경기를 멈추고 뒤를 따르는 바람에 두 번째 금메달을 쥐었다. 또 경주로 소식을 빨리 전하는 헤럴드 경주라는 분야에서도 금메달을 거머쥐었다. 올림픽 4관왕 네로는 그야말로 당시 최고의 올림픽 금메달리스트였던 것이다. 뿐만 아니라 로마 사상 최대의 예술 공연을 열어 첫 무대를 장식하기도 했으며, 신에게 로마 문화를 발전시키라는 명령을 받았다며 문화와 건축을 장려하기도 했다. 좋은 시각으로 보면 네로는 문화와 예술에 조예가 깊은 황제였고, 나쁘게 말하면 어디로 튈지 모르는 탁구공 같은 괴짜 황제였다고 할 수 있다. 군중 앞에 나서기 좋아하고 칭찬과 상을 휩쓸어야 직성이 풀리는 것만 가지고 그를 폭군이라 말할 순 없을 것이다. 그럼 네로는 어떤 이유로 로마 최고의 폭군이 되었을까?

A.D. 64년 여름, 로마의 원형경기장 주변의 목조건물에서 화재가 발생했다. 그리고 이 불은 로마를 7일 동안 불태웠다. 로마의 절반이 이 화재로 피해를 봤다고 하니 이 사건으로 로마는 거의 황폐화되었다고 해도 과언이 아니었다. 그런데 문제는 이 대형 화재를 일으킨 방화범으로 네로가 지목되었던 것이

네로 황제 주화.

다. 심지어 그가 이 화재를 보며 하프를 켜고, 노래를 불렀다는 소문도 나돌았다. 그러나 네로는 이 화재의 원인이 기독교인이라며 기독교에 대한 박해를 시작했다. 이것이 우리가 알고 있는 네로와 로마 화재 사건의 전말이다.

정말 네로가 로마에 불을 지르고 기독교인에게 뒤집어씌웠을까? 사실을 확인해보면, 절반은 사실이고 절반은 소문이다. 생각해보자. 황제가 불을 질렀다면 당연히 시민들의 분노가 만만치 않았을 것이다.

아무리 미친 황제라고 해도 장난치고는 과한 대형 방화를 저질러서 그에게 이득될 것이 무엇이 있단 말인가? 네로가 엉뚱하긴 했지만 바보는 아니었다. 도저히 풀릴 것 같지 않은 이 숱한 의문들을 캐어보면 어처구니없는 곳에서 해결의 실마리를 찾을 수 있다.

사실 로마가 불타는 시점에 네로는 로마에 있지 않았다. 그는 로마에서 50킬로미터 떨어진 해변 안치오Anzio의 별장에 있었으며 로마가 불타고 있다는 사실도 이틀 후에야 알았다. 그리고 화재가 발생한 것을 알자마자 로마로 돌아와 화재 진압에 앞장서며 이재민 대책을 지시했다. 이것이 사실이라면 네로는 자기가 방화하고, 자기가 화재를 진압하며 이재민 대책까지 세웠다는 것인데, 도저히 이해 불가능한 이야기다. 로마를 네로가 방화했다고 믿는 사람들에겐 안타까운 사실이지만, 화재 이후 로마의 재건과 화재 예방을 위해 누구보다 앞장선 사람도 네로였다. 그는 로마 화재 이후 상황에 신속히 대처하기 위해 건축 방식을 규정하고 화재 진압용 수로를 확장하는 정책을 펼쳤다.

아무리 광기에 휩싸였다고 하나 정신분열이 일어난 상태가 아니고는 로마의 화재가 네로의 짓이 아님은 거의 확실하다. 방화가 그의 짓이 아니라면 그럼 왜 네로는 폭군이 되었을까?

어느 날 일어나 보니
악당이 되어 있더라

알려진 것처럼 네로가 친어머니와 아내를 살해하고, 친구이자 부하의 부인을 가로챈 것은 사실이다. 이렇게 네로에 얽힌 모든 죄를 묻고 따지자면 촘촘한 그물망에 멸치 새끼까지 모조리 잡아 모으는 기분으로 날마다 만선의 기쁨을 맛볼 수 있을 것이다. 그가 여러 가지 비인간적인 행동을 했음은 부인할 수 없으니 말이다.

하지만 네로의 모든 악행이 대중에게 전해진 시점이 로마 화재 사건과 맞물렸다는 점, 그리고 곧바로 네로가 방화범으로 지목됐다는 건 어딘가 수상쩍다. 그럼 다시 로마에서 방화가 일어났던 그 시점으로 돌아가 사건을 살펴보자. 로마에 일어난 대형 화재로 민심은 흉흉할 대로 흉흉해졌을 것이다. 대중은 범인을 알고 싶어 했을 것이며 범인이 검거만 된다면 누가 됐든지 가만두지 않았을 것이다. 로마의 화재 사건은 네로의 정적들에게 놓칠 수 없는 좋은 기회였을 것이다.

대형 화재가 날마다 일어나는 것도 아니고 이런 사건처럼 민심이 흉흉할 때도 많지 않으므로 이 사건을 잘 이용한다면 대중의 분노가 네로에게 집중될 것은 자명한 일이었다. 네로도 바보가 아닌지라 이 점을 누구보다 잘 알았다. 아무리 아니라고 부정해도 대중에게 이미 실성한 사람으로 낙인 찍힌 네로에겐 선택의 여지가 없었다. 자신이 아니라면

기독교를 박해하는 네로 황제. 그는 로마 화재의 네로 방화설을 잠재우기 위해 기독교도들을 희생양으로 삼아 박해했다.

새로운 방화범이 있어야 했다.

이와 같은 상황에서 네로는 방화범으로 기독교인들을 직접 지목하지는 않았다. 민심을 수습하고 이 위기를 타개하기 위해 근위병을 포함한 많은 인사들이 유대인 청년들을 범인으로 몰아 네로에게 처형하도록 만든 것이었다.

네로의 의중과 상관없이 시작된 유대인과 기독교인에 대한 탄압은 사도 성 바울Paulus 등 성직자들의 순교와 많은 기독교인들의 죽음으로 이어졌다. 네로의 기독교 박해 사건은 후에 기독교 역사가들에 의해 엄청난 비판을 받았고 네로가 폭군으로 찍히게 된 결정적인 사건으로 자리매김했다. 방화와 기독교에 대한 박해가 모두 오해였다고 치자. 그렇다면 남아 있는 네로의 만행들은 또 어떻게 설명할 수 있을까? 네로는 정말 폭군 그 이상도 그 이하도 아니었을까? 사실 네로는 꽤 괜찮은 황제였다고 한다.

네로의 야만적인 행동은 불과 35개월 사이에 일어난 것이고 그가 재위한 8년 동안 로마에서는, 경기장에서 살육하는 시합이 금지됐고 세금이 인하됐으며, 사형이 금지되고 주인에게 부당한 대우를 받는 노예들이 민사소송을 제기할 수 있을 만큼 민주적이었다. 심지어 네로는 자신을 향한 비판적인 여론도 수용했으며 비밀재판도 반역죄로 처벌하는 법도 실행하지 않았다.

네로처럼 티베리우스, 본디오 빌라도도 처음부터 악당은 아니었다. 그렇다고 티베리우스가 수많은 정적을 무참히 제거한 것이, 본디오 빌라도가 예수를 처형한 사실이, 그리고 네로가 기독교를 박해한 일들이 없던 일이 되는 것은 아니다. 다만 그들을 악당이라고 치부하기 이전에 그들의 잘잘못을 여러 각도로 정확히 볼 수 있는 역사적 접근이 부족했음이 아쉬울 뿐이다. 옛말에 핑계 없는 무덤이 없다고 하지 않은가! 그들의 무덤에 어떤 핑계가 있는지 한 번쯤 살펴보는 것이 헛된 일은 아닐 것이다. 어떤 시대의 사건들을 이해하기 위해선 다양한 접근이 필요하다. 그런 의미에서 그들이 그런 행동을 해야 했던 이유를 악당이라는 전제를 깔고 보기 전에 시대상에 비추어 생각해보는 접근 또한 필요하지 않을까?

'악당' 끼리는 서로 좋아할까? 싫어할까?

역사 속에는 수많은 악당이 등장했고 많은 사람들은 역사를 뒤흔든 그 악당들에게 지지를 보냈다. 그들은 왜 악당들에게 열광했던 것일까?

《세기의 악당》을 집필한 저자에 의하면 그들이 권력과 야망에 집착하는 모습이 인간의 깊은 욕망을 긴드렸기 때문이라고 한다.

그렇다면 동변상련이라고, 서로 같은 입장에서 자신들과 비슷한 패턴을 보이는 악당에게 호의를 느끼지 않을까? 꼭 그렇진 않겠지만 이상하게 비슷한 성격과 패턴을 지닌 사람들은 서로를 그다지 좋아하지 않는 경향이 있다. 옛말에 '유유상종'이라는 말이 있지만 실제는 그렇지 않은 모양이다.

후세인. 1979년 이라크 대통령에 취임한 이래 걸프전을 일으켰지만 패배했고, 미국과의 전쟁에서 패배 후 체포되어 2006년 사형당했다.

21세기를 대표하는 세기의 악당 오사마 빈 라덴과 후세인이 알려진 것과 달리 서로 싫어했다는 기사가 발표됐는데, 2005년 12월 7일 로이터 통신은 세기의 악당 오사마 빈 라덴과 후세인이 막역한 사이라는 조지 W. 부시 전 대통령의 주장과 달리 빈 라덴은 후세인을 정말 싫어했다고 보도했다.

그런데 부시 전 대통령은 후세인과 빈 라덴이 서로 긴밀한 관계로 알 카에다가 이라크에서 테러 훈련을 받고 있다며 이를 이라크전의 이유 중 하나로 꼽기도 했다. 이들에게는 얼마나 억울한 일인가! 도대체 부시 전 대통령은 어디서 둘이 '절친'이라는 이야기를 들었던 것일까? 공동의 적 미국을 향해 치열하게 싸우면서도 둘이 '절친'이 될 수 없었던 빈 라덴과 후세인. 이 둘을 보면 이런 생각이 들기도 한다. 악당도 악당이 나쁘다는 걸 아는 걸까?

25

역사도
아픈 만큼 성숙한다?

1980년대 이후 동남아시아 지역에서 벌목과 농경지 확장이 계속되면서 야생의 과일을 먹고 사는 큰과일박쥐가 살던 숲이 사라지기 시작했다. 이 때문에 큰과일박쥐들은 과일을 찾아 북쪽으로 이동해 말레이시아반도의 돼지 농장들 근처 과수원에 정착했다. 그리고 곧이어 박쥐가 옮긴 바이러스에 면역력이 없는 사람들이 전염되면서 1백 명이 넘는 사망자가 속출하기 시작했다. 얼마 후 니파 바이러스는 풍토병으로 자리잡았다.

2009년 10월 7일 〈뉴스한국〉

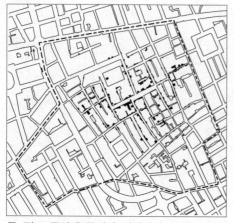
물 펌프 근처에 콜레라 사망자가 많다는 사실
을 밝혀낸 역학 지도.

1960년대 말, 미국 공중위생 국장이 전염병과의 전쟁에서 승리를 선언한 이래 반세기가량 흘렀지만 여전히 전 세계 인구 중 세 명당 한 명은 전염병으로 사망하고 있다. 아마도 미국 공중위생 국장은 세균과 박테리아도 진화할 수 있다는 걸 생각하지 못했던 것 같다. 인류가 생각지도 못할 눈부신 속도로 말이다.

인류의 역사는 가히 질병과의 전쟁 역사라고 해도 과언이 아니다. 지구상의 그 어떤 생물체도 질병에서 자유로울 수 없으며, 인간도 예외는 아니다. WHO는 1980년 이후 에이즈를 비롯한 신종 질병이 30종이나 늘었다고 발표했다.

새로운 질병은 계속 생겨날 것이고 어쩌면 그중엔 우리가 완치할 수 없는 질병이 나타날지도 모른다. 그리고 앞으로 어떤 무서운 질병이 인류의 미래를 위협할지 모를 일이다.

이미 오래전부터 인류는 질병에 무방비로 노출돼 있었고 인간보다 빨리 진화하고 똑똑한 질병은 인류의 역사에도 굵직한 흔적을 남기며 인류를 성숙시키고(?) 역사를 바꿔놓기도 했다.

'질병의 세계화'

힘찬 발걸음

질병과 인류의 전쟁에서 대체로 승자는 질병 쪽이었다. 심지어 그 어느 누구도 실현하지 못한 세계 통일을 달성한 것도 다름 아닌 질병이었다. 남극 대륙을 제외한 세계 전 대륙을 휩쓸며 사람들을 공포에 몰아넣었던 콜레라가 바로 그 주인공이다.

콜레라에 걸린 사람은 설사와 구토를 반복한다. 1백~1억 개의 균이 소화기에 침투하여 발생하는 설사와 구토로, 심할 경우 4~12시간 안에 쇼크에 빠지고 수일 내에 죽을 수도 있다. 설사와 구토로 사람이 죽을 수 있다는 것이 가능한 일인가 싶지만 변변한 약도 없고 이 병에 대해 아무런 지식이 없었던 18세기 유럽 사람들은 걸리기만 하면 죽음에 이르는 이 질병 때문에 공포에 떨어야 했다. 심지어 이 질병은 잊

파스퇴르와 함께 '세균학의 시조'로 일컬어지는 코흐. 1882년엔 결핵균을, 1885년엔 콜레라균을 발견했고, 결핵에 관한 발견과 연구로 1905년에 노벨상을 수상했다.

콜레라가 세균에 의한 수인성 전염병이라는 사실을 처음으로 주장했던 존 스노우. 유럽에 콜레라가 창궐했을 때 질병의 진원지라 할 수 있는 우물을 폐쇄하여 확산을 막았다고 한다.

을 만하면 다시 나타나서 사람들을 악몽에 몰아넣었다.

1817년 인도에서 발생하기 시작한 콜레라는 아시아 전역으로 퍼지면서 위력을 과시하다가 6년이란 비교적 짧은 기간 만에 활동을 접었다. 그리고 3년 뒤 슈퍼스타 컴백처럼 인류 역사에 다시 나타나 활발한 활동을 펼쳤다. 컴백한 콜레라의 활동 무대는 그전과는 사뭇 달랐다. 시베리아를 통해 동유럽의 관문을 넘어 유럽으로, 페르시아와 메소포타미아를 지나 아프리카까지 범 글로벌적인 활동을 펼친 콜레라는 접촉한 사람은 인종과 지위 고하를 막론하고 누구나 감염시켰다. 이렇게 콜레라가 180여 년 동안 전 세계를 휘젓고 다닐 동안 우리는 과연 무엇을 했던 것일까? 그동안 인간이 콜레라를 방지하기 위해 생각해낸 방법은 협곡들을 폭파하거나 징을 울리고 해가 뜰 때부터 질 때까지 소리를 지르는 것, 종교의 힘으로 병을 이겨보고자 기도를 하거나 구원을 받을 수 있는 날, 일명 '구원의 공휴일'을 정해 종교의 힘으로 질병을 피해가려고만 했을 뿐이다.

질병에게 당한 만큼 배운 것,
"청결?"

그러나 콜레라가 인류에게 해만 끼쳤다고는 할 수 없다. 콜레라 덕택에 우리는 위생적이고 깨끗한 도시에서 생활할 수 있게 되었기 때문이다. 콜레라가 창궐하던 18~19세기 도시들은 상상할 수 없을 만큼 더럽고 어두웠다. 1696년 영국에서는 창문이 6개 이상 달린 집에 부과되는 창문세로 웬만한 가정에서는 유리로 된 창문을 구경하기 힘들었고 길거리에선 사람들의 대소변을 쉽게 볼 수 있었다.

심지어 '커다란 악취'라는 별명을 가진 영국의 템스 강은 가축들의 대소변은 물론이요, 사람들의 대소변, 그리고 쓰레기로

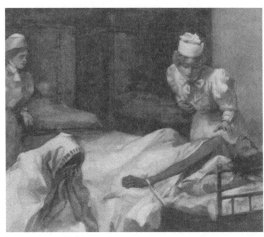

콜레라는 대표적인 수인성 전염병으로 옛날부터 세계 곳곳에서 많은 인명을 앗아갔다.

넘쳐났다. 사람들은 어두운 집에서 템스 강의 더러운 물을 식수로 마셨다. 더러운 환경과 열악한 생활 속에서 살아야 했던 빈민층은 항상 질병에 노출되어 있었고, 질병을 이길 수 있는 면역력도 키울 수 없는 상황이었다. 이처럼 열악한 환경에 노출된 사람들의 사망률이 높은 것은 당연했다. 콜레라 퇴치를 위한 대책이 시급했다. 사람들은 콜레라의 주범 지대인 도시 생활의 변화가 우

에드윈 채드윅. 그는 법률가로서 구빈법에 관여하다가 다른 의사들과 함께 영국 노동자 계급의 불결한 위생 상태의 실태를 파악하고, 근원적인 장치 마련을 위한 법률의 제정과 실행을 위해 노력했다.

선시되어야 한다고 생각했다. 에드윈 채드윅도 이런 생각을 가진 사람들 중 하나였다. 그는 도시의 나쁜 냄새가 콜레라 발생의 원인이라고 지

목했다. 냄새 때문이라는 주장이 좀 황당하긴 하지만, 더러운 오물이 냄새의 원인이므로 아주 빗나간 주장이라곤 하긴 어렵다.

영국은 계속해서 도시환경 정화 문제가 제기되자 1848년 공공의료법을 시작으로 창문세를 폐지하고 공중위생에 힘을 쏟았다. 그 결과 도시는 점점 깨끗해졌다. 그리고 식수를 소독하고 공급하는 일을 시가 담당하면서 도시 사람들은 깨끗한 물을 마실 수 있게 되었다. 사람들은 손을 깨끗이 씻고 깨끗한 환경에서 소독된 물을 마시면서 콜레라의 악몽에서 조금씩 벗어나기 시작했다. 만약에 콜레라가 없었다면 우리는 어쩌면 아직도 오물이 떠다니는 도시에서 생활하고 있을지도 모른다.

특이한 점은 콜레라의 예방이 빈민층을 포함한 사회 복지 발전을 가져왔다는 점이다. 공리주의자였던 채드윅의 노력이 아니었다면 기득권 세력에게서 거둬들인 세금으로 도시 정화 산업을 펼쳐야 한다고 설득하지는 못했을 것이다. 결과적으로 콜레라로 인해 빈민층을 위한 시설이 만들어지고 정비됐다. 자, 이만하면 최소한 콜레라로 지독히 아팠던 인류는 그전보다 성숙했다고 볼 수 있지 않을까?

26

인류를 흥분시킨 마약,
그 아찔한 역사?

"마약으로 취급되었던 물건들, 즉 다른 존재감을 맛보려고 마시거나 피우거나
또는 코로 들이마셨던 것들은 역사적으로 교환과 소비에서 언제나 핵심적인 역
할을 해왔다. 변한 것은 이런 물건들의 상업적, 사회적인 가치가 아니라 '마약'
의 정의였다."

케네스 포메란츠 & 스티븐 토픽, 《설탕, 커피 그리고 폭력》

2010년 12월 9일 〈뉴욕타임즈〉지는 한 해를 정리하며 세계 10대 뉴스를 선정했다. 20만 명 이상이 숨진 것으로 파악된 아이티 지진, 남아공 월드컵과 함께 멕시코 마약과의 전쟁이 10대 뉴스에 올랐다. 마약과의 전쟁을 선포한 멕시코는 갱단 두목 '바비'를 체포하고, 마리화나 340톤을 압수했지만 마약 조직들의 납치, 집단 매장 등의 범죄는 근절되지 않았다. 2010년 한 해만 해도 멕시코의 마약 전쟁 중에 사망한 사람은 3천여 명에 달한다고 한다.

범죄와 뗄 수 없는 관계라고 할 수 있는 마약은 평범한 사람들에게는 무척 낯선 존재다. 그래서 대부분의 사람들은 마약이 우리의 일상과 멀리 떨어져 있다고 생각한다. 그러나 우리의 생각과는 달리 마약은 아주 가까이 존재하고 있다. 그것도 아주 친숙한 모습으로…….

마약을 얻기 위해
돌격 앞으로?

그리 멀지 않은 과거만 해도 마약이라고 했던 것들은 너무 소프트해서 악의 축이라고 부르기 민망할 정도의 것이 많았다. 오랜 세월 동안 마약은 일상생활에서는 물론이고 종교의식에 쓰이는 약품이었다. 지사제로 쓰였던 양귀비부터 각성 작용으로 무아의 경지에 이르게 했던 커피나 차도 마약류에 속했다.

원산지에서 종교 수양을 위해 마시던 커피와 차가 유럽에서는 악마의 음료로 취급됐다. 도저히 거부할 수 없는 매력을 발산하며 대중 속으로 파고든 커피와 차는 서민들의 문화를 바꾸어놓았고 생필품으로 자리잡기까지 했다.

그런데 문제는 공급이 폭발적으로 증가하는 커피와 차의 수요를 따라갈 수 없었다는 것이다. 결국 백인들은 커피와 차를 구하기 위해 미지의 대륙으로 모험을 떠나기 시작했다. 그리고 원산지를 식민지로 만들기 위해 전쟁을 벌였다.

급기야 이것들을 더 쉽게 얻기 위해 중국의 아편전쟁처럼 원산지에 강력한 마약을 공급하기도 했다. 이들은 커피와 차는 물론이고 초콜릿, 담배를 얻기 위해 세상 끝까지 돌격할 준비가 되어 있었던 것이다.

원주민의 **흥분제 카카오**
vs 백인들의 **달콤한 카카오?**

죽을 때까지 아메리카 대륙을 인도라 믿었던 콜럼버스는 어느 날 신대륙에서 신기한 열매와 마주쳤다. 마야인들은 그 열매를 카카와라고 불렀고 아즈텍인들은 카카오라고 불렀다. 이 열매를 먹은 원주민들은 일종의 환각 상태에 빠졌는데 주로 종교의식에 사용하거나 전쟁터에 나가는 병사들이 사용했다. 이 독특한 열매는 원산지인 아메리카 대륙^남^{아메리카}에서 인기가 좋았다. 하지만 그곳에서도 카카오는 매우 귀한 열매였다. 때문에 카카오를 화폐로 사용하기도 했다.

원주민의 음료 중에서 카카오의 유럽 대륙 진출은 비교적 평탄하게 진행됐다. 사제들과 귀족들의 총애를 한 몸에 받으며 편하게 안착했으니 말이다. 요즘에 흔히 먹는 간식인 초콜릿의 원료가 되는 카카오. 도대체 어떻게 먹어야 최음제가 되는지는 알 수 없지만 이 열매의 독특한

카카오. 아메리카 열대 지역이 원산지로 알려져 있는데, 현재는 아메리카뿐만 아니라 아프리카 서부 · 자바 · 인도 · 스리랑카 등에서도 재배되고 있다.

이력은 여기에서 그치지 않는다. 마야인의 사랑을 한 몸에 받았던 카카오는 유럽에서도 꽤 인기가 좋았다. 그런데 쓰임새와 소비자 계층은 원산지와 완전히 달랐다. 사제들과 귀족들은 자신들의 금욕적인 생활을 드러내는 음료로 카카오를 찾았다. 커피보다 쓰지 않으면서 맛도 훨씬 달콤했기 때문이다. 상류층이 카카오에 매료되는 것은 시간 문제였다.

그런데 이 달콤한 맛에 빠진 유럽인들은 카카오 나무를 전 세계에 심어 대대손손 풍족하게 즐기고 싶은 유혹에 빠지고 말았다. 그들은 이 나무를 아프리카 대륙까지 가져가서 심었다. 이제 카카오는 더 이상 남아메리카 원주민들의 것이 아니었다. 대량 생산된 카카오에서 '코코아'라는 상품이 탄생하고, 밀크 초콜릿이 등장하면서 카카오는 남녀노소 모두가 즐기는 간식거리가 되었다.

카카오의 역사가 대중화라는 측면에서 볼 때 바람직하다고 해야 할지, 건전한 방식으로 변하는 것이 좋다고 해야 할지는 좀 더 생각해봐야 할 문제다. 카카오의 대중화엔 아메리카 대륙의 식민지 역사와 동남아시아, 아프리카의 식민지 역사가 맞물려 있다. 유럽의 폭발적인 수요를 충족시키기 위해 이들 식민지에서 이루어진 대규모 농장 때문에 수많은 원주민이 피와 땀을 흘려야 했기 때문이다.

잠을 깨우는 커피
vs 평화를 깨우는 커피?

모닝 커피는 현대인의 필수품이 된 지 오래다. 꼭 아침이 아니더라도 커피는 식사 후에 당연히 따라오는 음료가 되었고, 한 손에 커피 한 잔 들고 출근하는 모습은 바쁜 현대인을 단적으로 보여주는 예가 됐다. 커피를 마시는 사람들의 취향이 다양한 만큼 커피의 종류도 수십 가지가 넘는다. 우유와 함께 섞어 마시는 카페 라떼, 여기에 계피가루를 첨가한 카푸치노, 원액을 진하게 우려낸 에스프레소, 원액에 물을 넣어 마시는 카페 아메리카노, 에스프레소에 우유와 초콜릿을 첨가한 카페 모카 등 커피 전문점에 들어서면 여러 가지 커피 종류가 메뉴판에 나열돼있다. 현대인의 아침을 깨우고 시시때때로 몰려오는 식곤증을 깨워주는 커피는 어떻게 우리 생활에 가까이 있게 된 것일까?

요즘에는 커피가 꽤 많은 지역에서 재배되는 식물이지만, 한때는 일부 지방에서만 나는 특산물이었다. 커피는 염소들

에티오피아는 아프리카 최대의 커피 생산국이다.

의 이상 행동을 관찰한 에티오피아 목동에 의해 처음 발견되었다. 목동은 염소들이 먹었던 열매를 맛보았는데 맛과 향이 독특했을 뿐만 아니라 기분도 이상해지는 것을 느꼈다. 이 사실은 곧, 그 지역 수도원장의 귀에까지 들어갔고, 이 열매를 달여 마신 그는 커피에 각성 작용이 있다는 것을 알게 되었다.

에티오피아에서 처음 발견된 커피는 이슬람 상인들을 따라 아라비아 반도 끝에 위치한 예멘에 도착했다. 예멘은 커피가 신대륙 곳곳에 심어지기 전까지 최대의 커피 수출국이었다.

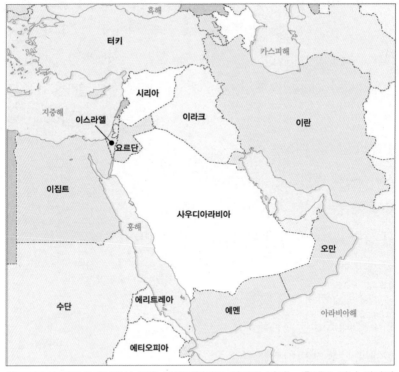

아프리카의 에티오피아에서 처음 발견되었다고 알려진 커피는 홍해를 건너 아라비아반도 남단의 예멘으로 전달되면서 마실 수 있는 음료로 개발되었다.

1650년에 영국 최초의 커피 하우스가 옥스포드에 개점한 이래 런던에도 많은 커피 하우스가 생겨났는데, 이곳에서 커피를 마시며 다양한 주제의 토론이 이루어지고, 온갖 정보를 얻을 수 있어 '페니 대학(Penny University)'으로 불리기도 했다.

우리는 모카를 커피의 한 종류로 알고 있지만, 사실 모카는 예멘의 가장 큰 커피 수출항이었다. 예멘의 모카 항구는 온갖 위험을 무릅쓰고 커피를 구하러 온 유럽 상인들로 북적였다. 예멘의 산악 지대에서 재배된 커피는 거의 대부분 중동과 서남아시아로 수출됐고, 여기에 유럽의 수요가 더해지면서 세계에서 가장 비싼 상품 중 하나가 됐다.

그러나 커피가 아라비아반도에 도착해 막 세력을 확장하기 시작했을 무렵엔 지금과 같은 사랑을 받지 못했다. 커피의 중독성을 우려했던 보수 세력은 커피가 퍼지는 속도가 빨라질수록 거세게 탄압했다. 아라비아반도에선 커피 자루를 불태우는가 하면, 터키에선 보스포러스 해협에 커피를 던져버리기도 했다.

커피를 열렬히 지지하는 층과 안티층과의 각축전은 유럽 대륙에서도

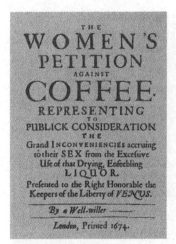

영국의 커피 금지 청원서.

예외는 아니었다. 한 베네치아 상인을 통해 유럽에 전해진 커피는 곧바로 유럽 남성들의 열렬한 환영을 받았다. 영국 런던에서는 남자들이 모여 커피 한 잔을 마시며 정치, 경제, 사회, 문학에 대해 이야기하는 커피 하우스가 선풍적인 인기를 끌었다.

문제는 이 커피 하우스에서 날마다 죽치고 살다시피 하는 '커피 하우스 죽돌이' 들 때문에 발생했다. 남편들이 집보다 커피 하우스에 있는 시간이 길어지자 아내들의 분노가 폭발했다. '커피 하우스 죽돌이' 남편을 둔 여자들은 커피가 검고 쓰며, 고약한 냄새가 나는 천한 시궁창 음료라고 주장했다.

하루아침에 가정 파괴범으로 전락한 커피 하우스는 반역의 음모에도 휘말렸다. 새로운 세상을 꿈꾸는 이들이 커피 하우스에 모여 정치적 논쟁을 하던 것이 문제가 됐던 것이다. 영국 정부는 곧바로 커피 하우스를 폐쇄하려고 노력했지만 그때마다 강한 반발에 부딪혀 실패했다. 아마도 프랑스 정부가 영국 정부만큼 커피 하우스에 대해 민감했더라면 인류 역사상 가장 위대한 혁명은 일어나지 않았을지도 모른다. 프랑스 혁명의 도화선이 되었던 바스티유 습격사건도 커피 하우스에서 논의됐기 때문이다.

조용하던 세계를 깨우는 커피의 각성 작용은 계속됐다. 예멘을 방문

보스턴 차 사건. 1773년 영국의 식민지 자치에 대한 지나친 간섭에 격분한 보스턴 시민들이 영국으로부터의 차 수입을 저지하기 위해 일으켰던 사건이다. 미국 독립혁명의 직접적인 발단이 되었다.

한 드라로크라는 상인이 루이 14세에게 바쳤던 커피나무가 왕의 정원에서 무럭무럭 자라 아메리카 대륙과, 동남아시아 식민지에 옮겨지면서 대규모 플랜테이션 농업이 시작됐다. 세계 곳곳에선 사탕수수에 이어 카카오, 커피를 재배하기 위한 채찍질이 계속됐다. 커피의 재배 현장이 비인간적이었지만 이와는 관계없이 제국주의 국가는 감미로운 커피향에 오랜 세월 취해 있었다. 유럽인들이 이렇게 커피향에 취해 있을 즈음, 영국의 식민지였던 아메리카 대륙에서는 세계사에 한 획을 그을 만한 사건이 터지고 말았다. 독립운동 조짐이 생겨난 것이다. 영국과의 무력 충돌로 미국의 독립전쟁에 도화선 역할을 한 '보스턴 차 사건Boston Tea Party'이다. 그 이름에서 알 수 있듯이 이것은 커피 때문에 일어난 사건이 아니다. 당시 미국은 영국의 식민지였던 만큼 커피보다 차를 마시는 사람들이 많았다. 미국에서 소비되는 차는 대부분 밀수입된 것이었는데, 식민지에 차를 파는 동인도회사가 어려움에 직면하자 영국 정부는 미국의 밀무역을 금지시키고 동인도회사에 차 무역에 대한 독점권을 주면서 높은 관세를 부과한다고 발표했다. 이것은 그때까지 밀무역으로 차를 공급받던 미국의 수많은 차 애호가들에게는 날벼락 같은 사건이었다. 반 영국 급진파를 중심으로 한 보스턴 시민들은 영국이 식민지 자치권에 대한 지나친 간섭에 격분하며 보스턴에 정박해 있던 동인도회사 선박을 습격해 차 상자를 바다에 내던져버렸다.

이것이 1773년 12월 16일 보스턴항에서 일어난 '보스턴 차 사건'이다. 이 사건으로 시중의 차 공급은 급격히 줄어들었고 때마침 홍차를 마시는 것은 미국을 배반하는 행위라는 여론이 강하게 일면서 차 대신 커피에 물을 타서 마시는 사람들이 생겨났다. 이것이 지금의 카페 아메리카노의 시작이다. 영국은 보스턴 차 사건을 반역으로 간주하며 보스턴항을 폐쇄 조치했고 미국은 무력항쟁을 선포하면서 전쟁이 시작됐다. 미국인들은 홍차 대신 커피를 벌컥벌컥 마시며 죽을힘을 다해 독립을 쟁취했고, 독립한 후에도 물에 탄 커피를 마시면서 눈부신 산업화를 일구어내는 데 성공했다.

어떤 이들은 쏟아지는 잠 때문에 커피를 마셨고, 또 어떤 이는 좀 더 새로운 세상을 도모하기 위해 커피 하우스를 찾았다. 사람들은 휴식 시간을 즐기기 위해, 또는 친목을 도모하기 위해 커피를 마셨다. 커피는 식민지 플랜테이션이라는 비인간적인 제도를 바탕으로 하여 프랑스혁명을 도모한 혁명의 음료로, 미국의 독립을 쟁취한 민주화 음료로, 이제는 사람들의 아침을 깨우는 음료로 우리 곁에 존재하고 있다. 어쩌면 커피가 쓴 맛과 신 맛, 그리고 일일이 나열하기 힘들 정도로 다양한 맛을 내는 것은 그 안에 담겨 있는 다양한 역사 때문일지도 모른다.

인류에게 어떤 형태로든 즐거움을 선물했던 기쁨조들은 역사를 통해 알 수 있듯이 아픔을 가져다준 악마로 돌변할 수 있다. 누군가의 짧은 쾌락과 안녕 때문에 폭력이 수반되는 역사의 현장은 단순히 예전에 일어났던, 그리고 앞으로 일어나지 않을 과거사가 아니다. 역사를 통해, 그 아픔을 통해 우리가 상식 외에 더 얻고자 하는 노력이 없다면 이 아픈 역사는 또다시 쾌락의 이름으로 재현될지도 모른다.

27

눈물 없이 들을 수 없는
어떤 향신료 이야기?

마늘이 흡혈귀를 쫓는다는 것은 대부분의 사람들이 알고 있는 전설이지만 그 내용에 대하여 스콜라 박사의 설명을 들어볼 필요가 있다. 포르피린(porphyria)증은 중부 유럽, 특히 루마니아의 외딴 지역에서 발견되는 유전질환이다. 포르피린증의 유전적 소인을 가진 사람은 철분을 혈액의 헤모글로빈 형태로 흡수하여야 한다. 그들은 햇빛을 피해야 할 뿐 아니라 강한 실내 빛도 피해야 하는데 그렇지 않으면 피부가 발적하고 독소를 만들어 질병을 앓게 된다. 그들은 특별히 많은 털에 긴 치아, 매우 밝은 피부를 갖는다. 특히 중요한 것은 황화디알릴(diallyl sulfides, 마늘에 들어 있는 알리신 성분의 일종)이 그들의 질병 증세를 격렬하게 만드는데 마늘이 황화디알릴을 다량 함유하고 있다. 이런 유전적 질환을 가진 사람은 보기에 흡혈귀처럼 보이고 실제 마늘을 기피하기 때문인 것으로 본다.

박홍현, 《마늘의 세계》

마늘은 까면 깔수록 새로운 속내를 드러내는 양파만큼 흥미로운 향신료다. 마늘이 생긴 모습과 달리 백합과라는 사실을 아는 사람은 많지 않을 것이다. 그리고 마늘이

마늘은 특유의 강한 향으로 서양에서는 한때 배척받았으나, 현재는 여러 가지 효능으로 인해 전 세계에서 가장 인기 있는 향신료가 되었다.

톡 쏘는 매운 맛처럼 눈물겨운 굴곡의 역사를 걸어왔다는 사실을 아는 이도 많지 않을 것이다.

독한 냄새를 풍기는 마늘은 인류 역사에 오래전부터 등장했다. 고대 이집트에서 마늘은 두드러진 활약을 했는데 거대한 피라미드 제작 과정에선 향신료 이상의 의미가 있었다. 쿠푸 왕은 피라미드 건설에 참여한 사람들에게 식료품으로 마늘을 지급했다고 한다. 마늘은 몸속 영양소를 에너지로 바꾸는 기능과 함께 비타민 B가 풍부해서 쉽게 피로를 느끼지 않게 해주기 때문이다.

역사 수수께끼 연구회, 《세계사 칵테일》

고대 이집트에서는 마늘을 피라미드 건설에 종사하는 노동자들의 식량과 임금으로 지급했을 만큼 중요하게 생각했다. 게다가 그들은 중요한 의식 때 마늘에 손을 올려놓고 선서를 했으며, 왕의 무덤에도 마늘을 넣어두었다고 한다. 그러나 시간이 지나자 이렇게 귀한 대접을 받던 마늘의 위상이 급락하기 시작했다. 고대 로마시대에는 마늘 냄새가 나

마늘이 많이 들어간 프랑스 시골 음식은 건강식으로 손꼽힌다.

는 사람은 신전에 들어가지 못했다.

마늘에 대한 부정적인 이미지는 중세시대에 더욱 두드러져서 마늘의 강한 향기를 부적절한 욕망으로 간주하기도 했다.

신분의 차이가 분명했던 중세시대에는 먹는 것 역시 신분에 따라 차이가 있어야 한다고 생각했다. 고귀하고 높은 신분의 사람들은 거친 음식, 강한 향이 나는 음식을 먹지 못하기 때문에 고급스럽고 가벼운 음식을 먹어야 하고, 반면에 낮은 신분의 사람들은 힘든 육체노동에 맞는 거칠고 영양 많은 음식을 먹어야 한다고 믿었다.

그래서 수수, 보리, 귀리로 만든 빵, 마늘, 부추, 양파, 파 등은 농민들과 평민들이 먹는 것이고 귀족들은 포도주나 육류나 밀가루로 만든 음식을 먹어야 한다고 생각했다.

마늘에 대한 인식은 1940년대가 돼서야 조금씩 바뀌기 시작했다. 마늘이 많이 들어간 프랑스 시골 음식이 급부상하면서 마늘에 대해 조금씩 호감이 싹트기 시작했다. 이전엔 단지 흡혈귀와 악마를 막는 주술적인 마늘이 향신료의 반열에 당당히 재입성한 것이다.

화려한 컴백!
마늘 전성 시대

그렇다면 지금 마늘의 위치는 어떨까? 요즘 마늘에 대해 열광하는 사람들을 보고 있자면 그 옛날 배척받던 마늘의 역사가 의심스럽기까지 하다. 최근엔 향신료로서의 가치뿐 아니라 의학적으로도 마늘의 효과를 거의 맹신하는 분위기다. 〈뉴욕타임즈〉지의《숨겨진 역사》라는 책을 보면 미국인들은 매년 2억5천 파운드 이상의 마늘을 먹는다고 한다. 다양한 마늘을 구분하는 것, 그 맛의 차이를 아는 것, 썬 마늘, 통마늘의 차이를 아는 것이 진정한 미식가라고 믿는 분위기가 만연하다. 심지어 식료품 판매하는 곳에서 파는 마늘은 맛을 모르는 일반 대중을 위한 것이며 마늘 소금과 마늘 가루는 논할 가치도 없다고 말하는 사람도 있다고 한다.

우리는 이제 히포크라테스가 그랬던 것처럼 감염된 허파에 마늘을 치료제로 쓰거나 왕과 권력자의 무덤에 마늘을 넣는 일은 하지 않는다. 사람들은 마늘의 주술적인 면을 떠나 그저 마늘이 포함되어 있는 음식에 열광하고 있다.

음식에 풍미를 주어 식욕을 촉진시키는 각종 향신료.

이런 분위기는 마늘이 그 어떤 향신료보다 건강에 좋다는 생각에서 나온 것이다. 단순히 음식 재료의 고유한 냄새를 제거하기 위해, 맛을 업그레이드하기 위해 필요했던 향신료가 아닌, 웰빙 음식을 선호하는 사람들이 많아졌기 때문이다.

마늘은 신성한 음식으로 대접받기도 했고, 반대로 가난과 미천한 신분의 상징으로 배척받기도 했다. 마늘 냄새가 나는 사람들은 동양인과 가난한 남미 출신이라는 이미지 때문에 마늘에 중독된 사람들을 괴롭히기도 했다. 하지만 귀족보다 더 끈질긴 생명력으로 역사를 지탱해오던 서민들의 역사처럼 그들 속에서 강한 생명력을 자랑하던 마늘은, 오늘날 그 어떤 시대보다 화려하게 부활해 전성기를 맞고 있다.

이제 음식의 맛을 살리기 위해, 건강을 위해 마늘을 까면서 매운 냄새에 눈물을 흘리던 우리는 그 마늘을 보면서 눈물 없이는 들을 수 없었던 마늘의 질곡 깊은 역사를 기억하게 될 것이다. 이 또한 마늘이 들어간 음식을 먹는 또 다른 재미가 아닐까?

맛을 위해 싸운다?

　수백 년 동안 인류는 좀 더 맛있는 음식을 먹기 위해 싸웠다. 과거에는 음식을 만들기 위한 재료가 지금과 달리 제한되어 있었고, 냉장 시설이 부족해 맛을 내는 유일한 수단이 향신료였다. 때문에 그 옛날 향신료의 가치는 우리의 상상을 초월할 만큼 대단했다. 유럽이 아시아로 팽창하려 했던 가장 큰 이유 중 하나가 향신료였다는 것 하나만으로도 그 위력이 짐작되지 않는가?

　향신료 중 유럽을 광란에 빠뜨렸던 것은 바로 후추였다. 후추는 고대부터 귀한 향신료로 여겨져 그리스 로마 시대에는 후추에 많은 세금을 부과했고 중세에는 프랑스와 네덜란드 등 서구 열강이 후추의 독점권을 놓고 전쟁을 벌이기도 했다.

후추.

　십자군 전쟁조차 표면적인 이유는 이슬람의 영향력 아래 있는 성지를 회복하겠다는 것이었지만, 아시아로 들어가는 길목을 가로막는 이슬람 세력을 저지하기 위함이었다는 것은 별로 놀라운 일도 아니다. 십자군들은 예루살렘에서 이슬람 세력을 몰아내는 것을 시작으로 800년 동안 남부 스페인을 정복하며 동양을 가로막고 있던 무어족을 스페인에서 제거하려고 했다.

　좀 더 맛있는 식사를 위해 싸웠던 인류의 전쟁들을 생각해보면 우리가 아무렇지도 않게 쓰던 향신료가 좀 더 다르게 보이지 않을까?

중세 음식.

28

너무 가볍거나, 너무 무겁거나
(경솔한 황제 vs 철혈 재상)

독일의 마지막 황제는 세계사의 위대한 패배자들 가운데 두 가지 기록을 세웠다. 첫째, 한창 강대국으로 융성하던 제국을 그렇게 짧은 시간 내에 잃어버린 지도자는 없었다. (중략) 둘째, 패배한 뒤에도 반감과 물질적 걱정, 절망과 부끄러움에서 멀찍이 떨어져서 살았던 사람은 없었다. 물론 패배에 따르는 일말의 쓸쓸함이야 어쩔 수 없었겠지만 말이다.

볼프 슈나이더, 《위대한 패배자》

세계의 황제 중 본인의 의사와 상관
없이 가장 씁쓸하고 가장 초라한 패배
를 맛본 빌헬름 2세[Wilhelm II], 그리고 살
아서는 온갖 비난을 받았던 인물이지만
죽어서는 독일의 가장 위대한 지도자
중 한 명으로 손꼽히는 비스마르크
[Bismarck]. 이 둘은 아이러니하게 동시대에
살았던 인물이다.

19세기 초까지 연방 체제로 나뉘어
져 있던 독일을 통일한 강력한 제국 프
로이센! 빌헬름 2세는 그 제국의 가장
화려했던 시기의 황제였다.

빌헬름 2세. 비스마르크를 파면
시킨 뒤 적극적인 해외 진출 정
책을 취했으나, 경솔하고 독선
적인 행동으로 독일을 국제적으
로 고립시켜 제1차 세계대전으
로 이끄는 대독포위망을 만들게
했다.

빌헬름 2세가 독일의 황제로 즉위하던 시절의 독일은 세계에서도 세
손가락에 꼽히는 강대국이었다. 산업이 눈부시게 발전했고, 군사력은
러시아에 이어 세계에서 두 번째였다. 경제와 군사력 쌍두마차를 타고
달리는 독일에게 제동을 걸 나라는 많았다. 그런데 이렇게 강성한 왕국
을 자기 생을 마감하기도 전에 모래성 무너뜨리듯 힘없이 무너지게 했
던 빌헬름 2세, 과연 그는 누구일까? 그는 어쩌다가 이런 불명예를 짊
어지게 되었을까?

빌헬름 2세는 자신감이 넘치면서 동시에 감상적이고 호탕한 성격의
소유자였다. 문제는 이 호탕함과 자신감이 넘쳐 늘 말실수가 잦았다는
것이다. 물론 말실수는 누구나 하는 것이지만 황제의 실수는 간혹 엄청

난 파국을 몰고 올 수도 있다.

그는 사람들 앞에서 자신이 찬란한 시대로 인도할 것이라고 떵떵거리고 다녔으며, 남아프리카의 한 국가 원수에게는 무장 난동꾼을 무찌른 것을 축하한다는 전보를 치기도 했다. 그 난동꾼은 바로 영국이었다. 빌헬름 2세는 할 수만 있다면 최선을 다해 유럽과 세계 각국에서 일어나는 일에 오지랖 넓게 한 마디씩 거들었으며 그 한 마디 한 마디마다 특유의 자신감과 호탕함을 과시했다. 이로 인해 독일을 제외하고 유럽에서 그를 좋아하는 인사는 많지 않았다. 그는 가벼운 입만큼 정치적으로도 경솔했다.

그가 실각시켰던 비스마르크는 빌헬름 1세 때 외무장관 겸 수상을 맡으면서 정권을 장악했다. 취임 1주일 후 비스마르크는 '철'과 '피'로 강력한 독일을 세우겠다고 말했다. 철혈 재상 비스마르크는 자신의 신념을 실천했다. 독일 통일 과정에서 경쟁국이었던 오스트리아를 보기 좋게 물리쳤고 프랑스와의 전쟁에서는 승리하면서 승승장구했다.

비스마르크는 당시 스페인이 혁명으로 왕의 자리가 비자 프로이센의 왕족을 스페인 국왕 후보로 내세웠는데 이에 프랑스가 강하게 반발하자 전쟁을 일으켰다. 왕위 계승 싸움으로 보이는 이 전쟁은 사실 비스마르크의 간교한 계략 때문에 시작되었다. 프랑스는 당시 프로이센의 국왕이었던 빌헬름 1세에게 스페인 왕권 문제를 항의하면서 편지를 한 통 보냈다. 비스마르크는 이 편지를 프랑스가 독일에 치욕을 안겨준 것처럼 예쁘게(?) 재편집했다. 독일 내의 여론은 들끓었고 비스마르크는 이 기회를 틈타 프랑스에 선전포고했다. 전쟁의 결과는 어떻게 되었을까? 이제 겨우 신생국이었던 독일이 강대국 프랑스와 싸워서 이길 수 있었겠는가? 도무지 승산 없는 싸움이 아닌가! 전쟁의 결과는 당연해 보였다.

하지만 세상일이 항상 예측대로만 진행되는 건 아니다. 모두가 얕잡아보던 독일이 보기 좋게 프랑스를 초토화시켰고, 그것으로도 모자라 파리가 공략되는 시간, 빌헬름 1세와 비스마르크는 프랑스의 황금으로 뒤덮인 베르사유 궁전에서 여유를 즐기기도 했다. 그리고

비스마르크. 독일을 통일한 정치가로, 독일제국의 첫 수상이다. 통일을 위해 의회의 반대에도 불구하고 군비 확장을 추진하여 '철혈 재상'이라는 별명이 생겼다.

전쟁이 끝난 뒤 독일은 베르사유 궁전 거울의 방에서 빌헬름 1세의 황제 즉위식과 함께 강력한 통일 독일제국이 탄생했음을 선포했다. 비스마르크는 철과 피로 통일 독일제국을 건설하리라 외친 지 8년 만에 자신의 말을 실천했다.

비스마르크는 추진력과 리더십만 뛰어난 게 아니라 외교적 수완도 뛰어났다. 그는 한 마디로 똑똑한데다가 행동이 재빠르고 뚝심까지 있는 멋진 남자였던 것이다. 비스마르크는 프랑스, 오스트리아, 러시아에 둘러싸여 있는 독일이 번성하기 위해선 외줄타기의 명수가 되어야 한다는 것을 잘 알고 있었다. 비스마르크는 발칸반도를 손에 넣고 싶은 오스트리아와 동맹을 맺어 발칸반도 문제를 공동으로 대처하겠다고 약속하고, 프랑스와 튀니지 지역 문제를 두고 대립하고 있던 이탈리아와

도 동맹을 맺었다. 이것이 바로 독일, 이탈리아, 오스트리아가 맺은 3국 동맹이다. 그는 이어 러시아를 끌어들이고 영국을 끌어들여 프랑스를 고립시켰다. 이런 외교적 수완으로 비스마르크는 독일을 강대국으로 끌어올렸다. 어느 정도 갈등의 소지는 존재했지만 이 평화는 1차 세계대전이 발발하기 전까지 지속됐다.

제1차 세계대전의 원인,
빌헬름 2세?

문제는 빌헬름 2세가 즉위하면서부터 일어났다. 영국 빅토리아 여왕의 외손자였던 그는 황제와 재상이 존재하는 어정쩡한 독일 정치가 못마땅했다. 때마침 독일에선 15만 명의 광부들이 임금 인상과 산재 보호 개선을 요구하며 파업을 일으켰는데 재상이 제대로 대응하지 못했다는 이유로 비스마르크를 압박해 사임하도록 만들었다.

비스마르크가 없는 독일에서 최고 통치자는 빌헬름 2세였다. 빌헬름 2세는 통치권을 장악한 기쁨에 이렇게 외쳤다. "짐은 이제 이 국가라는 군함의 당직 장교다. 항로는 그대로 전속 전진!" 빌헬름 2세는 비스마르크 없는 독일에서 자신이 최고의 권력자로 절대 왕권을 수립할 수 있다고 믿었는지 모른다. 그렇다면 빌헬름 2세의 당당한 외침처럼 이미 강대국으로 성장한 독일이란 군함이 승승장구하며 전진할 수 있었을까? 과연 빌헬름 2세가 비스마르크보다 독일이라는 군함을 잘 이끌 수 있었을까?

다른 것은 몰라도 빌헬름 2세가 비스마르크보다 더 현명하지 못한 것

제1차 세계대전. 1914년 7월 28일 오스트리아의 세르비아에 대한 선전포고로 시작되었다. 영국·프랑스·러시아 등으로 이루어진 연합국과 독일·오스트리아 등 동맹국이 전쟁을 일으켰고, 독일의 항복으로 끝을 맺었다.

은 확실하다. 비스마르크를 재상에서 내쫓은 일이 경솔한 결정이 아니었다면 최소한 그만큼 활약했어야 마땅하다. 하지만 빌헬름 2세는 그만큼의 활약은커녕 비스마르크가 공들여 쌓아놓은 탑을 무너뜨리기 바빴다.

비스마르크가 심혈을 기울여 맺은 러시아와의 동맹도 조약이 만료되면서 흔들리기 시작했다. 평소 러시아와의 동맹 조약이 독일에 불리하다고 불평하던 빌헬름 2세는 비스마르크의 강력한 권유를 뿌리치고 러시아와의 조약을 갱신하지 않았다. 더 나아가 러시아 농산물에 높은 관세를 매기는 정책을 실행했다. 빌헬름 2세의 이와 같은 경솔한 외교정책 덕에 러시아와 프랑스가 동맹을 맺게 되었고 독일은 결과적으로 프랑스와 러시아 양쪽에서 고립되고 말았다.

비스마르크가 프랑스를 '왕따' 시키는 정책을 펼쳤다면, 반대로 빌헬름 2세는 자신이 발 벗고 나서서 독일을 '왕따' 시키는 정책을 펼쳤던 것이다. 빌헬름 2세는 러시아와 등 돌리기가 무섭게, 독일의 해군력을 증강시키는 데 힘을 쏟아 영국의 심기를 건드렸다. 게다가 1908년 영국을 방문한 빌헬름 2세는 무슨 생각에서였는지 한 신문사와의 회견에서 독일 국민 대다수가 반영 감정을 가지고 있다고 밝혔다. 독일이 더 이상 우호국이 아님을 깨달은 영국은 독일이 함대수를 줄이지 않는 한 독일과 프랑스의 전쟁에서 중립을 약속할 수 없다고 밝혔다.

결국 독일의 제국주의 야심과 위협에 경계심을 품은 영국과 러시아는 독일을 고립시키기 위해 외교적 군사적 동맹을 맺었는데, 이것이 오스트리아, 이탈리아, 독일의 삼국동맹과 대립되는 영국, 프랑스, 러시아의 삼국협상이다. 말 그대로 삼국협상은 영국, 프랑스, 러시아가 일시적인 협력 체제를 맺은 것으로, 빌헬름 2세가 중동과 동유럽, 더 나아가 아시아까지 넘보는 야심을 적나라하게 드러내지 않았다면 독일이 이처럼 고립되는 일은 없었을지도 모른다.

어디서나 남보다 앞서 돋보여야 했던 빌헬름 2세의 허영심은 극에 달했다. 유럽의 시한폭탄, 발칸반도 문제를 건드린 것이다. 그리고는 팔자 좋게 발트해로 유유히 유람을 떠났다. 그는 이 사건을 오스트리아의 단순 응징으로만 생각했던 것이다.

그러나 러시아가 이 사건에 개입하기로 선언하고 프랑스가 러시아의 동맹국으로 전쟁에 개입할 것을 선언하면서 전쟁은 유럽 전체가 참여하는 세계대전으로 번지고 말았다. 영국이 오스트리아에게 응징을 중지할 것을 압박했지만 이미 전쟁을 결심한 오스트리아가 이 압력을 받아들일 리가 없었다. 결국 오스트리아가 사라예보 사건과 관련한 모든 일에 일체 협상을 거부함으로써 제1차 세계대전이 발발했다.

제1차 세계대전은 독일측에 불리하게

발칸반도. 다양한 민족에 여러 종교 분쟁까지 얽혀 유럽의 화약고로 불리는 지역이다.

전개됐다. 6주 만에 프랑스를 쓰러뜨리고 러시아를 공격한다는 계획을 세운 독일은, 영국이 독립을 보장해준 벨기에를 침략하면서 영국이 참전하는 결과를 낳고 말았다.

단기간에 끝날 것이라고 예상했던 전쟁은 유럽 강대국들의 참전으로 무려 4년이나 계속됐다. 1914년 7월 24일 발발한 제1차 세계대전은 1918년 11월 11일 독일의 항복으로 끝날 때까지 전선의 변동 없이 엄청난 물량 공세로 지속됐다.

설상가상으로 바다 위에선 영국이 독일을 향해 '해상 봉쇄 작전'을 펼쳤고, 이에 맞선 독일은 아군의 배 이외의 모든 배를 적군으로 간주하고 침몰시킨다는 '무제한 잠수함 작전'을 선포했다. 이 작전은 불행히도 미국의 참전을 가져왔는데, 독일이 미국 민간인이 타고 있던 배마 저 침몰시킨 것이다.

날개 없이 추락하는
빌헬름 2세

결국 1918년 독일은 항복을 결심하고 빌헬름 2세를 퇴위시키기로 결정했다. 게다가 반정부 시위와 폭동으로 황제 퇴위 요구가 거셌지만, 빌헬름 2세는 끝까지 '독일 황제로서는 퇴위하지만 프로이센 왕으로서는 재위하겠다'며 버텼다. 그러나 내각은 '황제와 왕위를 비롯한 모든 공직에서 퇴위한다'고 일방적으로 발표해버렸다. 군부는 빌헬름 2세에게 추락할 것이 분명하니 차라리 전쟁터에 나가 명예롭게 죽는 것이 어떠냐는 권유까지 했다. 만약 빌헬름 2세의 용기가 입심만큼 좋았더라면, 그는 명예롭게 죽는 길을 선택했을지도 모른다.

하지만 이 상황에서도 빌헬름 2세는 사태를 파악하지 못하고 마지막까지 허세를 부렸다. 입으로는 침몰하는 배의 선장이 어찌 배를 두고 떠날 수 있느냐며 이것은 반역이라고 외쳤지만, 그의 다리는 네덜란드를 향해 열심히 달리고 있었다. 1918년 11월 10일 빌헬름 2세가 네덜란드로 망명하고 11월 11일 독일이 항복하면서 전쟁은 끝났다.

만약 비스마르크가 황제에 대한 충성을 버리고 입헌 민주제로 통일 독일을 완성했다면 역사는 조금 달라졌을까? 또 빌헬름 2세가 조금 더 신중하고 결단력 있는 인물이라서 오스트리아의 응징에 지지를 표명하지 않았다면 전쟁을 피할 수 있었을까? 아니면 벨기에를 점령하지 않아 영국이 참전하지 않고, 보이는 건 무조건 침몰시키겠다는 무제한 잠수함 작전 같은 건 아예 처음부터 없어서 미국이 참전하지 않았다면 빌헬름 2세의 운명과 독일의 역사는 조금 달라졌을까? 불행히도 역사는 '만약'이라는 조건을 허락하지 않는다. 한 번뿐인 선택에 미래를 생각하고 신중하게 결단을 내리지 않는다면 누구라도 빌헬름 2세처럼 한순간에 모든 것을 잃을 수 있다.

발칸반도가 뭐길래?

에로부터 발칸반도는 비잔티움제국(동로마제국), 오스만투르크 등 주변 여러 제국들의 지배를 받아왔다. 19세기에 들어서 발칸반도에는 독립된 여러 국가가 출현했는데 슬라브족, 세르비아족, 이슬람족, 게르만족 등 다양한 민족에다 가톨릭, 이슬람교, 동방 정교회 등 종교 분쟁까지 얽혀 유럽의 화약고라 불리는 지역이 되었다. 제1차 세계대전 전까지 북쪽으로는 러시아가 남진정책, 서쪽으로는 합스부르크 왕국의 오스트리아와 독일, 그리고 남쪽으로는 터키가 힘겨루기를 했는데 결국 1908년 오스트리아에 병합됐던 보스니아의 사라예보에서 슬라브족의 통일을 주장하던 한 남자가 오스트리아의 황태자를 암살하면서 제1차 세계대전이 발발하게 되었다.

제1차 세계대전 후 민족자결원칙에 따라 독립군이 탄생했으나, 제2차 세계대전 때 대부분의 국가가 독일의 침략을 받았고, 그 후 구 소련의 영향 하에 여러 사회주의 국가가 탄생했다. 같은 사회주의 체제로 갈등이 표출되지는 않았으나 소련이 붕괴되면서 국제적 관심의 초점 지역으로 재등장하게 되었다.

29

악마도 입고 싶어 하는
럭셔리한 역사?

최근 미국에선 에르메스의 '버킨백'을 그린 캔버스 가방이 인기다. '서즈데이 프라이데이'라는 회사가 만든 '투게더 백(Together Bag)'이다. 앞·뒤·옆·바닥 면에 에르메스 버킨백 사진을 프린트했다. (중략) 에르메스는 상표 침해 등을 이 유로 서즈데이 프라이데이를 고소했다. '버킨백은 언론의 관심과 막대한 판매 를 통해 대중에 알려진 에르메스의 아이콘이다. 투게더 백은 에르메스와 버킨 백의 명성에 올라타 대중에게 혼란을 일으키고 에르메스의 명예를 훼손했다'는 것이 요지다. 지적재산권은 보호해야 하지만 이번엔 에르메스의 대응이 지나치 다는 반응도 나온다. 〈허핑턴포스트〉지의 설문에 의하면 '모방은 최고의 아첨' 이라는 응답자가 79.35퍼센트, '명백한 범죄'라는 응답자는 20.65퍼센트였다. 선망의 대상이므로 모방도 한다는 얘기다. 소송은 계속 진행 중이고, 에르메스 는 "당장 제작·판매를 중단하라"고 목소리를 높이고 있지만 투게더 백은 계속 잘 나간다(1월에 주문한 기자의 가방도 4월은 돼야 배송된다고 연락이 왔다).

2011년 3월 20일 〈중앙 SUNDAY〉

한 포털 사이트의 매거진에 "명품이 뭐길래?"라는 주제로 칼럼과 기사들이 올라왔다. 대한민국이 명품에 몸살을 앓고 있다는 우려가 어제 오늘의 일은 아니지만 매거진의 글을 읽다 보면 참 많은 사람들이 '명품앓이'에 대해 이야기하고 있음을 알 수 있다.

그런데 명품에 대한 글들을 접하다 보면 한 가지 공통점을 발견할 수 있다. 대한민국 소비자는 어떤지 모르겠지만 최소한 대한민국 미디어는 그다지 명품에 대해 호의적이지 않다는 것이다. '명품 신드롬에 빠지다. 명품 가방에 목매는 그녀들', '한국인 왜 열광하나?', '이 시대를 살려면 사라' 등 타이틀만 봐도 호의적인 기사들은 많지 않다.

비판론자들은 시장에서 1백 원, 1천 원이라도 깎고 조금이라도 아끼려고 하는 사람들이 수백만 원, 수천만 원 하는 명품을 거리낌 없이 사는 이유가 단순 과시용 아니면 남이 사니까 덩달아, 그도 아니면 상류층의 삶을 동경하기 때문이라고 분석한다. 좀 더 복잡하게는 명품과 소비, 계층, 좌파까지 아울러 분석하는 어려운 기사들도 있다. 이런저런 기사들을 읽다 보면 정말 대한민국은 명품 때문에 큰 문제가 생길 것만 같다. '왜 명품에 열광하나?', '명품병', '명품에 멍드는 대한민국' 이런 기사는 너무 자주 봐서 기사 제목들이 당연해 보인다. 마치 명품이 갑자기 튀어나와서 건전했던 우리의 소비문화를 한순간에 흐려놓은 듯이 말이다.

그런데 지금부터는 질문을 한 번 바꿔보도록 하겠다. '21세기 대한민국만 명품에 열광했나?', '어느 시대에나 사치품의 소비는 있지 않았나?', '명품의 존재가 문제인가? 명품의 소유를 원하는 것이 문제인가?'

우리에겐 항상
사치스런 역사가 있었다?

우리는 명품을 사치품으로 알고 있지만 사실 명품의 뜻은 '뛰어난, 혹은 이름난 물건' 이다. 고가의 패션 브랜드 상품을 뜻하는 luxury goods가 아니라 masterpiece인 것이다. 명품을 후자 쪽으로 정의하면 별 문제가 생기지 않는다. 명품은 장인의 기술이 집약돼 있는 가치 있는 물건이지만 사치품은 소수의 소비를 위해 존재하는 물건이다. 하지만 이런 본질적인 뜻의 차이는 별 의미가 없다. 어차피 장인의 기술이 농축된 명품도, 값비싼 사치품도 하루 벌어 하루 먹고 사는 서민들에겐 항상 그림의 떡이었다.

이젠 거의 대부분 사람들이 건강을 위해 적게 먹겠다고 다짐하는 설탕, 코코아, 커피, 녹차, 홍차도 사치품일 때가 있었다. 원하는 사람의 수요는 많은데 공급이 그를 따라가지 못하면 그 물건은 사치품이 된다. 문제는 우리가 인류 역사상 가장 풍족한 시대에 살고 있어 사치품이 넘쳐나고 대중화되었기 때문에 사치품의 목록이 달라지고 있는 것이다. 그 옛날 마약류에 속했던 것들을 우리가 지금 아무렇지도 않게 먹고 있는 것처럼……

우리는 지금 사치품에 대해 목에 핏대를 세우며 비판하지만 사실 우리의 소중한 문화유산들은 대부분이 사치품인 경우가 많았다. 국민의 피와 살로 지어진 수많은 궁전, 성당, 건축물, 예술 작품들, 오페라, 미술 작품들……. 모두 국민의 생계와 무관한 것들이다. 그런데도 인류는 틈만 나면 이런 호사스런 사치를 추구했다.

사치의 관점으로 인류의 역사를 바라본 《사치와 문명》의 저자 장 카스타레드는 인류 역사에서 사치는 물질적인 호화로움을 넘어 종교, 문화 예술을 갈망하는 욕망까지 아우르는 정신적인 것이라고 규정했다. 문화의 원동력 측면에서 사치는 본질적이고 지극히 주관적이지만 그만큼 매력적인 속성을 지닌 것이다. 다른 사람의 마음에 들고 싶어 하며 자신의 물건에 특별한 의미를 부여하고 싶어 하고, 인간이기에 짐승보다 더 나아지고 싶은 복잡한 무의적인 욕망, 이것이 바로 사치다.

사치를 이렇게 포괄적으로 정의하면 인류는 지적인 사고가 가능한 그 순간부터 사치를 열망했다고 할 수 있을 것이다. 그렇지 않다면 물건을 담기만 하면 그만인 그릇에 여러 모양을 그려 넣고 도구들을 더 보기 좋게 다듬고, 복식과 주거 생활을 더 아름답게 꾸미려고 하지 않았을 테니 말이다.

이렇게 인류는 항상 사치를 꿈꿔왔지만 사치 품목은 시대마다 달랐다. 지금은 집집마다, 아니 한 사람에 몇 개씩 가지고 있는 것도 예전에는 사치품인 경우가 있었다. 요즘 시대에 이것이 사치품이라면 우리는 너 나 없이 사치의 대명사로 군림했던 이멜다 마르코스를 능가하는 사치의 여왕이라고 할 수 있을 것이다. 이것이 궁금하다면 지금 꼼지락거리고 있는 당신의 발가락을 바라보라. 당신의 발을 감싸고 있는 것이 보이는가? 설마, 양말을 말하려고 하는 것일까? 맞다. 양말이다! 우리의 역사 속엔 양말이 사치품인 때도 있었다.

과거에 실로 짠 양말은 사람이 일일이 손으로 짜야 했기 때문에 중세 시대까지만 해도 사치품일 수밖에 없었다. 나폴레옹의 첫 번째 황비인

나폴레옹의 첫 번째 황비 조세핀. 사치와 낭비가 심하고 후사가 없어 이혼당했다고 한다.

조세핀은 자신의 이름을 자수로 새긴 하얀 명주 양말을 1백 켤레 이상 소장했고, 두 번째 황비 마리 루이즈 역시 양말 사치를 즐겼다고 한다.

무명실로 짠 양말에 정교한 수를 넣는 기술은 15세기 북유럽에 전해졌고 16세기에 들어서는 스페인과 이탈리아에서도 양말을 수입하기 시작했다. 이들 국가에서는 양말이 사치품이라 지정하여 몇 차례 금지령이 내리기도 했다.

어디 양말뿐인가? 지금은 여성 대표 아이템인 스타킹stocking 역시 예전엔 고가의 사치품이었다. 스타킹은 원래 호즈hoze라고 해서 중세시대 남성들의 의복 중 하나였다. 호즈는 남성들이 입는 딱 붙는 바지를 가리키는 것으로 지금의 나일론 재질 스타킹과는 조금 거리가 멀다.

여성들이 남성들의 전유물이던 스타킹을 신게 된 것은 17세기 즈음으로, 귀족 사회의 여성들이 주로 애용했다고 한다. 지금의 나일론 스타킹은 듀퐁Dupont사에서 나일론을 생산하면서부터 만들어졌다. 1940년 뉴욕에서 나일론 스타킹이 처음 발매되었을 때 몇 시간 만에 4백 만 켤레의 스타킹이 팔렸다고 한다. 그러나 곧이어 닥친 전쟁 때문에 거의 모든 나일론이 낙하산을 제작하는 데 쓰여 나일론 스타킹의 생산이 위축되기도 했다.

산업혁명도
사치품의 생산으로부터 시작되었다

산업혁명은 18세기 중엽 영국에서 시작되어 사회 다방면에 걸쳐 큰 변화를 가져왔다. 산업혁명은 인류가 농업 위주의 사회에서 공업 위주의 사회로 발전했음을 의미하는 커다란 사건이었다. 산업혁명으로 인해 도시가 성장하고 노동 운동이 발전했으며 농업에 의존하던 시대와 달리 광범위한 자원을 이용하고 정복하게 됨으로써 인류가 스스로의 능력에 자부심을 가지게 되었다.

그런데 문제는 산업혁명이 시작되고 가장 가속도가 붙은 분야가 바로 면직물 공업이며 산업혁명 초기에 만들어진 기계들은 거의 대부분 방직 기계였다는 것이다. 영국의 전통 산업이라고 할 수 있는 모직 공업

18세기 중반 영국을 중심으로 일어난 산업혁명. 면방직 공업으로 시작되었는데, 이를 통해 수공업에서 대량 생산의 공장제 기계 공업으로 전환되었다.

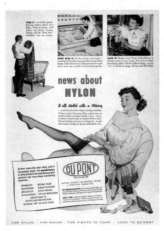

1948년 듀퐁사의 나일론 스타킹 광고. 듀퐁사가 나일론을 발명해 나일론 스타킹을 시판하면서 합성섬유 시대가 열렸다.

이 아니라 면직 공업에서 산업화가 추진된 이유는 영국이 동인도 무역을 통해 수입한 인도의 면직물이 유럽에서 큰 인기를 끌었기 때문이다. 모직물에 비해 세탁도 수월하고 땀도 잘 흡수하는 면직물의 인기는 나날이 높아져갔다. 그러자 대량 생산 문제가 발생했다. 노동력 절감과 대량 생산이라는 두 마리 토끼는 산업혁명이라는 은인을 만나 날아다녔다. 영국은 공장제 기계 공업을 도입해 보다 저렴하고 품질 좋은 면제품을 대량 생산하여 유럽은 물론 전 세계로 수출하면서 산업혁명의 최대 수혜자가 되었다.

인류의 역사에 굵직한 획을 그은 산업혁명이 농기계 발전이 아니라 면직물 공업에서 시작됐다는 것은 참 재밌는 우연이다. 어쩌면 인류는 당장 먹고 사는 문제보다 소비의 문제를 더 효과적으로 해결하는 데 더 큰 관심이 있는지 모를 일이다.

어찌 되었든 대량생산에 초점이 맞춰진 산업혁명은 소비의 대중화를 일궈냈지만 그 반대로 소수만을 위한 소비재, 사치품에 대한 욕망을 키워내기도 했다.

19세기 중엽, 산업혁명의 영향으로 의류 제작이 본격적으로 기계화되면서 기성복 시대가 열렸다. 그러나 반대로 항상 일반 서민들과 차별

돼야 직성이 풀리는 소수 계층을 타깃으로 한 시장도 활기를 띠기 시작했다. 패션계에서 최초의 디자이너라고 일컬어지는 '찰스 프레드릭 워스'는 오늘날의 패션쇼 형태의 컬렉션을 개최하고 고급 의상실을 열어 고객들이 언제든지 의상을 입어볼 수 있게 진열해놓았다. 그의 공식적인 고객들은 나폴레

찰스 프레드릭 워스.

옹 3세의 황후를 비롯해 각국의 왕비, 공주, 황후, 대사 부인들이었다. 그의 활발한 활동으로 이전에는 재단사에 불과했던 이들이 비로소 창작을 하는 디자이너로 인정받게 되었고, 파리는 패션의 중심지가 될 수 있었다.

주로 상류층의 의상을 디자인하고 만들었던 이들은 자신의 이름을 건 브랜드를 론칭하고, 장인 정신으로 소수만을 위한 의상, 가방, 소품들을 만들기 시작했다. 오늘날 대부분 고가의 패션 브랜드들은 시점은 달라도 모두 이러한 수순을 밟으며 성장했다.

현재 파리에서는 디자인 컬렉션 오트 쿠튀르Haute couture가 열리는데, 오트 쿠튀르는 '찰스 프레드릭 워스'처럼 소수를 위해 의상을 디자인하고 만들어주는 고급 맞춤 의상실을 부르는 명칭이다. 이처럼 철저히 가내 수공업을 원칙으로 하는 명품 브랜드들은 적자에 허덕일 수밖에 없다. 오트 쿠튀르 컬렉션에 출품되는 작품들은 정교한 수작업으로 제작되기 때문에 작품 하나를 완성하기까지 보통 100시간에서 200여 시간까지

걸린다고 한다. 시간이 곧 돈이 되는 시대에 언제까지 이런 수작업만으로는 브랜드를 유지하기 힘들다고 판단한 명품 브랜드들은 자사의 브랜드를 넣은 기성복 출시를 시도하게 되었다. 이것이 바로 '프레타 포르테'다.

프레타 포르테는 백화점의 등장으로 빠르게 성장했다. 백화점과 기성복의 출현으로 그동안 패션과 전혀 무관하던 일반 시민과 노동자들도 패션에 관심을 가지고 소비할 수 있는 기회를 갖게 됐다. 프레타 포르테가 눈부신 성공을 거두자 작품의 무단 복제와 오트 쿠튀르 고객 감소로 골머리를 앓던 명품 브랜드들도 프레타 포르테 컬렉션에 참여하기 시작했다.

그리하여 1950년대 후반에는 샤넬, 크리스찬 디올, 지방시 등 오트

오트 쿠튀르(디자이너의 이름을 단 고급 주문복)의 창시자인 찰스 프레드릭 워스의 작품들. 그는 복식 디자인을 예술의 경지로 끌어올렸다는 평가를 받는다.

쿠튀르 소속 디자이너들이 프레타 포르테 컬렉션에 참가하게 되었다.

왜곡된 **명품**의 **역사**

세계에서 가장 오래된 패션 잡지 〈하퍼스 바자Harper's Bazaar〉는 1915년 '샤넬의 의상을 하나라도 갖고 있지 않은 여성은 절망스럽게도 패션의 승리자가 될 가망이 없다'라는 극단적인 표현으로 패션계에서 샤넬이라는 브랜드와 스타일이 미치는 영향을 논했다. 말 그대로 받아들이면 사실 대부분의 여성은 패션의 패자다. 오늘날 샤넬 브랜드의 의상과 가방, 소품은 일반 소비자가 선뜻 사기엔 지나치게 고가이기 때문이다.

그러나 정작 '20세기의 정신'이라고 불리는 코코 샤넬은 철저히 단순함과 실용성을 강조했다. 그녀는 신체의 움직임을 구속하지 않기 위해 디자인을 단순화시키고 화려한 장식을 과감히 배제했다. 또 어디에나 어울릴 수 있도록 무릎 선에 맞춰 심플한 라인의 스커트를 선보였으며, 실용성을 강조하기 위해 인조 진주와 각종 크리스탈을 섞어 장신구를 만들었다. 평소 "나는 럭셔리한 것을 사랑한다. 럭셔리한 것은 부유함이나 화려한 꾸밈에 있지 않다. 그것은 비속한 것이 없을 때 비로소 생겨난다. 인간의 언어에

가브리엘 코코 샤넬.

서 가장 흉한 말은 비속함이다. 니는 늘 그것과 싸우고 있다"라고 주장했던 샤넬은 그 누구보다 편리성과 실용성, 그리고 대중에게 가까이 갈 수 있는 생활의 패션을 주창했던 사람이었다.

대부분의 명품은 장인 정신을 기반으로 탄생했다. 그리고 그 장인 정신과 기술을 지키고 보존하기 위해 노력했다. 오늘날 명품에 대한 비판적인 시각은 자본주의적 소비에 대한 비판이라고 해야 정확하다. 상품 가격이 오르는 데도 불구하고 일부 계층이 과시욕이나 허영심으로 수요가 증가하는 '베블런 효과'는 신분제도가 붕괴한 자본주의 사회에서 소수가 자신의 위치를 귀금속이나 고급 의상, 자동차로 과시하려는 데서 야기되었다고 볼 수 있다. 그들은 명품으로 자신의 신분을 샀다고 생각하지만 사실 명품은 그 자체가 이미지이고 환상이다. 명품은 항상 사람들이 꿈꾸는 이미지를 만들고 환상과 신화를 만들어내고 있기 때문이다. 따라서 현재 명품 자체에 대한 비판적인 시각은 환상과 신화를 자본주의적인 발상으로, 즉 '돈으로 환원'하려는 인간의 계산적인 착오에서 발생했다고 볼 수 있다.

인간은 항상 생계와 직결되지 않은 물건을 창조하고 만들어냈다. 그것이 부정적인 문제를 일으키기도 했지만 우리의 문화를 다양하고 풍요롭게 만들기도 했다. 군이 명품과 사치품에 대한 비호감을 고수하는 분이 아니라면 이제부터 조금 너그럽게 바라보는 건 어떨까? 명품에 대한 인류의 욕망, 사치품을 소유하고 싶은 인류의 욕구는 바로 신화와 환상을 향한 역사라고 말이다.

'트렁크'에서 '명품'이 되기까지

자타공인 대표 명품 루이뷔통(Louis Vuitton). 지금이야 여자들이라면 하나쯤 갖고 싶어 하는 명품 가방이지만 초기엔 그저 짐을 운반하는 트렁크 제품이었다.

1837년 루이뷔통이 트렁크 회사 견습공으로 일하고 있던 시기에는 가게에서 손님의 여행 짐을 싸주기도 했는데, 루이뷔통은 가방을 아주 깔끔하게 잘 정리해서 꾸리는 것으로 소문이 났다.

루이뷔통은 1854년 자신의 브랜드를 론칭하면서 편리하게 짐을 쌀 수 있는 신개념 트렁크를 제작했다. 그레이 트리아논 캔버스로 제작된 세계 최초의 사각 트렁크는 곧 부유층의 사랑을 한 몸에 받았다. 방수 캔버스를 사용했을 뿐 아니라 운반의 편리함까지 갖춘 루이뷔통의 트렁크는 부유층의 상징이 되었고 당연히 모조품도 출시됐다. 루이뷔통의 오래된 다미에 패턴과 모노그램은 모두 이 모조품을 방지하기 위한 것으로 모노그램은 자사의 브랜드 로고를 제품에 각인시킨 것으로 유명해졌다.

루이뷔통이 시대를 넘어 꾸준히 사랑받고 있는 것은 전통만을 고집스럽게 유지하지 않고 시대의 변화에 유동성 있게 대처했기 때문일 것이다.

물론 루이뷔통 역시 어려운 시절이 있긴 했다. 1980년대 경영난에 허덕이던 루이뷔통사는 결국 샴페인과 브랜디 제조업체인 모엣 헤네시(Moet Hennessy)와 합병해, 'LVMH 그룹'을 설립했고, 그룹은 크리스찬 디올, 지방시, 겔랑 등의 명품 브랜드를 소유하며 승승장구하고 있다. 1998년에는 미국의 젊은 디자이너 마크 제이콥스를 영입해 젊은층을 겨냥한 디자인들을 선보이며 다른 명품 회사들에게 자극을 주기도 했다.

루이뷔통이 고전적인 명품 이미지를 고수하면서 언제나 유행을 선도하는 핫 아이템이 되는 이유는 고전적인 이미지를 지키면서 변화를 재빠르게 흡수하기 때문이다. 루이뷔통은 고민하고 변화하는 브랜드만이 소비자의 선택을 받는다는 귀한 교훈을 몸소 실천하고 있는 것이다.

30

핫이슈!
음모론의 단골 주인공?

영국 〈이코노미스트〉지는 19일 세계적인 인터넷 검색엔진 구글에 가장 많이 등
장했던 '세계 10대 음모론'을 소개했다. 세계 네티즌들이 꼽은 음모론 1위는
9.11 테러다. '9.11 테러 배후는 미국 정부'라는 것. 미국 정부가 2001년 9.11
테러 관련 정보를 사전에 입수하고도 묵인했으며, 심지어 테러 단체인 알 카에
다의 배후에 미국 정부가 있다는 의혹도 제기됐다. 특히 부시 정부가 9.11 테러
이후 테러와의 전쟁을 선포하고 아프가니스탄, 이라크 침공을 했다. '루스체인
지'라는 동영상은 9.11 테러 음모론을 확산시키는 데 중요한 역할을 했다.

2011년 5월 24일 〈폴리뉴스〉

미 대통령은 백악관에 입성하는 순간부터 음모론자들의 표적이 된다. 그런데 백악관에 입성하기 전부터 음모론자들의 특별한 관심을 받은 이가 있으니 그가 바로 조지 H. W. 부시다. 그는 이미 워터게이트 사건과 미국 역사상 가장 참담히 실패한 외교정책으로 꼽히는 피그만Bay of Pigs 작전, 존 F. 케네디 대통령 암살 사건 등 수많은 음모론에 이름을 올린 인물이다. 이유인즉, 조지 H. W. 부시가 대통령 취임 전부터 CIA 국장으로 재직했다는 것인데, 사실 그가 국장으로 취임한 기간은 1976년에서 1977년으로 단 1년뿐이었다.

아버지에 이어 조지 W. 부시가 각종 음모론의 핵심 용의자로 떠올랐는데, 이는 부시 가문이 레이건 대통령 암살 사건의 범인으로 알려진 존 힝클리John Hinckley와 오래전부터 친분이 있었다는 사실이 알려지면서부터다. 물론 그가 이 사실 하나로 음모론계의 거물이 되진 않았다. 그는 이미 부정선거로 백악관에 입성한 전적이 있으며, 그가 대통령으로 있는 동안 의문 투성이인 9.11 테러가 일어났기 때문이다.

미국 대도시에서 민간인을 상대로 테러를 벌이고 미국 여객기를 납치하고 관타나모에 있는 미국 해군기지를 폭파한다! 얼핏 봐선

피그만 침공 사건. CIA 훈련을 받은 쿠바 출신 망명자들이 카스트로 정권을 전복하고자 쿠바에 상륙했다가 실패한 사건으로 케네디 정부가 저지른 최고의 실수 중 하나로 일컬어진다.

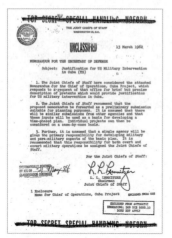

노스우드 작전 문서.

우리가 익히 알고 있는 9.11 테러의 내용인 듯하지만 이 내용은 사실 9.11 테러가 일어나기 한참 전에 만들어진 '노스우드 작전^{Operation Northwoods}'이란 문서에 적혀진 내용이다.

9.11 테러 사건과 쌍둥이처럼 닮은 '노스우드 작전'은 피그만 침공 사건이 실패로 끝나자 미 군부가 직접 쿠바를 공격하기 위해 1962년에 만든 전쟁 시나리오였다. 당시 대통령이었던 케네디는 미군과 민간인을 상대로 테러를 벌이고 이것을 쿠바 카스트로^{Castro} 정부의 짓으로 꾸며 쿠바를 침략한다는 계획에 찬성하지 않았다. 그리고 이 문서는 오랜 세월 잠들어 있다가 얼토당토않게 40여 년의 세월이 흐른 뒤 실현되고 말았다. 우연의 일치라고 하기엔 너무 닮아 음모론자들의 입에 오르내리기 딱 좋지 않은가!

9.11 테러는 그 자체로 충격적인 사건이었다. 사람들은 민간 항공기를 납치해 버젓이 미 영토에 침입해 자본주의의 상징인 세계무역센터 건물을 두 동강 내고 미 국방부 펜타곤 건물을 아수라장으로 만든 간 큰 이들이 누군지 궁금해했다.

그들은 바로 지구상에서 가장 위협적인 테러 조직으로 알려진 알 카에다와 빈 라덴이었다. 사람들은 어느 날부터 들도 보도 못한 테러 조직과 그 두목의 이름을 유명한 연예인 이름처럼 익숙하게 듣게 됐다.

9.11 테러가 일어난 바로 다음 날 조지 W. 부시 전 대통령은 테러에 개입된 자들에게 보복할 것을 천명하고, 9.11 테러를 21세기 첫 전쟁으로 선포했다. 그리고 빈 라덴이 숨어 있다는 아프가니스탄에 지상군을 투입했다. 이 작전의 이름은 '무한 정의 작전Operation Infinite Justice'이었다.

9.11 테러로 무너진 뉴욕의 세계무역센터 쌍둥이 빌딩.

사람들은 테러로 인한 충격과 곧바로 시행된 보복전쟁으로 어리둥절했지만 곧 의문을 품기 시작했다. 지금까지 세계에서 가장 유능하며 모든 정보들을 다 알 것 같이 행동하던 미국 정부가 어째서 한 테러집단이 민간기를 납치해 미국의 심장부를 겨눌 때까지 모르고 있었을까? 또 알카에다는 얼마나 대단한 조직이기에 미 정부의 촘촘한 정보망을 피해 그토록 활발히 움직일 수 있었을까?

9.11 테러 사건은
사고가 아니다?

9.11 테러에 대해 의문을 제기한 사람들은 곧 이 사건에 얽힌 석연치 않은 사실들을 밝혀냈다. 사실인즉 미 정보국이 1980년대 초반부터 소

9.11 테러 당시 공격당한 미 국방부 청사인 펜타곤.

련의 아프가니스탄 점령에 대비하기 위해 알 카에다를 훈련시켜왔으며, 때문에 알 카에다 대원들이 미국에 있는 동안 자금 모금 활동을 할 때도 미 정부의 저지를 받지 않았다는 것이다. 또 이탈리아 신문기자들은 빈 라덴이 2001년 7월 두바이의 한 미국 병원에서 치료를 받았다는 사실까지 알아냈다. 어디 그뿐인가! 세계무역센터 건물이 폭파되던 초비상 상태에서 납치된 민간 항공기 한 대가 비행 금지 구역에 날아들어 펜타곤을 들

미 전 법무장관 존 애쉬크로프트.

이받았다는 사실도 알아냈다.

이상한 점은 여기에서 끝나지 않았다. 미 법무장관 존 애쉬크로프트 John Ashcroft는 9월 11일 개인 전용기로만 여행하라는 권고 사항을 전달받았으며, 미국 국방부 고위 요원들의 11일 여행 계획이 취소되었다. 더더욱 기가 막힌 것은 빈 라덴이 미국을 공격하기로 결정하고 비행기를 납치할 가능성이 높다는 사실을 8월에 보고받았다는 사실이다.

이러한 정황들을 볼 때 미 정부는 9.11 테러를 손 놓고 있다 당한 것이 아니며, 빈 라덴은 조지 W. 부시가 이를 갈 만큼 악의 축이 아닐 수도 있다. 왜냐하면 9월 13일 미국의 모든 민간 항공기가 운행이 중단됐던 그 시점에도 빈 라덴의 가족을 태운 전세기는 국가 안보기관 요원과 함께 플로리다^{Florida}를 떠났다는 사실도 공개됐기 때문이다.

알 카에다의 지도자로 9.11 테러의 배후로 알려진 빈 라덴. 2011년 5월 1일 파키스탄에서 미군에 사살되었다.

하지만 많은 사람들은 당연히 알 카에다 조직과 빈 라덴이 테러를 감행했다고 믿을 수밖에 없었다. 왜냐하면 비행기를 납치했던 무하마드의 여권이 세계무역센터의 엄청난 잔해 속에서 불과 몇 시간 만에 멀쩡하게 흠집 하나 없이 발견됐기 때문이다. 이것만큼 명백한 증거가 또 어디 있겠는가? 건물 안 생존자를 확인하는 작업보다 빨리, 엄청난 열과 잿더미 속에서 발견된 멀쩡한 여권은 정말 어느 나라가 만들었는지 궁금하지 않은가?

이래저래 9.11 테러와 조지 부시 가문은 엄청난 양의 음모론을 생산해낸 사건과 당사자로 급부상했다. 그러나 미 당국과 조지 W. 부시는 이 음모론에 대해 전혀 반응이 없다. 심지어 이 사건을 계기로 상당 부분의 자유가 제한되었지만 누구 하나 여기에 이의를 달 수도 없었다. 이

각종 음모론에 싸인 조지 W. 부시 미국 전 대통령.

사건 이후 실행된 국토안보법에 의하면 어느 누구라도 경찰이 비밀리에 체포 구금할 수 있고, 또 모든 개인의 통신이나 금융 거래를 정부가 감시할 수 있기 때문이다.

〈워싱턴포스트〉지는 1면 머리기사 및 5개 면을 할애하며 테러 이후 거대해진 미 정보기구의 현주소를 고발했다. 그리고 '1급 비밀의 미국$^{Top\ Secret\ America}$'이라는 기사를 통해 현재 미국에서 테러와 안보 및 정보 수집의 업무를 수행하는 미 정부기관은 1천2백여 곳이 넘고, 사기업도 1천9백여 개에 이른다고 보도했다.

9.11 테러는 미국 역사상 케네디 암살 사건만큼 많은 음모론을 양산해냈다. 때문에 음모론자들은 조지 W. 부시를 음모론의 제왕으로 부르지만 무엇이 진실인지는 현재로는 명백히 밝혀내긴 어렵다. 모든 것을 비밀에 부치면 아무것도 지켜지는 것이 없다는 말만 곱씹을 수밖에……

'비밀문서'에 대한 이야기

음모론에서 자주 거론
되는 비밀문서는 미국에
만 존재하는 것이 아니다.
캐나다, 프랑스, 뉴질랜
드, 독일, 영국, 필리핀도
1급 비밀(top secret), 2급
비밀(secret), 3급 비밀

(confidential) 단계를 지정하고 있고, 일본 역시 기밀, 극비, 비, 취급 주의 등
3~4단계의 비밀문서를 보유하고 있다. 우리나라는 미국과 같이 3단계로
진행되는 비밀문서 시스템을 보유하고 있다.

이처럼 대부분의 나라에는 비밀문서가 존재한다. 하지만, 비밀 문건과 단
계를 지정하는 나라들 중 대다수가 민주주의 국가라는 점은 시사하는 바 크
다. 비밀과 민주주의가 함께 공존할 수 있을까? 2010년 7월 20일 〈워싱턴
포스트〉지는 '1급 비밀의 미국'이라는 기사를 통해 미국은 9.11 테러 이후
대(對)테러 전쟁 수행 과정에서 통제 불가능한 '비밀 제국'이 됐다고 밝혔다.
정부가 관리하는 정보와 문헌의 공개를 요구할 수 있는 정보 자유법이
1966년 마련되었지만, 이 법률은 국가 안보와 직결된 정보에 대해 예외 규
정을 둠으로써 사실상 비밀 문건의 공개를 차단했고 1995년 자동 비밀 해
제 조항이 신설되어 25년 이상 된 문서를 공개하도록 했지만 여기도 정보
요원, 대량 살상무기, 미국 암호체계, 군사작전 계획 등 9가지 사항 등에 대
한 예외 조항이 달려 있다. 미국엔 여전히 많은 비밀이 존재한다. 그러나 결
과야 어찌 되었든 그들이 내세우고 있는 기준은 최소한의 비밀 지정, 최대
한의 비밀 해제라는 점이다. 국민의 알 권리를 위해서 비밀은 언젠가는 공
개되어야 한다는 어조와 공개할 수도 있다는 어조의 차이는 '아'와 '어'처
럼 간발의 차이라고 하기엔 너무 많은 차이가 있다.

31

죽은 대통령의 역사

화폐의 인물은 그 나라를 상징하는 사람들이다. 화폐 인물만으로도 각 나라의
정체성이나 국민적 취향이 묻어난다. 미국 지폐는 1달러 초대 대통령 조지 워싱
턴, 5달러 에이브러햄 링컨, 100달러 벤저민 프랭클린 등이다. 화폐의 인물이
국가 기틀을 잡은 대통령과 독립선언, 헌법 기초자 일색인 것을 보면 국가의 존
엄성에 무게를 두는 듯하다. 대중적인 1달러짜리에 '건국의 아버지'를 담은 점
도 이채롭다.

2007년 5월 3일 〈세계일보〉

다음 인물들의 공통점은 무엇일까?

1. 세계 최초로 국민이 직접 뽑은 대통령, 조지 워싱턴
2. 미국 독립 선언문을 작성한 대통령, 토머스 제퍼슨
3. 노예 해방 선언을 공표한 대통령, 에이브러햄 링컨
4. 워싱턴 정부 시절 재무부 장관을 지냈던, 알렉산더 해밀턴
5. 미국 역사상 최초의 서민 출신 대통령, 앤드루 잭슨
6. 흑인에게 선거권을 부여한 대통령, 율리시스 심슨 그랜트
7. 미국 독립의 아버지, 벤저민 프랭클린
8. 금본위제 유지, 보호 관세주의 정책을 펼친 대통령, 윌리엄 매킨리
9. 미국 정치사에서 가장 정직했던 대통령, 글로버 클리블랜드
10. 미국 헌법의 아버지, 제임스 매디슨

예가 너무 많아 공통점을 찾기 힘든 분들을 위한 힌트가 있다. 일단 위에 나열된 인물 모두가 미국 대통령은 아니다. 4번 해밀턴과 7번 벤저민 프랭클린은 미국 대통령으로 취임한 적이 없었다. 결정적인 힌트를 하나 제공한다면 이들은 의외로 우리 가까이 있으며 마음만 먹으면 볼 수 있다는 것이다. 단, 10번 매디슨은 마주치기 힘들 수도 있다.

자, 그래도 아직도 잘 모르겠다는 분들을 위해 마지막 힌트를 제공하도록 하겠다. 미국에서 토머스 제퍼슨은 행운을 의미한다. 과연 정답은 무엇일까?

정답은 바로 달러다. 1번부터 10번까지 나열된 인물은 순서대로 1달러 지폐부터 5천 달러 지폐에 등장하는 역사적 인물들이다. 결정적 힌트인 토머스 제퍼슨Thomas Jefferson은 행운의 2달러 주인공이다. 1달러부터 5천 달러에 이르기까지 해밀턴Alexander Hamilton과 벤저민 프랭클린Benjamin

토머스 제퍼슨은 행운의 2달러 화폐의 주인공이다.

^{Franklin}을 제외하고 모두 8명의 대통령이 등장한다. 때문에 미국 사람들은 달러를 죽은 대통령이라고 부른다고 한다.

그런데 여기서 이상한 점이 있다. 벤저민 프랭클린은 워낙 존경받는 인물이기 때문에 대통령이 아니라고 해도 달러의 주인공이 될 수 있었다고 치자. 그럼 도대체 듣도 보도 못한 해밀턴은 왜 10달러의 주인공이 됐을까?

견원지간의 주인공,
제퍼슨과 해밀턴?

해밀턴과 제퍼슨은 누가 봐도 견원지간임에 틀림없었다. 아마도 미국 역사상 최대 앙숙이라고 하면 알렉산더 해밀턴과 토머스 제퍼슨을 빼놓고 이야기하기 어려울 것이다. 1789년 워싱턴이 초대 대통령으로 선출되자 해밀턴과 제퍼슨은 나란히 재무장관과 국무장관을 맡았다. 정치적 성향이 달랐던 제퍼슨과 해밀턴은 사사건건 부딪치며 갈등을 빚어 결국 워싱턴 대통령 재임 시 제퍼슨이 국무장관을 사임하기도 했다.

그렇다면 제퍼슨을 국무장관 자리에서까지 사임하도록 만든 해밀턴은 과연 어떤 인물일까? 해밀턴은 현대 미국의 경제 시스템을 만들어낸 인물이다. 그는 33세에 재무장관에 올라 독립전쟁으로 생긴 빚을 모든 주가 똑같이 나눠서 내야 한다는 주장을 펼쳤고 곧이어 국채를 액면가 그대로 상환하는 국채 액면 상환과 각 주의 채무를 연방정부가 인수하는 주채의 연방정부 인수, 보호 관세 정책을 펼쳤다. 누가 뭐라고 해도 해밀턴은 건국 초기 철저한 보호무역 조치로 오늘날 부강한 미국을 만든 장본인이다.

10달러의 주인공인 알렉산더 해밀턴. 1789~1795년 재무장관을 지낸 인물로, 국채 액면 상환, 주채의 연방정부 인수, 미중앙은행의 설립 등을 추진했다.

이만한 업적에 그만한 공로라면 뭐 그리 흠잡을 게 있나 싶을 것이다. 그러나 해밀턴에 대한 부정적인 평가도 많다. 현재 화폐 시스템에 대해 알레르기 반응을 일으키는 학자들은, 그가 바로 미국 중앙은행 제도를 추진한 장본인이라고 주장하며 비난한다. 미국 중앙은행은 부정적인 화폐론자들에게 거의 악의 근원이자 화신 같은 존재다.

사실 미국 초기 대통령들은 모두 미 중앙은행을 부정적인 화폐론자들과 다를 바 없이 평가하곤 했다. 그들은 국가가 아닌 개인 소유의 은행에서 법적인 권한을 가진 화폐를 만들어내고 유통시킨다는 사실을 용납할 수 없었다. 앤드루 잭슨 대통령은 "헌법이 의회에 화폐 발행 권한을 준 것은 의회가 직접 그 권한을 행사하라는 뜻이지 어떠한 개인이나 기업에 그 권한을 위임하라는 뜻은 아니다"라고 주장하면서 개인이 주인인 중앙은행을 맹렬하게 비난했다.

미국의 제4대 대통령 제임스 매디슨. '미국 헌법의 아버지'로 일컬어진다.

심지어 그는 자신의 묘비명에 "나는 은행을 죽였노라"라고까지 적었다. 그래도 앤드루 잭슨 대통령의 비난은 아주 수위가 낮은 편에 속한다. 미국의 4대 대통령이었던 제임스 매디슨 James Madison은 중앙은행을 가리켜 '대출업자'라고 정의하고 이들이 사기와 폭력을 가리지 않고 모든 수단을 동원해 화폐를 통제하고 발행권을 확보함으로써 정부를 통제하려 한다고 경고했다.

앤드루 잭슨Andrew Jackson의 비난이 시작에 불과했다면 매디슨의 비난은 새 발의 피라고 표현해도 좋을 만큼 미국 대통령을 비롯해 수많은 정치가들은 중앙은행을 국민의 적으로 생각했다. 링컨은 남북전쟁 당시 남부군 외에 은행을 또 다른 적으로 고발하기도 했다.

토머스 제퍼슨이 중앙은행을 바라보는 시선도 이와 다르지 않았다. 그는 은행 설립이 그 어떤 상비군보다 더 위험하다고 거듭 경고했다. 제퍼슨이 해밀턴과 자주 갈등을 빚게 된 이유는 너무 다른 정치적 이념에다 경제적인 이념까지도 달랐기 때문이다.

토머스 제퍼슨은 미국 역사상 가장 위대한 대통령 중 한 사람이다. 그가 세운 평등, 자유, 행복 추구, 국민에 의한 정부를 포함한 민주주의 사상은 미국을 위시한 전 세계 민주 국가의 표본이 되고 있다. 토머스 제퍼슨은 모두에게 기회가 평등하게 열려 있는 땅, 국민 모두가 일한 만큼 대가를 받고 행복을 추구할 수 있는 미국을 꿈꿨다. 제퍼슨은 해밀턴이 주장하는 경제 시스템과 중앙은행은 미국의 이상과 동떨어진 일이라고 생각했다.

해밀턴은 종종 국가 부채는 너무 과하지만 않으면 축복일 수도 있다고 주장했고, 국가 부채는 당연히 존재할 수밖에 없다고 생각했다. 이런 해밀턴의 생각에 제퍼슨은 국가가 국민에게 영구적인 채무를 떠넘겨서는 안 된다고 맞섰다. 정치와 경제를 놓고 벌인 해밀턴과 제퍼슨의 전투는 해밀턴에게 좀 더 유리하게 전개됐다.

해밀턴은 전쟁으로 생긴 주의 부채를 정부가 갖는 정책을 통과시켰고 전쟁 중에 중앙은행 시스템을 갖춘 은행을 설립하는 데 성공했다. 전쟁 자금을 충당하기 위해 부채를 사용하는 시스템을 갖춘 북미은행의 설립이었다.

해밀턴이 제안한 북미은행의 청사진을 받은 재무장관 모리스가 의회에 이를 제출했고 곧 북미은행이 설립되었다. 북미은행을 설립하면서 의회는 미국 내 어떤 연합도 북미은행과 유사한 형태의 은행을 설립할 수 없다는 조항을 실었다.

북미은행이 발행한 은행권은 정부가 발행한 화폐와 같은 기능을 수행할 뿐 아니라 같은 가치를 인정받았다. 비록 흐지부지 사라지긴 했지만 나름 성공적인 임무를 수행한 북미은행을 제안한 해밀턴은 바로 오늘날 미국 연방준비은행의 설립을 제안했다. 그러나 제퍼슨을 비롯한 많은 대통령들이 연방준비은행의 설립을 반대했다. 미국 연방준비은행이 오늘날과 같은 확고한 위치를 확보하기까지는 오랜 시간이 걸렸다. 왜 이토록 많은 이들이 연방준비은행을 반대한 것일까?

이 세상엔
부채를 만들어내는 공장이 있다?

달러의 위기를 주장하는 이들이 맹공격을 퍼붓는 대상인 연방준비은행은 국가기관이 아니다. 이 은행의 실질적인 소유주가 몇몇 금융인이라는 사실은 공공연한 비밀이다. 사실 연방준비은행에 대해 떠도는 이야기의 진실과 그 속을 정확히 알고 있는 사람은 거의 없다. 노출되어 있는 자료가 극히 적기 때문이다. 화폐를 발행하는 엄청난 권한을 부여받은 은행의 가장 핵심적인 자료는 일반인에게는 너무 먼 당신이다. 그래서 사람들은 왠지 비밀스러워 보이는 이 기관을 의심스러운 눈길로 바라본다. 그리고 모든 음모론이 그 앞에 총출동한다. 그렇다면 사람들이^{화폐 경제 전문가} 말하는 연방준비은행은 과연 무엇일까? 연방준비은행을 알기 위해선 우선 이 은행의 모델이 되는 잉글랜드은행부터 살펴보아야 한다.

전쟁은 모든 것을 파괴하기도 하지만 동시에 창조하기도 한다. 아주 새롭고 특별한 현대적인 은행, 바로 잉글랜드은행의 탄생이 그것이다. 잉글랜드은행은 암스테르담 시와 동인도회사에게 대부업을 하던 네덜란드은행을 모델로 세워졌다. 네덜란드은행은 어음을 발행하고 지불 업무를 수행하면서 네덜란드가 국제적인 상업국가로 성장하는 데 큰 역할을 했다. 잉글랜드은행이 네덜란드은행과 다른 점은 일반인들과는 거래를 하지 않았다는 것이다.

잉글랜드은행이 생길 무렵, 영국인들은 금을 세공하는 금장^{금 세공업자}에게 맡기고 있었다. 사람들은 금장들에게 금을 맡기고 대신 영수증인 보관증을 받아 화폐처럼 쓰고 있었다. 그런데 17세기 후반이 되자 영국은 새로운 금융 시스템이 필요했다. 거듭된 내전과 외전으로 눈덩이처럼 불어나가는 국가 채무를 더 이상 감당할 수 없었고, 하루가 다르게 급성장하는 대외무역 때문에 막대한 '돈'이 필요했기 때문이다. 그러나 잉글랜드은행 설립에 결정적으로 영향을 미친 것은 바로 전쟁으로 생긴 빚 때문이었다.

왕과 정부가 분리되지 않았던 그 당시 영국에서는 왕의 빚이 곧 국가의 빚이고 왕의 전쟁이 곧 국가의 전쟁이었기 때문에 계속된 전쟁 비용으로 발생한 왕의 빚은 고스란히 영국 정부의 빚이 되었던 것이다. 왕실의 재정은 날이 갈수록 밑바닥을 긁고 있었다.

이때 제퍼슨이란 상인이 좋은 아이디어를 냈다. 상인들이 120만 파운드의 자본을 모아 주식회사^{은행}를 세우고 왕에게 합법적으로 빌려주자는 것이었다. 이 은행의 설립을 두고 반대하는 의견도 많았다.

나라의 모든 부가 하나의 은행으로 집중되는 것도 문제지만 잉글랜드은행 초기 설립 자금인 120만 파운드가 국가의 영구 채무로 남는 것도 문제였다. 하지만 왕의 입장에서 보면 손해가 날 장사는 아니었다. 잉글랜드은행이 세워지면 왕실과 정부는 언제든지 필요한 만큼의 돈을 빌려 쓸 수 있었다. 이자와 관리 비용은 모두 세금으로 내면 되니 왕실과 정부는 굳이 빚과 이자 때문에 고민할 필요가 없어지는 것이다. 대신 왕은 왕실 특별 허가증으로 이 은행이 은행권을 발행할 수 있는 특권만 부여하면 다시는 돈 때문에 골머리를 앓지 않아도 됐다.

1694년 잉글랜드은행은 왕실에 빌려주기로 한 120만 파운드에 금리 연 8퍼센트, 4천 파운드의 관리 비용 책정, 국가 부채를 기본으로 한 법정화폐 발행의 독점권 행사의 내용을 골자로 화려하게 역사 속에 등장했다. 그리고 곧이어 잉글랜드은행의 화려한 등장만큼 국가의 빚도 눈부시게 불어났다.

영국의 순 부채는 2007년 말 GDP대비 36.3퍼센트에서 2009년 1월에 47.8퍼센트로 약 7.034퍼센트 증가했다고 한다(《SERI 보고서로 읽는 글로벌 경제위기》 참고). 최근 신용평가사 무디스는 영국의 국가부채가 2016년에는 GDP의 96퍼센트를 넘어설 것이며, 영국 정부는 과도한 정부 부채와 재정적자의 결과로 외부충격을 흡수할 수 있는 여력이 부족하다며 신용등급을 'Aaa'에서 'Aa1'로 한 단계 강등하기까지 했다(2013년 2월 23일 〈조선일보〉 참조).

이제 문제는 영국 정부가 이 빚을 무슨 수로 갚느냐는 것이다. 갚는 건 고사하고 복리로 붙는 이자를 내기도 벅찬 상황이다. 영국 정부는 원금은 고사하고 하룻밤 잘 때마다 무서운 속도로 불어나는 이자 때문에 앞으로도 이 돈을 다 갚기 힘들 것이다. 결국 정부는 이 돈을 갚기 위해 또 채권을 발행할 것이고, 이로 인해 빚이 다시 불어나게 된다. 영국 국민이 아무리 열심히 일해 성실히 세금을 낸다고 해도 언제 갚을 수 있을지 장담할 수 없다. 이 상황에선 국민 세금이 영원히 정부의 빚을 갚기 위해 사용될 것이다. 문제는 이 이상한 기관이 의외로 쓸모 있는 구석이 많다는 것이다.

부채를 찍어내는
은행의 탄생

해밀턴이 타고난 천재라서 어느 날 갑자기 미국에 연방준비은행 시스템을 제안한 것이 아니다. 영국에서 자리잡은 잉글랜드은행을 모델로 한 것이다.

1791년 1차 미 연방은행이 의회의 승인을 받아 설립됐다. 이 은행의 면허 기간은 20년이었다. 거의 대부분 영국인들의 자본으로 세워진 이 은행은 면허 기간이 끝날 무렵, 의회에서 1표 차이로 갱신이 무산됐다. 제퍼슨은 미 연방은행의 설립을 두고 사람들에게 다음과 같이 경고했다. "만약 미국인이 끝까지 민간은행으로 하여금 국가의 화폐발행을 통제하도록 둔다면 이들 은행이 통화를 팽창하고 이어서 통화 긴축 정책으로 국민의 재산을 박탈할 것이다."

두 번째 연방은행은 1차 연방은행이 문을 닫은 지 5년만인 1816년에 4대 대통령 제임스 매디슨의 승인으로 다시 설립되었다. 새로 문을 연 2차 연방은행의 면허 기간 역시 선례를 따라 20년으로 정해졌다. 그런데 20년 동안 아무 일 없이 순조롭게 업무를 보고 그 후에 다시 갱신하면 될 거라는 연방은행의 계산에 착오가 발생했다.

1832년 앤드루 잭슨이 재임에 성공하면서 그의 재임 기간 동안 갱신이 어려워진 것이다. 앤드루 잭슨 대통령은 그 누구보다 연방준비은행을 반대한 사람 중 한 명이었다. 앤드루 잭슨 대통령은 재임하기 전부터 공공연하게 신의 이름으로 연방준비은행을 무너뜨리겠다고 선언하고 다녔다.

이에 다급해진 연방은행은 면허 기간 갱신을 앞당기려고 했다. 의회에서 2차 연방은행 면허 갱신을 놓고 논쟁이 있었으나 별탈 없이 결의안이 통과됐다. 남은 것은 앤드루 잭슨의 승인이었다. 앤드루 잭슨 대통령은 화폐를 만드는 권한은 오로지 의회에만 있다면서 이 결의안을 부결했다. 그리고 1835년 1월 8일 국채를 모두 상환시켜버렸다. 미국 역사상 유일하게 국채가 '0' 원이었던 순간이었다.

문제는 전쟁이었다. 남북전쟁이 한참이었을 당시 링컨은 자금을 모으기 위해 1863년 2월 25일 '국립은행법'을 허락하고 말았다. 국립은행은 자본의 3분의 1을 재무부 채권에 투자하는 은행으로 화폐를 발행할 수 있는 권리가 주어졌다.

국립은행법으로 화폐를 발행할 권리를 얻은 은행은 또 다시 미국의 부채를 담보로 화폐를 발행할 수 있게 됐고 영국이 잉글랜드은행을 설립한 후 채무 상환이 불가능했던 것처럼 미국도 영원히 갚을 수 없는 채무를 안고 가게 됐다. 링컨은 이 법안을 폐지하려고 했으나 뜻을 이루지 못하고 사망하고 말았다. 국립은행법의 제정에 주도적인 역할을 했던 체이스 재무장관은 훗날 이 법안을 두고 '은행들의 힘을 연방정부에 버금갈 정도로 키운 국립은행법은 가장 심각한 착오'라고 후회했다.

링컨 대통령이 국립은행법에 서명한 이후 미국 부채는 계속 불어나 2010년엔 11조6천 억 달러에 달했다. 이 부채는 1초당 2만 달러씩 늘어나고 있다. 그러나 뉴욕 연방준비은행은 부채가 2008년 3/4분기에 비해 7.4퍼센트나 줄었다며 기쁨을 감추지 못했다. 미국의 부채는 미국 국내총생산GDP의 92.7퍼센트에 달한다. 현재 미국 정부는 이 부채에 대

한 이자를 지불하기
위해 막대한 국민 세
금을 이용하고 있다.

1989년 미국 국가
부채가 2조7천억 달
러에 달하자 한 부동
산 개발업자가 경각

미국 뉴욕 타임스스퀘어에 있는 국가 부채 시계.
1989년 미국의 국가 부채가 2조7천억 달러에 이르
자 한 부동산 개발업자가 경각심을 일깨우기 위해
설치했다고 알려져 있다.

심을 일깨우기 위해 뉴욕 타임스스퀘어의 빌딩 외벽에 설치했다고 알
려진 국가 부채^{채무}시계는 1조 단위까지 기록할 수 있었으나 조지 W. 부
시 퇴임 직전에 자릿수가 모자라 가동이 중단되기도 했다.

오늘도 미국 연방준비은행에서는 새로운 지폐가 발행된다. 그 지폐엔
이 은행을 반대했던 대통령들의 초상이 찍혀 있다. 신의 이름을 걸고,
자신의 소신을 걸고, 국민의 미래를 걸고, 개인 소유의 중앙은행을 반대
했던 미국 대통령들은 자신들이 그토록 반대하던 중앙은행에서 날마다
새로 태어나는 것이다. 이것이 그들에게 영광일까? 아니면 수모일까?

재미있는 '달러' 이야기

마사 워싱턴 초상이 찍혀 있는 은화증권.

달러에는 재미있는 이야깃거리가 많다.

먼저 달러라는 이름은 16세기 체코의 한 마을에서 발견된 은광에서 은화가 제조되면서 생겨났다.

이 은화의 이름은 은광이 있는 체코의 계곡을 따라 '요하임스탈러그로센'로 불렸다. 이름이 너무 길어서인지 사람들은 탈러(Taler)라고 줄여서 불렀고 이것이 오늘날의 달러(dollar)가 됐다고 한다.

또 재미있는 이야기 하나는 《오즈의 마법사》가 인플레이션과 디플레이션이 없는 안정된 화폐 제도를 꿈꾸는 미국인들의 소망이 담겨 있는 풍자 동화라는 것이다(2004년 12월 1일 〈디지털 타임스〉).

켄자스 주 작은 시골에 살고 있던 도로시는 선량한 일반 국민이고, 토네이도는 거센 정치 바람이다. 도로시는 토네이도로 길을 잃고 미지의 세계로 여행을 하게 되는데, 그때 만난 동쪽 마귀할멈이 동부의 금융 자본가이며 도로시가 신고 있는 은 신발은 은본위제다. 도로시는 맥킨리 대통령을 뜻하는 오즈의 마법사를 만나기 위해 노란 블록 길을 따라가는데, 이 노란 블록 길이 금본위제. 도로시는 고향에 돌아가기 위해 은 구두를 3번 두드리는데 이것은 당시 농부들이 주장하던 은본위제가 의회에서 통과되기를 바란다는 것이다. 이밖에도 달러에 얽힌 재밌는 이야기가 더 있다. 미국의 재테크 전문지인 〈월렛팝(Wallet Pop)〉에 의하면 달러 지폐는 코튼 75퍼센트와 25퍼센트의 실크 혼합 린넨(Linen)으로 만들어졌다고 한다.

이외에도 지금은 존재하지 않지만, 1886년 1달러 은화증권 앞면과 1896년 은화증권 뒷면에 여성이 처음 등장했는데 바로 조지 워싱턴의 부인인 마사 워싱턴이다.

32

단연 최고!
NO.1 음모론

인위적인 국경선을 초월하여 수많은 사람들은 뉴스 보도나 정치 성명 같은 공식 발표보다도 자신들이 믿고 있는 음모론을 더욱 신빙성 있게 느낀다는 점에서 하나가 된다. 그들은 가난과 기아, 전쟁 같은 세상의 악에 대하여 관료주의가 내놓은 설명보다 더욱 그럴듯한 이유를 음모론이 제시하고 있다고 생각한다. 그렇지만 여전히 대다수의 사람들은 음모론적 세계관을 인정하지 않는다. 그들은 신문에 나지 않는 비밀결사나 숨은 세력이 모든 국가의 정치, 경제적 운명을 결정한다는 것을 믿으려 하지 않는다. 학교에서 배우는 역사가 심각한 결함을 안고 있으며, 그것이 우리가 살고 있는 세계 뒤의 숨겨진 실제 원인과 이야기들을 감추는 편집된 현실일 수도 있다는 사실을 직시하고 싶지 않은 것이다.

데이비드 사우스웰, 《미궁에 빠진 세계사의 100대 음모론》

수전 레버비. 웰즐리대학교의 교수로 1960년대 '터스키기 실험'을 추적하던 과정에서 1940년대 미국이 과테말라에서 매독균 실험을 실시했다는 것을 밝혀냈다.

역사엔 수많은 이야기가 있고, 이야기란 원래 1백 퍼센트 진실이 전해지기 힘들다. 게다가 일반적인 상식으로 도저히 납득할 수 없는 사건들은 수많은 의문이 더해지기 마련이다. 누구는 그것을 미스터리라 하고 또 누구는 그것을 음모라고 한다. 멀게는 성배와 스핑크스의 존재부터 제2차 세계대전과 히틀러를 둘러싼 이야기, 또 가깝게는 존 F. 케네디 대통령 암살 사건과 9.11 테러에 이르기까지 명쾌하게 풀리지 않는 사건들에 음모론을 제시하는 사람들이 많다.

물론 음모론 중에는 너무 황당해서 정상 참작을 한다 해도 믿기 힘든 것들이 많다. 그래서 대부분의 음모론은 가십 수준에 머무르고 만다. 그러나 정말 모든 음모가 황당한 소문이라고 단정짓기는 힘들다. 어떤 음모는 시간이 흘러 사실임이 밝혀지기도 하니까 말이다.

한 예로, 1932년 미국 전역에 한 음모론이 화제가 됐었다. 미 정부가 매독을 연구하면서 앨라배마 주 터스키기에 사는 흑인들을 상대로 실험을 했다는 것이다. 그 주역이 질병예방센터이며 이 기관이 흑인들을 죽게 내버려두고 그것도 모자라 가족에게 그 병을 옮기는 것도 방치했다는 것이다. 많은 사람들은 공인된 기관이 그런 일을 할 이유도, 필요도

없다며 이 이야기를 단순 음모로
치부했다. 그러나 이후 조사를 통
해 사실로 드러났고, 이러한 실험
이 1940년대에는 과테말라에서까
지 실시되었다는 사실까지 밝혀져
클린턴 국무장관과 오바마 대통령
이 공식적으로 사과했다.

워터게이트 사건은 1972년 닉슨 대통
령의 재선을 목적으로, 비밀 공작반이
워터게이트 빌딩에 있는 민주당 전국
위원회 본부에 도청 장치를 설치한 사
건이다.

　그 유명한 워터게이트 사건도
처음에는 단순한 정치적 음모론으로 치부되었다. 그런데 지금은 미국
교과서에도 실린 역사적 사건이 되었다. 이처럼 음모론 중에선 진실로
밝혀진 것들도 있다. 자, 그렇다면 눈을 들어 세상을 돌아보자. 우리
주변에 벌어지고 있는 사건 중 무엇이 진실이고 무엇이 음모일까? 그것
을 단번에 가려낼 혜안이 우리에게 있는가?

수상한 것이 너무 많은
음모론의 결정판!

　미국의 35대 대통령인 존 F. 케네디 암살 사건은 인류 역사상 가장
큰 정치적 음모로 거론되고 있다. 하지만, 거의 모든 사람들이 기정사
실로 인정하고 있기 때문에 음모론이라 부르기도 애매할 정도로 유명
한 사건이다. 이 사건은 진상조사 결과가 공식 발표되었음에도 불구하
고 너무 많은 의혹과 정황들이 나오는 바람에 음모가 존재한다는 것이
사실처럼 되어버린 독특한 케이스다.

케네디가 암살된 지 40여 년이 흐른 지금도 미 국민 중 대다수가 이 사건에 모종의 음모가 있다고 믿고 있다. 사람들은 이 사건에 음모가 있음을 확신하고 그 배후를 궁금해 하고 있다. 하지만 암살 사건을 담은 필름과 관련 문서 일부만 1970년대에 공개됐을 뿐 정밀 판명을 위한 결정적인 필름은 공개되지 않았다.

케네디 암살 사건의 진상 조사를 맡은 워런 위원회는 '리 하비 오스왈드Lee Harvey Oswald'란 인물이 대통령을 암살했다고 밝혔다. 대통령을 여러 명이 암살했느냐 단 한 명이 암살했느냐가 중요한 것이 아니다. 대통령의 암살 사건의 진상을 밝히겠다고 나선 위원회와 정부의 조사 과정부터 수상한 게 한두 가지가 아니었는데, 설상가상으로 그들이 발표한 내용까지 수상함 투성이었던 것이다.

도대체 무엇이 그리 수상하다는 것일까?

케네디 전 대통령이 암살되던 날 3발의 총성이 울렸다. 워런 위원회의 발표에 의하면 그중 한 발이 대통령의 등을 뚫고 들어가 목으로 빠져나왔고 탄도가 바뀌는 과정에서 리무진 조수석에 앉아 있던 존 코널리 주지사에게 일곱 군데 총상을 입혔다고 했다.

당연히 사람들은 이 말을 믿지 않았

존 F. 케네디 전 미국 대통령의 퍼레이드 모습.

다. 한 발의 총알이 방향을 바꿔 여기저기 구멍을 내고 다녔다는 말을 믿을 사람이 과연 몇이나 되겠는가! 그런데도 이 사건을 1년이나 조사한 워런 위원회는 위협적인 단 한 발의 총알이 케네디 전 대통령의 사인이라고 밝혔다.

미 당국에 의해 존 F. 케네디의 암살 용의자로 체포된 리 하비 오스왈드. 그는 교도소로 이송 도중 잭 루비에 의해 암살되었다.

그러나 한 발의 총알을 반박하는 결정적 증거가 제시되었다. 케네디 대통령이 앞에서 날아온 총알에 목을 맞아 두 손으로 목을 감싸고 뒤에서 날아온 총알이 머리를 관통하는 장면이 찍힌 8밀리미터 필름이 공개된 것이다. 한 명의 암살범이 연달아 3발을 쏘면서 앞과 뒤에서 날아갈 수 있도록 쏠 수 있을까? 그러나 우리는 이 사실을 속시원히 밝힐 수 없다. 왜냐하면 케네디 전 대통령의 사망 원인을 밝힐 뇌가 사라지고 만 것이다.

접근 불가! 원천봉쇄된 단서들

하지만 케네디 전 대통령의 암살 사건을 밝히기 위한 노력은 계속됐

존 F. 케네디의 암살 사건을 조사했던 도로시 킬갈렌 기자.

다. 1968년 이 암살 사건의 관련자 중 한 사람을 기소, 재판한 뉴올리언스의 지방검사 짐 개리슨 Jim Garrison은 워런 보고서 및 관련 문서에 대한 공개를 주장했지만 아쉽게도 2029년까지 비밀에 붙여진 문건은 단 하나도 공개되지 않았다.

결국 1974년 하원 암살 진상 조사위원회가 다시 조사에 착수했고, 오스왈드가 단독범이 아닐 수 있다는 의문을 해결하기 위해 케네디 암살 관련 비밀문서 일부가 공개됐다. 언제나 그렇듯 대부분 지워졌거나 중요한 단어가 훼손된 문서였지만 말이다.

어쩌면, 더 이상의 사건이 일어나지 않았다면 케네디 암살을 둘러싼 음모는 이쯤에서 수그러들었을지도 모른다. 하지만 케네디 암살 사건을 둘러싼 석연치 않은 또 다른 사건이 발생했다. 바로 케네디 전 대통령의 암살을 조사하던 도로시 킬갈렌 Dorothy Kilgallen이란 여기자가 어느 날 자신의 집에서 돌연히 사망하고 만 것이었다. 그녀는 케네디 대통령을 암살한 오스왈드를 죽인 잭 루비 Jack Leon Ruby라는 사람을 인터뷰하고 더 자세한 정황을 파악하기 위해 뉴올리언스에서 정보를 수집 중이었다. 당시 잭 루비의 인터뷰 내용은 그녀가 추적하는 사건의 정보들이 꽤 대단한 것이었던 모양인지 FBI가 그녀의 행보를 예의주시했다고 한다. 그런 그녀가 어느 날 침대에서 책을 읽다가 돌연사했는데 이상한 점은 사망 직전 화장도 지우지 않은 상태에서 독서용 안경을 쓰지도 않고 이미 다 읽은 책을 다시 읽었다는 것이다. 물론 사람들은 이 사건도 보도 내용을 그대로 믿지 않았다.

맥조지 번디. 케네디 행정부와 존슨 행정부에서 국가 안보 보좌관을 지내면서 쿠바 위기와 베트남 전쟁 등의 중대사에 관여했다.

'모든 것을 비밀로 하면 아무것도 지켜지는 것은 없다!' 케네디 행정부와 존슨 행정부에서 대통령 국가 안보 보좌관을 지낸 맥조지 번디McGeorge Bundy는 미국이 잠금장치를 풀지 않는 수많은 비밀들을 향해 다음과 같이 말했다. 미 행정부가 2005년까지 비밀에 붙인 문서들은 35만 1,150건으로, 1급이 1만1,435건(3퍼센트)이고 2급 25만8,762건(74퍼센트), 3급 또한 8만953건(23퍼센트)으로 셀 수 없을 만큼 많다. 심지어 10년 이상 비밀로 붙여진 것 또한 23만2,502건이나 된다.

도대체 세상에 우리가 모르는 진실이 얼마나 많다는 말인가? 이 모든 것을 모른 채 우리는 진실을 알고 있다고 자신할 수 있을까? 사람들은 호기심에 케네디 전 대통령의 암살 진범을 궁금해하지 않는다. 사람들이 진범을 궁금해하는 것은 진실이 그것과 맞닿아 있기 때문이다. 사람들이 음모론에 눈을 돌리는 것, 그리고 정부의 발표와 언론의 정보보다 음모론을 더 믿는 것은 세상에 널려진 진실이 모두 1백 퍼센트 진짜가 아니기 때문은 아닐까?

33

세상에서 가장
이해하기 어려운 역사?

2008년 금융 위기를 기점으로 우리는 경제를 운영하는 방식에 대해 심각한 의
문을 품게 되었다. 그러나 대부분의 사람들은 이를 깊이 고민하지 않는다. 전문
가들 몫이라 생각하기 때문이다. 사실 어떤 면에서는 맞는 말이다. 이 문제에
대한 정확한 답을 찾으려면 수많은 기술적인 지식들을 잘 알아야 하는데, 사실
이런 지식은 너무 복잡하여 전문가들 사이에서도 의견이 분분한 것이 현실이
다. (중략) 그러나 세상이 어떻게 돌아가는지 이해하고 내가 말하는 '경제 시민으
로서의 권리'를 적극적으로 행사해서, 의사 결정권을 가진 사람들에게 올바른
길을 선택하도록 요구하는 데에는 고도의 전문 지식이 필요하지 않다.

장하준, 《그들이 말하지 않는 23가지》

장하준 교수의 말처럼 식품 공장, 정육점, 식당 등의 위생 기준이 어때야 한다는 것은 전염병 학자가 아니어도 알 수 있듯이 경제 시민으로서의 권리를 행사하기 위해 고도의 전문 지식이 꼭 필요한 것은 아니다. 하지만 고도의 전문 지식을 알아야겠다는 의욕을 불태우기도 전에 너무 당연해서, 혹은 너무 어려워서 이해조차 하고 싶지 않은 분야가 있는데, 바로 '돈'이다.

돈이란 알면 알수록 복잡하고 어렵다. 세상의 모든 것이 돈과 얽혀 있다. 오죽하면 돈에 대한 경제 분야^{화폐 경제학, 화폐 금융론}가 따로 존재하겠는가! 뜻이 있는 자에게 길이 있고, 두드리면 문이 열린다는 식으로 돈에 대해 접근했다간 골머리 아프기 십상이다.

돈은 태생부터가 남다르다. 웬만한 드라마 주인공 태생 스토리는 명함도 못 내밀 정도다. 우리는 국가가 화폐^돈 주조의 중심이 되어 중앙은행이 화폐를 발행한다고 알고 있다. 하지만 과거엔 은행이 아니더라도 화폐를 만들 수 있었고 유통시킬 수 있었던 때가 있었다. 또 지금은 화폐라고 하면 흔히 종이로 된 돈을 생각하기 때문에 '찍어낸다'라는 표현을 쓰지만 예전엔 금이나 은을 녹여 만들었기 때문에 '주조'라는 말을 썼다. 금속으로 만든 돈의 역사가 종이돈보다 오래되었기 때문에 지금도 화폐를 '주조'한다고 표현한다.

화폐의 개념은 우리가 알고 있듯이 자급자족 시대를 벗어나 교환 시대를 맞이하면서 등장했다. 이때까지만 해도 사람들은 그저 가지고 있는 물건으로만 서로 교환했기 때문에 특별히 화폐의 필요성을 느끼지 않았다. 그러나 교환이 점점 빈번해지고 규모가 커지면서 상황은 달라졌다. 동물

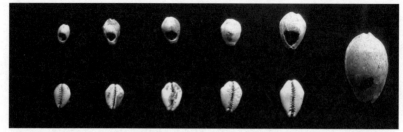

중국에서 쓰인 조개 화폐. 중국에서는 조개나 곡물 등의 물품 화폐가 사용되다가 은·주 시대에 이르러서 청동기 문명이 발달하여 주조화폐가 나타나기 시작했다.

의 가죽이 필요한 사람과 소금이 필요한 사람이 교환을 한다고 치자. 가죽도 품질이 천차만별이다. 소금도 마찬가지다. 때문에 사람들이 한 마리 양가죽은 소금 10바가지로 바꿀 수 있다고 약속하고 합의했다고 해서 항상 이 약속이 지켜질 순 없었다. 게다가 물물교환은 여러 가지 불편한 점이 많았다. 필요한 물건은 많은데 그때마다 내가 필요한 물건 을 가지고 있는 사람을 만나야 하는 불편함, 또 그 사람이 필요한 물건 이 꼭 내게 있어야 한다는 조건들이 있었다. 사람들은 내가 가지고 있 는 물건의 값어치를 공정한 기준으로 평가받고 언제 어디서든 필요한 물건을 구하고 싶어 했다. 그러기 위해선 기준을 정할 수 있는 도구가 필요했다. 그래서 화폐가 탄생한 것이다.

사람들은 조개껍데기를 화폐로 쓰기도 하고 나무 열매나 소금, 곡물을 화폐로 쓰기도 했다. 아메리카 대륙에 유럽인들이 처음 정착했을 무렵 엔 화폐가 매우 부족해 이를 대신해 동물의 모피, 조개껍데기, 쌀, 보리, 옥수수 등을 화폐 대신으로 사용했다고 한다. 1715년 노스캐롤라이나 주에선 이와 같은 17가지 물품이 대체 화폐로 사용되었다.

쑹훙빙, 《화폐전쟁》

화폐를 경제의 기본으로 삼는 데는 오랜 시간이 필요했다. 사람들은 19세기 이전까지만 해도 특별히 오늘날과 같은 화폐와 유통 구조의 필요성을 느끼지 못했고 오랜 세월 익숙한 전통만으로도 불편함 없이 잘 먹고 잘 살았기 때문이다.

그러나 한 나라 안에서의 경제 활동이 아닌 국가 간의 경제 활동이 발생하기 시작하자 새로운 고민거리가 생겨났다. 어떤 나라에서는 조개껍데기가 화폐의 역할을 담당했지만 어떤 나라에선 열매가 화폐 역할을 담당했다. 거기에다 교환의 규모가 커지자 애초에 발생했던 교환의 문제가 발생하기 시작했다. 나름 구하기 힘든 열매를 화폐로 쓰고 있던 국가에선 조개껍데기를 교환 수단으로 받아들이기 힘들어했다. 당연히 이 상황에서 교환은 이루어지지 않았을 것이다. 사람들은 자연에서 얻을 수 있는 차, 곡물, 소금, 나무 열매보다 더 보편적으로 가치 있는 교환 매체를 찾기 시작했다. 누구나 그 가치를 인정할 수 있는 것, 시간이 아무리 흘러도 변질되지 않고 가치가 떨어지지 않는 귀한 것을 찾았다. 사람들이 고민 끝에 선택한 화폐는 바로 금속! 그중에서도 금과 은을 화폐로 쓰기 시작했다.

천재 경제 전문가가 **앨런 그린스펀**도 이렇게 말했다
"금으로 주세요"

앨런 그린스펀Alan Greenspan이 누구인가? 그는 통화 정책의 신의 손이며, 경제 분야에 있어서만큼은 타의 추종을 불허하는 천재다. 1987년 이래 미국 연방준비제도이사회FRB 의장을 네 번이나 역임한 그를 가리켜 사람들은 미국의 경제 대통령이라고 한다. 실물 경제에 밝아 1970년대 재정 흑자와 최저 실업률, 고성장의 달콤한 열매로 미국인을 매혹시켰던 인물이다. 세계 곳곳의 투자자는 물론 정책 결정자들까지 그가 입한 번 뻥끗할 때마다 무슨 말이 나올지 노심초사했다. 지금은 은퇴해 그의 말이 정책으로 실현되는 것은 아니지만 아직까지 정치, 경제에 미치는 그의 영향력은 상당하다.

그럼 이런 사람에게 고급 정보를 듣기 위해 강의를 요청한다면 도대체 얼마의 강의료를 지급해야 할까? 앨런 그린스펀의 강의료는 1시간에 10만 달러라고 한다. 우리나라 돈으로 환산하면 환율에 따라 다르지만 약 1억 원 정도 되는 강의료를 받는 셈이다. 그렇다면 세계 경제의 흐름을 누구보다 잘 알고 있는 앨런 그린스펀은 도대체 어떤 수단으로 강의료를 받을까? 수표로? 계좌이체로? 달러로? 유로화로?

이 질문에 대한 앨런 그린스펀의 대답은 너무나 간결했다. "GOLD!"

월가에서 신화적인 존재로 추앙받는 앨런 그린스펀.

강의를 마치고 나오는 그린스펀에게 어떤 통화로 강의료를 받을 것이냐고 물었을 때 그의 대답은 '돈'이 아니라 '금'이었다. 앨런 그린스펀은 달러의 전성기를 만들어낸 인물이라고 해도 과언이 아니다. 그런 그라면 당연히 달러로 받아야 맞는 게 아닐까? 금은 돈보다 귀한 것일까?

지금은 달러가 종이에 적힌 숫자 1에 불과하지만 예전에 달러는 금으로 만든 금화였고, 그 가치는 당연히 금을 기준으로 정해졌다. 달러뿐아니라 다른 나라의 돈들도 대부분 금이나 은으로 만들어졌고, 그 가치역시 금과 은으로 매겨졌다.

금이 가장
믿을 만한 돈이다

로마의 콘스탄티누스 황제는 1.51그램의 금이 함유된 금화를 주조해유통했고, 샤를마뉴 대제는 0.39그램이 함유된 금화를 유통했다. 금화는 지불수단인 돈으로서 가치도 있었지만 그 자체만으로도 충분한 재산 가치가 있었다. 때문에 사람들은 순도 높은 금화의 모서리를 긁어금을 소유하기도 했다. 이 상황에서 만약 순도가 낮은 금화나 은화가유통된다면 어떻게 될까?

이 질문에 대한 답은 멀리 영국 엘리자베스시대에서 찾아볼 수 있다.영국에서는 화폐를 주조할 수 있는 권리가 영주에게도 있었는데 제한된 금과 은으로 화폐를 주조하고 유통하는 데 한계를 느낀 사람들이 금과 은에 다른 금속을 섞어 화폐를 주조하기 시작했다. 이렇게 되면 시중에는 순도가 높은 정화正貨와 순도가 낮은 주화들이 함께 유통된다. 당신이라면 순금으로 만든 돈과 18K로 만들어진 돈 중 어떤 것을 쓰겠는가? 당연히 사람들은 순도가 높은 금화는 장롱 속에 보관하고 순도가낮은 주화만 썼다. '악화가 양화를 구축한다'는 토머스 그레샴Gresham's law의 법칙은 이렇게 생겨났다.

자, 여기까지만 보면 아마도 여러분은 '이게 도대체 왜 문제가 되는 걸까?' 라고 생각할 것이다. 우리의 경제 상식으로는 이 문제가 심각하게 받아들여지지 않을 것이다. 오늘날의 돈은 과거의 돈과 굉장히 다르기 때문이다. 오늘날 우리가 쓰고 있는 돈은 신용화폐다. 신용이 돈의 근거라는 뜻이다.

시간이 지나 근거가 신용이 되었든 금과 은이 되었든 예전이나 지금이나 별반 다름없는 사실은 돈의 가치가 변한다는 것이다. 생각해보자. 20년 전의 1만 원과 현재 우리 지갑 속의 1만 원이 똑같은 가치를 가지고 있나? 당연히 다르다. 요즘은 1만 원짜리 한 장 들고 나가면 점심 한 끼와 커피 전문점의 커피를 마실 수도 없다. 그렇지만 20년 전엔 1만 원으로 많은 것을 할 수 있었다.

1988년엔 짜장면 값이 700원 정도 했으니 1만 원으로 14명이 한 끼를 해결할 수 있었다. 1985년엔 소주 값이 230원 정도였고, 1995년엔 600원 정도였는데 2010년엔 1,200원이 되었다. 1985년에 1만 원으로 소주를 43병 살 수 있었지만, 2010년에는 8병밖에 살 수 없다. 사람들은 이런 가격 변동을 일컬어 물가 상승, 인플레이션이라고 한다.

그런데 이상하지 않은가? 15~20년 전에 먹던 짜장면을 지금에 와서 더 비싸게 받아야 할 이유가 있을까? 모든 재료를 유기농으로만 쓴 웰빙 짜장면으로 거듭나기라도 했단 말인가? 짜장면은 그렇다 치고 소주엔 더 빨리 취하는 약이라도 탔단 말인가? 조금씩 차이는 있겠지만 짜장면과 소주에 이렇게 가격이 오를 만큼의 재료와 성분 변화는 없었다. 문제는 짜장면과 소주에 들어간 그 무엇이 달라진 게 아니라 돈의 값어치가 달라졌기 때문이다.

이처럼 돈의 가치는 시간이 지나면서 달라진다. 대부분 올라가는 일보다는 떨어지는 일이 많다. 하물며 그 자체만으로도 충분히 재산 가치로 인정받던 금화도 순도가 떨어짐에 따라 돈의 가치도 떨어졌다. 순도가 낮은 금화가 나타나기 전에는 1파운드로 빵 하나를 살 수 있었다면 빵 하나와 금화 1파운드는 같은 가치를 가지고 있다는 뜻이었다. 게다가 여차하면 1파운드는 언제든지 금으로 바꿀 수 있었다. 이미 그 자체가 금으로 가치를 정했기 때문이다.

그런데 이 돈에 불순물이 섞여 있다면 그 돈은 더 이상 액면가 그대로 1파운드의 가치를 인정받기 어려워진다. 그러면 사람들은 빵 1개에 2파운드를 받으려고 할 것이다. 엘리자베스 여왕은 이런 문제점을 해결하기 위해 화폐 개혁을 단행했다. 기존의 정화^{순도 높은 금화}가 아닌 주화를 가져오면 환율에 따라 가치를 계산하여 새로 주조된 정화로 바꿔주는 개혁을 단행해 물가를 안정시켰다.

그러나 금화는 제한된 자원을 근거로 만들어지기 때문에 주조와 유통에 항상 어려움이 뒤따랐다. 그래서 등장한 것이 바로 지폐였다. 하지만 이 시기의 지폐는 오늘날 우리가 쓰는 지폐와는 조금 달랐다. 오늘날 우리가 쓰는 지폐는 내가 은행으로 가서 무엇으로 바꿔달라고 할 수 없다. 만약 내가 은행에 가서 1만 원짜리 지폐를 이에 상응하는 금이나 은으로 바꿔달라고 하면 나를 이상한 사람으로 쳐다보거나 자꾸 귀찮게 한다면 경찰이나 정신병원에 신고할지도 모른다. 그래도 귀찮게 자꾸 나타나 바꿔달라고 보채면 좁쌀만한 금박 한 장으로 바꿔줄까 말까

할 것이다. 사실 1만 원이 그만한 가치가 있지도 않겠지만 말이다.

하지만 지폐가 처음 등장했을 땐 달랐다. 지폐는 그에 상응하는 금이나 은의 가치를 가지고 있어야만 했다. 이처럼 화폐의 가치를 금의 가치로 나타내는 것을 금본위제라고 한다. 지폐 자체가 금과 은의 가치를 포함하고 있으므로 사람들은 은행에 가서 그에 해당하는 금과 은으로 돌려받을 수 있었다. 이렇게 화폐를 금과 은으로 교환하는 것을 금 태환, 은 태환이라고 하며, 금과 은으로 바꿀 수 있는 화폐를 태환화폐라고 한다.

금과 은의 가치를 상징하는 화폐는 일종의 차용증인 셈이다. 내가 돈을 가지고 있다는 것은 그에 상응하는 금과 은으로 교환할 수 있다는 말과 같았다. 때문에 은행은 내가 화폐를 가져가면 언제든지 금과 은으로 내주어야만 했다. 오늘날과 너무 다른 이러한 화폐의 개념은 아주 먼 옛날의 이야기 같지만 사실 그렇게 오래전의 일이 아니다. 지금은 우리가 가진 어떤 화폐도 금과 은으로 바꿀 수 없다. 금과 은이 화폐와 완전히 이별한 것이다. 세상에 그 어떤 신용이 금과 은보다 더 값어치 있다고 할 수 있을까?

훗날 금을 야만적 유산이라며 금과 화폐의 완전한 분리를 목에 핏대가 서도록 열변한 그린스펀조차 2002년까지 금이 모든 화폐의 최종적인 지급수단이라고 인정했다. 그가 변절(?)하기 전 열렬한 금본위 옹호론자였을 때 그는 금이나 은과 같은 귀금속을 기본으로 유통되는 금본위제가 지금의 신용화폐보다 훨씬 더 안정적이라는 것을 인정했다. 어쩌면 그린스펀은 미 연방준비제도이사회의 의장을 맡아 금과 이별한 달러가 세상을 휘젓게 하는 데 지대한 공을 세웠지만 그도 내심 달러보다 금이 더 귀하다고 생각했을지 모른다. 농담처럼 강의료를 금으로 달라고 했다지만, 이 말은 농담을 가장한 진심이었을지 모른다. 왜냐하면 그는 젊은 시절부터 금과 화폐의 연결고리를 누구보다 정확히 꿰뚫어 본 사람 중 하나였기 때문이다.

> "금본위제가 없는 상황에서는 어떤 방법으로도 국민의 재산이 인플레이션에 먹히는 것을 막지 못한다. 이는 곧 복지 통계학자들이 금을 격렬히 반대하는 이유다. 적자 재정은 간단히 말해 재산을 몰수하려는 음모다. 황금은 그들의 음모를 막아서 재산권 보호자 역할을 할 수 있다. 사람들이 이러한 핵심을 파악한다면 금본위제를 악의적으로 비방하는 이유를 쉽게 알 수 있을 것이다."
>
> 쑹훙빙, 《화폐전쟁》

나도 그린스펀처럼 말하고 싶다

"금으로 바꿔주세요!"

여러분도 이렇게 생각할 것이다. 돈을 금과 은으로 바꾼다고? 그렇다면 돈의 가치가 떨어지기 전에 더 가치 있는 금이나 은으로 바꾸면 내 재산을 더 안정적으로 지킬 수 있을 텐데……. 왜 이렇게 좋은 제도가 없어졌을까?

영국의 엘리자베스시대처럼 영주와 개인 혹은 개인 소유의 은행이 화폐를 발행할 권리가 있던 시절엔 화폐의 가치가 떨어지는 일이 잦았다. 당연히 그에 따른 혼란도 자주 발생했다. 각 은행이나 개인이 화폐를 발행한다고 하면 그 은행이나 개인이 화폐를 발행할 만큼의 담보가 있어야 하고 이는 곧 신용으로 평가된다. 그런데 여기저기서 다양한 화폐가 발행된다고 생각해보자. 화폐에 대한 가치는 홀연히 시장에 맡겨진다. 어떤 지폐는 거부될 수도 있고 어떤 지폐는 다른 지폐에 비해 가치가 떨어지는 것이 나올 수도 있다. 1837년에서 약 30년간 도래한 '자유은행 시기'에는 여러 은행권이 시중에서 유통됐으며 이때도 여전히 화폐는 금과 은으로 바꿀 수 있었다.

토머스 H 그레코 Jr, 《화폐의 종말》

그런데 상황이 달라졌다. 1960년대 들어 베트남 전쟁에서 역사상 최초로 비참한 패배를 경험한 미국은 세계 제일 경찰국가라는 국제적인 위상에 큰 타격을 입었다. 상처 입은 것은 국제적 위상만이 아니었다. 미국의 경제는 전쟁을 치르면서 심각한 상태로 나빠졌다. 재정 적자와 무역 적자가 한꺼번에 미국을 덮친 것이다. 여기에 설상가상으로 막대한 전쟁 자금을 충당하기 위해 미국 정부가 달러를 너무 남발해 달러 가치까지 폭락하고 말았다.

브레튼 우즈 체제. 국제적인 통화제도 협정에 따라 구축된 국제통화 체제로, 이 협정에 따라 IMF(국제통화기금)와 IBRD(국제부흥개발은행)가 설립되었다.

그때도 달러는 세계 어디서든 통용될 수 있는 국제 화폐의 기능을 갖추고 있었다. 달러는 1944년 브레튼 우즈 체제Bretton Woods system 이후 세계 기축통화가 간의 결제나 금융거래의 기본이 되는 통화의 자리를 굳건히 지키고 있다. 브레튼 우즈 체제의 합의에 의해 달러의 가치는 금 1온스^{약 28.3그램}당 35달러로 고정됐다. 하지만 미국이 너무 많은 달러를 발행하자 금 1온스당 675달러로 가치가 폭락하고 말았다. 사람들은 미국에게 달러는 필요 없으니 그에 상응하는 금으로 교환해달라고 요구했다. 그런데 '재정 적자'와 '무역 적자'라는 쌍두마차를 타고 있는 미국에게 금으로 상환할 수 있는 능력이 있을 리 없었다. 결국 그 당시 대통령이었던 닉슨은 1971년 황금 교환 창구를 폐쇄하고, 곧이어 1973년에는 미국 연방은행의 금 태환 정지 명령을 내렸다. 이제 사람들은 달러를 가지고 있어도 더 이상 금으로 바꿀 수 없게 되었다. 세계 제1의 경제 대국인 미국이 더 이상은 돈을 금으로 바꿔줄 수 없다는데 그 어떤 나라가 금본위제를 지탱할 수 있었을까?

미국을 위시한 세계 각국이 금본위제를 포기하면서 화폐는 새로운 시대를 맞이했다. 바로 그 어떤 것으로 바꿀 수 없지만 국가에서 화폐의 가치를 정하고 강제로 유통시키는 법정화폐가 등장한 것이다. 말이 어렵지 법정화폐는 간단하게 말해 우리 지갑 속에 있는 '돈'이다.

돈에
무슨 일이 **생겼나?**

경제를 잘 안다고 사람들은 오늘날의 경제 시스템이 매우 위험한 상황이라고 경고한다. 이들이 경고하는 것은 화폐 경제 시스템이다. 금을 기본으로 하는 금본위제든 아니든, 법정화폐가 되든 말든 상관없이 우

미국의 제2대 대통령 존 애덤스. 토머스 제퍼슨의 정치적 라이벌로, 제퍼슨과 교환했던 서한은 미국 정치학 연구의 귀중한 문헌이다.

세계적인 과학편집자 존 브록만. 《위험한 생각들》을 비롯해 《낙관적 생각들》, 《앞으로 50년》 등의 책을 펴냈다.

리는 지금껏 잘 살아왔다. 솔직히 뭐가 문제인지도 잘 모르겠고, 몰라도 잘 살고 있는데 굳이 알아야 할 필요가 있을까 싶기도 하다. 이런 의도적인 무관심과 화폐에 대한 지식이 거의 전무한 상태가 과연 위험할까?

미국 독립운동에 참가해 미국 헌법 구성에 영향을 미치고 2대 대통령에 오른 존 애덤스(John Adams)는 토머스 제퍼슨(Thomas Jefferson)에게 이런 편지를 보냈다고 한다. "미국이 처한 당혹스러운 상황, 혼란, 좌절은 헌법이나 연방제의 결점에서 기인한 게 아니다. 명예나 미덕이 부족해서 그런 것도 아니다. 원인은 화폐와 신용, 화폐 유통의 본질에 관한 순전한 무지에 있다."

토머스 H 그레코 Jr, 《화폐의 종말》

우리는 대부분 화폐가 그 자체만으로도 충분히 자산의 가치가 있다고 믿고 있다. 그렇다면 돈은 정말 우리가 생각하는 것만큼 충분한 가치가 있는 것일까? 세계 지식의 지휘자라고 칭송받는 존 브록만[John

^{Brockman}은 세계를 움직이는 석학 110명에게 이 시대 가장 위험한 생각이 무엇인지 물었다. 그리고 그것을 《위험한 생각들》이란 책으로 펴냈다.

그중 최근 가장 영향력 있는 사이버 문화 이론가이며 미디어 학자, 다큐멘터리 작가로 활동하고 있는 더글러스 루시코프(Douglas Rushkoff)는 돈에 대해 우리가 품고 있는 생각이 위험하다고 경고하며 화폐는 매개물일 뿐이라고 주장했다. 그는 또 오늘날 화폐는 연방은행이나 중앙은행을 통해 존재하고 이자를 붙여 되돌려 받는다고 주장했다.

존 브록만 엮음, 《위험한 생각들》

도대체 닉슨이 이제는 더 이상 돈을 들고 와도 금으로 바꿔줄 수 없다고 선언한 뒤 법정화폐 시대가 시작되면서 화폐에 무슨 일이 생긴 것일까? 무슨 일이 생겼기에 경제 전문가들이 화폐 시대의 종말이 왔다느니, 지금과 같은 화폐 제도에서는 선량한 사람들이 자신의 재산을 지킬 수 없을 것이라는 무시무시한 이야기를 하는 것일까? 혹시 이 사람들은 모두 음모론자들일까?

차라리 이런 경고를 날리는 사람들이 음모론자들이었으면 좋겠다. 그래서 안 그래도 하루하루 사는 게 불안한 소시민들에게 그나마 가지고 있는 돈이 액면 그대로 가치가 있는 것이라고 말해주면 정말 좋겠다.

우리가 **몰랐던** '돈'의 **탄생 비밀**

처음에 사람들은 자신이 가지고 있는 금을 은행에 맡기고 차용증인 은행권, 그러니까 쉽게 말해 종이돈을 받아갔다. 금을 가지고 직접 거래하는 것은 여러모로 불편했지만 은행에서 발행해준 지폐는 가볍고 사용하기 편리했다. 사람들은 점점 무겁고 불편한 금보다 종이돈을 더 많이 사용하기 시작했다. 그런데 시간이 지나면서 은행은 사람들이 맡겨놓은 금을 빨리 찾아가지 않는다는 것을 깨달았다. 한술 더 떠 은행은 금을 맡기고 차용증을 가져간 사람뿐 아니라 금이 필요한 사람에게도 차용증을 써주고 이자를 받으면 큰 이익이 생길 것이라고 생각했다.

여기서 문제는 금의 실제 주인이 받아간 차용증과 은행에서 빌려간 사람이 받은 차용증은 한 은행에서 발행하는 은행권이기 때문에 차이가 없었다는 점이다. 은행에 예치된 금은 한정돼 있는데 은행에서 발행하는 화폐는 그 규모를 넘어섰다. 비록 현재는 돈을 금으로 바꿀 수 없고 은행이 금을 근거로 화폐를 발행하지 않지만 이 시스템은 부분 지급 준비제로 유지되고 있다.

> 부분 지급 준비제란 말 그대로 은행이 지급할 돈의 일부분만 준비하고 있어도 된다는 말이다. 이와 반대 개념인 전액 준비제는 화폐를 발행하는 은행이 발행한 화폐만큼 고객이 요청할 때를 대비해 돈을 가지고 있어야 한다는 것이다. 그런데 부분 지급 준비제도가 실행되면서 은행은 실제로 가진 돈보다 더 많은 화폐를 유통시킬 수 있게 되었다. 지금의 화폐 제도를 비난하는 사람들은 부분 지급 준비제를 비난한다. 한 마디로 은행이 적절한 담보가 없는데도 돈을 만들어내고 유통시키는 어음의 종류로 화폐를 발행하고 있다는 것이다.
>
> 토머스 H 그레코 Jr, 《화폐의 종말》

사람들은 실제로 은행에 돈을 맡기고 찾아가는 돈과 은행이 대출을 통해 유통시키는 돈의 차이점을 알지 못한다. 그리고 은행은 모든 고객이 한꺼번에 몰려 돈을 찾아갈 리 없다는 가정 아래 보유한 돈보다 더 많은 돈을 찍어낸다는 것을 모른다. 이렇게 시중에 화폐가 많이 유통되면 화폐의 가치가 점점 떨어져 인플레이션이 발생할 수밖에 없다. 이 문제에 대해 누구는 인플레이션이 한 가지 원인으로 발생하지 않는다고 말할 수도 있다.

어느 측면에서는 그 말이 맞을 수도 있다. 하지만 저명한 경제 전문가인 밀턴 프리드먼^{Milton Friedman}이 인플레이션은 무조건 통화 문제라고 딱 잘라 말한 것에 대해서는 어떻게 설명할 것인가? 밀턴 프리드먼은 보수적인 경제학자가 아니라 자유방임주의와 시장제도를 통한 자유로운 경제 활동을 이상적인 경제로 생각하는 신자유주의 경제학자다. 신자유주의 경제학자인 밀턴 프리드먼도 묻거나 따지지 말고 인플레이션은 화폐가 얼마나 유통되는지의 문제라고 하지 않는가!

그렇다면 긴축 통화 정책을 추진하면 될 것 아니냐고 반문할 것이다. 긴축 통화 정책을 추진하는 순간 경제는 요동을 친다. 긴축 통화 정책을 펼쳐서 금리가 인상되면 부동산 가격이 폭락하고 가진 거라곤 집밖에 없는 사람들의 재산 가치는 하루아침에 바닥으로 곤두박질친다. 기업은 투자를 하지 않으려 하고 다이어트에 돌입해 실직자가 대량으로 발생하게 될 것이다. 월급은 오르지 않는데 물가는 올라갈

밀턴 프리드먼. 신자유주의를 표방한 경제학자로 자유방임주의와 시장제도를 통한 자유로운 경제 활동을 주장했다.

것이다. 구매력을 상실한 사람들이 대량으로 발생하다 보니 팔리지 않는 물건이 재고로 남아돌 것이고 기업은 또 다시 투자 대신 다이어트를 하려고 할 것이다. 악순환이 반복되는 것이다. 도대체 무엇이 문제란 말인가? 전문가들은 입을 모아 현재 대다수의 국가에서 벌어지고 있는 화폐 시스템이 문제라고 말하고 있다. 그중 부분 준비금 제도는 최악의 제도라고까지 비난한다.

부분 준비금 제도는 화폐가 만들어지고, 유통되고, 폐기되는 과정에 결정적인 영향을 미친다. 현재 대부분의 국가에서 그렇듯이 중앙은행이 화폐를 발행하는 시스템에선 화폐 그 자체의 가치만으로 돈을 만들어내기 때문에 국세, 즉 국민의 의무인 세금이 담보가 된다. 지금 가지고 있는 것이 아니라 앞으로 생겨날 국민의 세금이 곧 화폐 발행의 근거가 되는 것이다. 따라서 국가가 국채를 발행하지 않는다면 새로운 화폐는 유통되지 않는다. 그리고 국가가 국채를 상환하는 즉시 그 화폐는 사라지게 된다. 뭐가 이렇게 복잡하고 어려운지 이제는 돈이 돈처럼 보이지 않을 것이다. 알아보라고 써 놓은 것인지 알아듣지 말라고 말하는 건지 도통 알 수 없는 이 복잡한 문제를 쉽게 이해하기 위해서 지금부터 시장 놀이를 함께해보도록 하자.

여러분은 지금 친구들과 시장 놀이를 하고 있다. 놀이에 참가한 친구는 은행을 맡고 있는 '왕대출'과 국가를 맡고 있는 '고성장', 그리고 은행에 돈을 예금하거나 빌려가는 '맹투자'와 '신기술' 이렇게 네 명이다.

처음 이 네 명이 시장 놀이를 시작할 때 가지고 있던 돈은 3천 원이었다. 그런데 '맹투자'와 '신기술'이 사업이 잘된다며 공장을 새로 짓고 투자를 늘려야겠다고 '왕대출'을 찾아왔다. 그런데 '왕대출'에게는 이 두 명에게 필요한 만큼의 돈이 없었다. 이때 성장 위주의 정책을 쓰는 '고성장'은 곧 더 많은 돈을 만들어야겠다고 생각했다. 그래서 '고성장'은 '왕대출'을 찾아와 '맹투자'와 '신기술'에게 받은 세금을 줄 테니 2천 원을 더 찍어내라고 한다. 돈을 빌려간 '맹투자'와 '신기술'은 이 돈으로 공장을 짓고 투자를 늘려서 사업을 번창시켰다. 그리고 '고성장'에게 각각 세금으로 1천 원씩 냈다. 이제부터는 수학도 아니고 산수가 필요한 시점이 돌아왔다.

'맹투자'와 '신기술'에게 돈을 빌려주면서 시장엔 3천 원에서 2천 원 불어난 5천 원이 유통되었다. 그중 2천 원은 '고성장'이 발행한 국채로 유통된 돈이다. 자, 이제 세금 2천 원이 돌아왔다. 국채가 상환된 것이다. 그럼 시중엔 다시 3천 원의 돈밖에 남지 않는다. 그런데 문제는 은행 업무를 담당한 '왕대출'이 갑자기 이자를 받겠다고 나섰다. '고성장'은 처음에 은행에 국가 신용을 담보로 빌렸던 돈보다 더 많은 돈을 갚아야 했다. 그런데 '고성장'에겐 돈이 없었다. 그래서 또 국채를 발행하기로 했다. 앞으로 받을 세금을 담보로 말이다.

지금과 같은 문제를 확대하면 현실에서 벌어지고 있는 화폐의 흐름이 대충 눈에 보일 것이다. 시장 놀이에서 발생한 문제와 같은 이유로 현재 대부분의 국가는 더 많은 부채를 발행하고 더 많은 화폐를 찍어낼 수밖에 없다. 부채를 늘리지 않으면 통화가 늘어나지 않고 눈에 보이는 숫자로만 평가하는 가시 경제의 흐름에선 성장이란 생각할 수도 없기 때문이다.

수많은 경제학자들이 현재 화폐 시스템을 비난하는 것은 돈 그 자체가 아니라 빚이 포함된 돈을 비난하는 것이다. 이 시스템에선 많은 사람들이 아무리 열심히 일하고 저축을 해도 그만큼의 자산을 보유하지 못한다. 자연스럽게 돈을 쓰는 대가로 빚을 계속 갚아야 하기 때문이다.

　이만하면 돈의 역사야말로 인류 역사상 가장 불편하고 무서운 역사라고 할 수 있지 않을까? 그 어떤 역사보다 복잡하고 어려운 용어로 가득찬 돈의 역사는 마치 일반인들에게 쉽게 접근하지 말라고 경고하는 것 같다. 심지어 돈의 역사를 살펴보면서 이 돈의 역사가 우리에게도 적용되는지 궁금해 여기저기 살펴봐도 어디 하나 똑 부러지게 답변을 해주는 서적도 논문도 없다. 쉽게 찾아보기 힘들게 꽁꽁 누가 숨겨놨는지 너무 어려워 제목과 내용을 보고도 지나쳤는지 알 수 없지만 찾았다 해도 너무 애매모호한 말로 설명해 답답하긴 매한가지다. 너무 답답한 나머지 한 지인에게 "아니 그러니까 이 시스템이 우리나라에도 적용되는 거예요?"라고 물었더니 그는 이렇게 대답했다. "뭘 그렇게 알려고 하세요? 많이 알면 뭐해? 가슴만 답답하지. 알려고 하지 마요. 다쳐요."

　여러분도 매우 궁금해 하겠지만 나 역시 지인에게 처음 들었던 답변만 해줄 수 있을 것 같다. "알면 다쳐요!"

34

세계에서 가장 대담한
부동산 투기?

땅 빼앗기 : '땅따먹기', '땅재기' 라고 불리는 이 놀이는 말을 잘 놀려 땅을 점차 넓혀감으로써 토지의 소유와 확대에 대한 관념을 아이들이 갖게 하는 민속놀이다. (중략) 자기 땅을 소유하기를 소망하던 서민들의 땅에 대한 친숙함과 더 넓은 토지를 갖고 싶어 하는 마음이 잘 나타나 있는 놀이다. 농사를 짓기 위해서는 땅이 필요했고, 만약 그 땅이 내 땅이라면 하는 바람을 갖게 되었으며, 그래서 실제로는 갖지 못한 땅을 갖고 싶은 마음이 놀이로 구현된 것이다.

김제향토문화백과 – 민속놀이 중에서

* 땅 빼앗기 게임은 김제뿐 아니라 강릉, 칠곡 등 우리나라 전역에서 어린아이들이 즐겨 하는 민속놀이다.

땅은 정말 매력적인 아이템이다. 지구가 몇 번 뒤집혀 바다가 육지가 된다 해도 인류가 소유할 수 있는 땅은 항상 제한되어 있고, 과학이 아무리 발전한다고 해도 대체 물질을 만들어낼 수 없다. 거기다 가치 있는 땅은 제한되어 있어 값어치가 더 높아진다.

부동산 투기란 이 값어치 있는 땅을 요행을 바라며 매매행위를 하는 것을 말한다. 이런 매매행위는 투자보다 더 요행수가 있다는 점에서 항상 비난받아왔다. 그러나 고작 개인이 하는 투기가 얼마나 하겠는가……. 하지만, 지금부터 알아볼 부동산 투기는 우리의 상식을 뛰어넘는 수준이다. 주소를 이전하거나 위장전입 정도의 수준이 아니라 거대한 자본과 권력이 있어야만 가능한 세계적인 규모의 부동산 투기다.

바래지 않는
부동산 불패신화

그렇다면 역사상 손꼽히는 엄청난 부동산 거래는 무엇일까? 이것은 1803년 루이지애나에서 일어났다. 미국은 프랑스로부터 1천5백만 달러에 루이지애나를 매입했다. 루이지애나는 한반도의 10배가 넘는 아주 넓은 땅이다. 212제곱킬로미터 정도 되는 땅을 1천5백만 달러에 샀으므로 3백 평 정도 되는 땅을 단돈 7달러에 매입한 셈이다. 그런데 왜 프랑스는 미국 한가운데 있는 땅을 이 정도의 헐값에 팔아버린 것일까?

당시 미 대륙의 한가운데를 차지하던 루이지애나는 프랑스 소유로 이곳을 지나가기 위해선 통행세를 지불해야 했다. 오하이오, 인디애나, 미시간 등에서 재배한 작물을 미 동부의 뉴욕이나 보스턴으로 운반하기

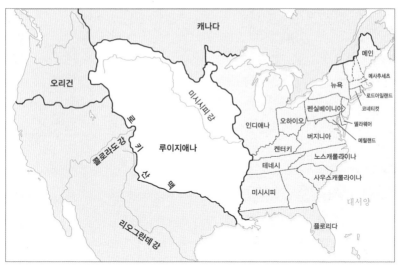

1803년 미국이 프랑스로부터 사들였던 루이지애나 영토.

위해서 미시시피 강을 주로 이용했는데 강어귀의 뉴올리언스를 통과할

때마다 지불하는 통행세에 대한 농부들의 불만이 나날이 커져가고 있었다. 미국의 제3대 대통령인 토머스 제퍼슨은 의회에서 루이지애나 매입을 위해 1천만 달러를 지불해도 된다는 승낙을 받은 다음 로버트 리빙스턴과 제임스 먼로를 나폴레옹에게 보내 부동산 거래를 시작했다.

마침 카리브 해의 아이티에서 일어난 반란 때문에 전쟁 비용이 필요했던 나폴레옹은 루이지애나를 1천

미국의 제5대 대통령 제임스 먼로는 먼로 독트린(Monroe Doctrine)을 통해 유럽제국의 미국에 대한 간섭을 저지하였다.

로버트 리빙스턴. 미국 독립 선언의 기초위원으로 뉴욕의 초대 형평법 재판소 소장이 되었다. 제임스 먼로와 함께 프랑스로 건너가 루이지애나 구입을 교섭했다.

윌리엄 H. 슈어드. 앤드루 존슨 대통령 재임 시절 국무장관으로 러시아와 전산망을 연결하기 위한 협상 차 러시아에 갔다가 알래스카 매매조약을 체결했다.

5백만 달러에 팔았다.

루이지애나 매입으로 미국의 영토는 이전에 비해 2배나 넓어졌고 서부 개척의 시대가 시작됐다. 미국의 입장에선 매우 성공적인 거래인 셈이다.

땅 장사로 재미를 본 미국은 시간이 지나 더 가치 있는 땅을 헐값에 사들이는 데 성공했다. 알래스카를 러시아로부터 7백만 달러에 거의 강탈하다시피 빼앗아온 것이었다. 하지만 당시 사람들은 얼음 대륙이나 마찬가지인 알래스카를 720만 달러에 산 미국을 바보라고 생각했다. 미합중국 안에서 가장 추운 곳으로, 가장 적은 인구가 살고 있는 알래스카는 황야와 빙하, 화산, 거대한 산맥이 있는 척박한 대지다. 매입 당시 미 대통령은 앤드루 존슨이었지만 매입 서류에 서명한 것은 국무장관인 윌리엄 H. 슈어드William H. Seward로, 당시 미국 의회는 이 거래를 두고 슈어드의 어리석은 행위Seward's Folly라고 불렀다.

그러나 얼마 지나지 않아 미국은 이 거래로 인해 어마어마한 이익을 보게 되었다. 에스키모 언어로 '위대한 땅'이라는 어원을 가진 이 땅은 미국에게 엄청난 부를 안겨주었다. 이곳에서 대규모의 금광이 발견되고, 1968년에는 매장량 96억 배럴의 대 유전이 발견된 것이다.

대부분의 사람들이 아무짝에 쓸모없는 땅이라고 여겼던 이곳이 사실은 그야말로 '위대한 땅'이었다. 이 위대한 땅은 군사기지로서도 중요한 역할을 담당하고 있다. 제2차 세계대전 이후 가장 중요한 전략상 방위기지가 세워진 것이다.

당시에는 불모지를 엄청난 돈을 들여 샀다고 비난을 받았지만 3천 평에 가까운 땅을 단돈 5센트에 산 미국은 역사상 가장 큰 횡재를 한 셈이다. 이만하면 미국이 전 세계에서 땅 장사를 가장 잘하는 국가라고 해도 손색이 없지 않을까?

운하를 한입에 꿀꺽한
간 큰 투기꾼

규모 면에서나 이익 면에서나 미국의 루이지애나와 알래스카 매입은 역사에 길이 남을 만큼 성공적인 최고의 부동산 투기였지만 국가적 이익을 고려할 때 투자라고 불러도 무방할 듯 싶다. 그러나 이번에 거론할 부동산 거래는 국가적이라기보다는 다분히 개인적인 측면이 강하다. 〈뉴욕타임즈〉지는 매우 흥미로운 부동산 투기 사건을 밝혀냈는데 이 부동산 투기는 바로 아프리카 대륙에서 이루어졌다.

1869년 11월 17일 세계 각국의 국가원수·귀빈·명사가 초대된 가운데 성대한 개통식을 가졌던 이집트의 수에즈운하는 아프리카 대륙을

우회하지 않고 아시아와 유럽을 직접 연결하는 통로라는 점에서 매우 중요한 의미가 있는 곳이다.

수에즈운하는 1854년 프랑스가 이집트로부터 운하 개설에 대한 권리를 얻어 1859년에 이집트의 포트 사이드 쪽에서 착공해 1869년에 완공했다.

수에즈운하는 특히 영국에게 큰 의미가 있는 곳이었다. 영국은 이 운하로 인도뿐 아니라 아시아의 식민지로 가는 뱃길을 단축시킬 수 있었다. 그런데 제2차 세계대전이 발발하면서 수에즈운하는 더 특별해졌다. 거대한 전함을 움직이기 위해서 막대한 양의 석유가 필요했는데, 중동에서 석유를 가장 빨리 이동시킬 수 있는 통로가 바로 수에즈운하였던 것이다. 유럽 대부분의 국가들도 상황은 비슷했다. 당연히 수에즈운하를 두고 유럽 각국 간에 치열한 접전이 펼쳐졌다. 수에즈운하는 지리적 여건상 꽤 오랜 세월 중요한 역할을 담당했다.

수에즈운하의 중요성은 이쯤에서 충분히 이해됐을 것이라고 짐작한다. 그런데 이토록 중요한 운하가 세계에서 가장 대담한 부동산 투기 사건에 휘말렸다는 사실이 믿겨지는가? 그것도 국가적인 차원이 아닌 한 개인에 의해서 말이다. 어떻게 그런 일이 일어났을까?

사건의 전말은 이러하다. 수에즈운하는 프랑스의 적극적인 개입 때문에 이집트 왕 외에도 프랑스가 상당한 양의 지분을 소유할 수 있었다.

반면 운하의 가치를 나중에 깨닫게 된 영국은 매우 다급해졌다. 영국의 입장에서 그 어디보다 가치 있는 부동산 투자에 나 몰라라 했던 것을 땅을 치고 후회했다.

그런데 영국에게 뜻하지 않은 기회가 찾아왔다. 당시 무리한 개

아시아와 아프리카 두 대륙의 경계에 건설된 수에즈운하는 아프리카 대륙을 우회하지 않고 아시아와 유럽이 연결된다는 점에서 중요한 역할을 하고 있다.

혁으로 불어난 부채를 감당하지 못한 이집트 왕이 빚을 갚기 위해 수에즈운하의 주식을 매각하기로 결심했던 것이다. 1875년 이집트 왕의 수에즈운하 소유 주식 17만 6,602주가 시장에 나왔고, 이집트 왕은 프랑스에 매입 의사를 타진했지만 프랑스는 그 주식들을 살 형편이 되지 않았다. 당시 프랑스는 프로이센과의 전쟁에 대한 배상금으로 막대한 돈을 지불해야 했기 때문이다.

영국은 이 기회를 재빨리 잡았다. 당시 영국의 수상 디즈레일리는 은행장이었던 로스차일드Mayer Amschel Rothschild에게 수에즈운하의 주식을 전부 매입할 수 있는 4백만 파운드를 대출해줄 수 있는지 물었다. 담보는 영국 정부였다. 로스차일드는 돈을 빌려주는 대가로 선금에 대한 2.5퍼센트의 수수료와 연 5퍼센트의 이자를 요구했다.

이 부동산 거래가 세계에서 가장 대담하고 우아하며 민첩하게 이루어

졌다고 말할 수 있는 이유는 규모 면에서 개인이 나설 수 없는 거래임에도 불구하고 로스차일드란 은행가의 주도 하에 이루어졌다는 점과 당시 수상인 디즈레일리의 민첩한 정치 활동, 그리고 매입 순간까지 완벽하게 비밀이 유지되었기 때문이다.

수에즈운하는 이집트의 가말 압델 나세르 대통령이 수에즈운하를 국영화시킬 때까지 81년 동안 영국이 주도권을 장악했다. 영국은 재빠르게 부동산 투기에 나서면서 막대한 이윤을 남겼다. 이것이 〈뉴욕타임즈〉지가 지난 1천 년을 통틀어 수에즈운하의 주식 매각을 최고의 부동산 거래로 뽑은 이유다. 기회 면에서, 속도 면에서, 이익 면에서 영국에게 더 없이 좋은 기회였던 수에즈운하를 둘러싼 부동산 거래는 정말 어디를 봐도 손색이 없을 정도로 완벽했다. 더불어 이 거래를 성사시키는 데 결정적인 역할을 한 로스차일드가 엄청난 이윤을 남겼음은 말할 필요도 없다.

개인의 부당한 부동산 투기는 절대 용납하지 않을 것 같은 국가가 앞장서서 땅장사에 혈안이 됐던 이 사건들. 우리 시대에도 이렇게 대단한 국제적 부동산 투기 사건을 만날 수 있을까?

35

역사는
'가장 적합한 자의 생존'이다?

갤럽 조사에 의하면, 미국인 중 무려 45퍼센트가 지구는 신에 의해 1만 년 전 내에 창조되었다고 믿고 있다. 2004년 성탄절 직전에 실시한 〈뉴스위크〉 여론 조사에서도 미국인들의 79퍼센트가 예수는 동정녀에게서 태어났다고 믿고 있다. 또 62퍼센트는 공립학교에서 진화론 외에 창조론도 가르쳐야 한다고 응답했다. 미국 과학교육센터의 유진 스콧 소장은 지난 9일 AP통신과의 인터뷰에서 "진화론에 토대를 두고 학생들을 학습시키는 일은 점점 고달픈 현상이 되고 있다"고 말했다. 그는 "과거에도 기독교 보수주의자들의 반발이 있었지만 최근 6개월만큼 심한 적은 없었다"고 털어놓았다.

사상 최대 위기를 맞은 다윈의 진화론, 2005년 7월 21일 〈브레이크뉴스〉

찰스 다윈^{Charles Robert Darwin}의 《종의 기원》이 출간된 지 150여 년이 흘렀지만 과학과 종교는 인류와 생명의 기원을 놓고 여전히 대립 중이다. 대다수 사람들은 진화론을 인정하면 곧 신의 존재를 부정하는 것이라고 믿는다. 진화론이 신의 존재를 직접적으로 부정하지는 않았으나 결과적으로 신의 의지대로 생명이 탄생하고 진화하지 않았음을 주장하기 때문에 끊임없이 종교계와 마찰을 빚고 있는 것이다. 진화론과 창조론의 오랜 싸움은 쉽게 끝날 기미가 보이지 않는다.

부유한 집안에서 태어나 의학공부를 중도에 포기하고 케임브리지대학에서 '신학'을 공부했던 다윈은 우연한 기회에 해군측량선에 박물학자로 승선하면서 진화론의 토대가 될 증거들을 수집할 수 있었다.

그는 오랜 기간 동안 진화론에 대한 증거를 수집하고 논문을 준비했지만 선뜻 발표하지 못했다. 창조론이 대세였던 그 시기에 모든 생명체의 공통된 조상이 있으며 무의식, 무계획적인 자연 선택을 통해 새로운 종이 탄생하고 진화한다는 주장은 일대 파란을 몰고 올 것이 분명했기 때문이다. 그래서 그는 20년 동안이나 진화론을 밝히지 않고 비밀 노트에 "신에 대한 사랑이 단지 두뇌 작용의 산물일지 모른다"라고 적어놓았다. 그는 진화론을 밝히는 것이 마치 살인을 고백하는 것 같다며 두려워했다.

진화론에 따르면 인간은 처음부터 신의 뜻대로 완벽하게 만들어지지 않았다. 지구상의 어떤 생물도 변하지 않는 존재는 없다. 다윈은 진화론에 한 치의 의심도 품지 않았지만 가히 혁명적이라고 할 수 있는 이 이론을 세상에 내놓는 일에는 주저했다. 그러던 중 다윈은 한 젊은 학자의 편지를 보고 충격을 받았다. 이 젊은 학자의 편지는 두 사람의 인생에도 큰 영향을 미쳤다. 도대체 그 편지는 누가 보낸 것이고, 그 내용은 무엇이었을까?

다윈과 함께 진화론의 주역으로 알려진 알프레드 러셀 월리스.

다윈에게 편지를 보낸 학자는 알프레드 러셀 월리스Alfred Russel Wallace로, 그는 진화론에 대한 논문을 발표하고자 했다. 러셀 월리스의 논문과 주장은 놀랍도록 다윈의 것과 일치했다. 동시대에 같은 착상으로 거의 같은 결론에 도달한 두 명의 천재가 편지로 만난 것이다. 다윈은 월리스의 논문에 극찬을 하면서도 당황했다. 그리고 서둘러 자료를 정리해 월리스와 함께 1858년 린네 학회에 발표했다. 그 이듬해 다윈은 학회에 발표한 내용을 정리하여 《종의 기원원제 '자연 선택에 의한 종의 기원, 즉 생존 경쟁에 있어서 유리한 종의 존속에 관하여'》를 출간하였다. 초판 1천250부가 당일 판매되는 기록을 세운 다윈의 책은 수많은 논란 속에 6판까지 출판되었다. 만약 월리스가 다윈에게 편지와 논문을 보여주지 않고 단독으로 발표했더라면 우리는 진화론의 창시자를 다윈이 아닌 월리스로 알고 있을 것이다.

이미 논문의 발표와 출판 과정에서부터 우여곡절이 많았던 진화론은 발표된 후에도 논란에 휩싸였다. 생물은 다양성을 원칙으로 한정된 자원에서 생존하기 위해 생존 경쟁을 한다. 그 과정에서 환경에 적응한

변이를 갖는 개체가 자손을 남기고 그 변이를 후대로 전하게 될 확률이 높다는 것이 바로 자연 선택설이다. 따라서 다윈과 월리스의 주장처럼 지금 지구상에 살아 있는 생명체는 강하거나 혹은 똑똑해서 살아남은 것이 아니라 그냥 환경에 잘 적응했기 때문에 살아남은 것이다.

그렇지만 반면 인간이 신의 모습으로 창조되었고 지구상의 모든 생명체 중 가장 우수한 존재가 인간이라고 믿었던 사람들은 진화론을 받아들이지 않았다. 그들이 가장 받아들이기 힘들어했던 부분은 모든 생명체가 거대한 나뭇가지들처럼 서로 연결되어 있고 공통의 조상을 가지고 있다는 점이었다. 인간이 아메바나 동물들과 같은 조상에서 파생되어 진화된 존재라는 사실과 도저히 타협할 수 없었던 것이다.

"그럼, **당신**의 **조상**은 **원숭이**입니까?"

1860년 6월 30일, 옥스퍼드대학의 자연사박물관에서 영국 과학진흥협회 회의가 열렸다. 회의장을 감싼 분위기는 자못 심각했다. 그날의 주제가 바로 다윈의 《종의 기원》을 둘러싼 찬반 토론이었기 때문이었다. 진화론에 대한 맹공격에 나선 옥스퍼드 주교, 새뮤얼 윌버포스는 진화론 옹호론자들을 향해 이렇게 말했다. "댁들의 주장에 따르면 댁들의 조상 중에는 원숭이가 있다는 거군요. 그렇다면 한 가지 물어봅시다. 그 원숭이는 댁들의 할아버지 쪽 조상입니까? 아니면 할머니 쪽입니까?" 원래 언변이 워낙 좋아 '매끈거리는 샘'이라는 별명을 지닌 주교 윌버포스의 질문에 토머스 헨리 헉슬리Thomas Henry Huxley는 원숭이가 조

상이라는 것이 부끄러운
것이 아니라 (주교처럼) 뛰어
난 재능을 가지고도 사실
을 왜곡하는 사람과 혈연
관계라는 것이 더욱 부끄
럽다고 대답했다. 이 논쟁
이후 헉슬리는 '다윈의

다윈의 추종자로 다윈의 사상을 보급하는 데
큰 역할을 한 토머스 헨리 헉슬리.

불독' 이라는 별명을 얻었다.

　다윈의 진화론은 과학계에서 점점 정설로 받아들여지며 힘을 얻기 시
작했다. 캘리포니아대학의 리처드 골드미스 교수의 말처럼 동식물의
진화는 사실로 받아들여지기 시작했으며 증명할 필요도 없어 보였다.
그럼에도 불구하고 진화론에 대한 창조론의 맹공격은 사그라질 기미가
보이지 않았다. 창조론자들은 단 한 사람도 자신의 생애에 진화를 목격
한 적이 없으며 어떤 사람도 자연 선택 과정에 의해 새로운 종을 생산한
적이 없다고 반박했다. 이에 대해 진화론자들은 진화의 발생은 하나의
사건이며 인간의 관찰로 증명되는 것이 아니라고 받아쳤다.

　수많은 논쟁과 창조론의 지속적인 공격에도 불구하고 1959년 《종의
기원》은 100주년 출판 기념식을 가졌고 이를 계기로 다윈과 그의 저서
에 관한 논문과 출판물들이 폭발적으로 쏟아졌다. '다윈의 불독' 이라
알려진 토머스 헉슬리의 손자이자 20세기 대표적인 진화론학자인 줄리
언 헉슬리Julian Sorell Huxley는 진화적 사고 패턴에는 초자연적인 필요성도 그
럴 여지도 없으며 지구는 창조되지 않았다고 못 박았다. 또 인간을 포

함한 지구상의 모든 동·식물은 뇌와 육체와 마음과 영혼도 진화했으며 종교도 예외가 아니라고 주장했다. 이제는 창조론에 대한 진화론의 맹공격이 시작된 것이다.

제2의
원숭이 재판

진화론의 역공격을 받게 된 창조론은 천지창조가 과학적으로 입증 가능하며 구약성서 족장 설화에 나오는 족장 족보를 바탕으로 지구의 나이를 6천~6만 년으로 추정하는 이른바 창조과학을 발전시켰다. 그러나 창조과학은 정식 논문 심사 과정을 거쳐 발표되는 과학계 학술지에 논문이 실리는 경우가 없고 기독교인들을 상대로 하는 강연이나 저술활동에 국한되어 있다는 맹점이 작용해 과학적으로 학문적 가치를 인정받지는 못했다.

다윈의 진화론을 조롱하기 위해 그린 풍자화. 《종의 기원》이 출간되자, 다윈을 원숭이로 묘사한 만평들이 무수히 등장했다.

그렇다고 창조론의 주장이 수그러든 것은 아니었다. 성경에 의한 신의 계획된 의지로 생명의 탄생을 주장하는 근본적인 창조론자들과 기독교적인 신이 아니더라도 생명 탄생에 설계자가 있을 것이라고 주장하는 지적 설계론이 등장한 것이다. 지적 설계론은 창조론이 확대된 것으로 현재까지 진화론의 가장 강력한 반대 이론이다.

진화론을 반대하는 이들은 진화론이 완벽한 이론이 아니며, 따라서 공교육에서 진화론과 함께 지적 설계론도 함께 다루어야 한다고 주장했다. 타협의 기미가 조금도 보이지 않는 창조론과 진화론의 불꽃 튀는 대결은 급기야 제2의 원숭이 재판 논쟁으로 불리는 재판에서 다시 진검 승부를 펼쳤다. 2005년 펜실베이니아 도버에서 열린 재판은 창조론의 수업에 관한 것이었다. 이 재판의 판사로 임명된 사람은 부시 전 대통령이 임명한 존 존스 판사였다. 부시 전 대통령은 자타공인 독실한 기독교인으로 그가 손수 임명한 판사가 주재하는 재판의 결과는 불 보듯 뻔해 보였다.

그러나 재판의 결과는 모두의 예상을 빗나갔고 창조론자들은 충격에 휩싸였다. 존스 판사는 지적 설계론은 과학이 아니며 종교적 의도로 만들어진 것이므로 수업 시간에 지적 설계론을 가르치는 것은 위헌이라고 밝혔다. 지적 설계론은 창조론의 재탕이지 과학적 가설이 아니라는 것이다. 따라서 종교에 바탕을 둔 검증 불가능한 가설을 과학 시간에 가르치거나 검증된 가설을 왜곡하는 일이 있어서는 안 된다는 것이 판사의 결론이었다.

이 세상의 모든 것은 **진화**한다?
분명한 건 **진화론** 역시 **스스로 진화**하고 있다는 것이다

다윈은 자신의 저서 《종의 기원》에서 "만족스럽게 설명하지 못한 매우 많은 문제점이 있다는 사실을 완전히 인정하는 바다"라고 밝혔다.

체슬라브 밀로즈.

사실 진화론의 가장 큰 맹점은 단순한 형태의 생명체가 복잡한 형태의 생명체로 진화하는 과정에서 당연히 있어야 할 중간 과정의 생명체들이 없다는 것이다. 진화론은 다윈이 말한 바와 같이 완성된 것이 아니며 발전의 가능성을 열어둔 학문이다.

그럼에도 불구하고 진화론은 인류 역사를 가장 급진적으로 변화시키고, 생명과 우주에 적용되는 변화의 원리를 밝힌 학문으로 인정받고 있다. 1980년 노벨상을 수상한 폴란드 시인 체슬라브 밀로즈Czeslaw Milosz는 진화론을 만물에게 공통된 이치의 공적이라 기린 바 있으며 미국의 철학자 대니얼 데닛은 진화론이야말로 인간이 생각해낼 수 있는 최고의 개념이라는 찬사를 보냈다. 왜 무수한 석학들은 진화론에 수많은 문제점이 있음에도 불구하고 위대한 이론이라는 것에 동의하는 것일까?

진화론의 시작은 생명체에 대한 근본적인 질문에서 시작됐지만 다윈이 원하건 원치 않았건 철학과 신학, 과학, 철학, 경제에 이르기까지 여러 분야에서 막대한 영향을 미쳤다. '20세기의 다윈'이라고 불리는 에른스트 마이어는 《종의 기원》으로 인류는 정적인 세계에서 진화하는 세계로 들어섰으며 세계의 목적이 인간의 등장에 있다는 절대적 인간 중심주의가 무너졌다고 밝혔다. 다윈 이후 변종과 돌연변이는 기형이 아닌 변화로 인식되었다. 달리 말하면 변화는 생존을 위한 생명체의 특권이라고 할 수 있다.

다윈의 진화론은 세상의 변화와 이치를 설명하는 이론으로 자리매김하고 있다. 심지어 전 세계를 뒤흔들고 있는 금융 위기를 설명하는 데도 진화론이 거론되고 있다. 이에 따르면 경제는 스스로 조절하며 마찰 없이 돌아가는 균형 상태를 유지하고 외부의 충격에 의해 균형에서 벗어나더라도 다시 균형 상태로 돌아간다는 신고전주의 경제학은 수정되어야만 한다.

> 우리는 그 어느 때보다 '다양성의 확대'와 '예상치 못하는 변화', '격변의 소용돌이'라는 단어를 자주 듣는다. 이 모든 것은 끊임없이 새로운 것을 창조해내는 변화의 힘과 이 변화를 누적해 이를 증폭하는 다윈의 진화론에 언급된 '변이'와 '선별'로 설명된다. 진화론은 생물학에만 머무는 것이 아니라 스스로 진화해 경제학으로 생존의 영역을 넓히고 있다. 2009년 다윈 탄생 200주년을 기념하는 한 특집 기사는 진화론의 경제학 진입을 두고 이렇게 말했다. "진화론이야말로 끊임없이 변화하는 세계를 설명하는 적합한 패러다임이다. 이것이 경제 위기의 순간에 다윈을 찾는 이유다."
>
> 다윈 탄생 200주년 기념 '다윈이 돌아왔다', 2009년 1월 12일 〈조선일보〉

경제뿐 아니라 문학에 진화론을 적용하면 입체적인 캐릭터가 탄생한다. 진화론은 문학의 무조건 선한 주인공과 무조건 사악한 악당의 벽을 무너뜨렸고 그들에게 무한 경쟁의 의미를 부여했다. 그래서 그들은 문학의 테두리 안에서 치열하게 생존의 의미를 부여잡고 싸운다.

그리고 무의식, 무계획적인 돌연변이의 목적 없는 진화를 주장하는 진화론은 윤리학의 영역에도 영향을 미쳤다. 생존만을 위해 진화하는

'이기적인 유전자'를 지닌 인간이 호혜적인 인간으로 진화하는 과정을 밝혀냄으로써 인간이 어떻게 사회적으로 진화했으며 그 한계가 무엇인지 밝혀낸 것이다. 몸에는 이기적인 유전자를 가졌음에도 생명체는 '나'의 생존이 아닌 '종족'의 생존을 위해 그룹을 형성하고 때로는 협동을 한다. 인간은 한 발 더 나아가 서로에게 호의적인 행동을 하며 때로는 맞대응을 하기도 한다. 이제는 윤리도 진화론을 대입해 설명할 수 있다.

진화론은 아직 보완해야 할 문제점이 있지만 스스로 진화하고 있기에 발전의 가능성이 많은 학문이다. 이기적인 유전자에서 이타적인 유전자로, 강한 자가 살아남는 적자생존이 아니라 변화에 적응하는 자가 살아남는다는 생명의 다양성 출현에 대한 이해를 통해 우리를 둘러싼 모든 복잡한 현상이 설명 불가능하지 않으며 모든 것을 과학적으로, 논리적으로 설명할 수 있다는 가능성을 발견할 수 있다. 진화론은 그야말로 우리 시대의 지식 혁명과 진보를 이끌고 있는 것이다.